Die Verlagerung des Betriebszwecks
als Fluchtweg aus dem Tarifvertrag?

Europäische Hochschulschriften
Publications Universitaires Européennes
European University Studies

Reihe II
Rechtswissenschaft

Série II Series II
Droit
Law

Bd./Vol. 3794

PETER LANG
Frankfurt am Main · Berlin · Bern · Bruxelles · New York · Oxford · Wien

Karin Wagner

Die Verlagerung des Betriebszwecks als Fluchtweg aus dem Tarifvertrag?

PETER LANG
Europäischer Verlag der Wissenschaften

Bibliografische Information Der Deutschen Bibliothek
Die Deutsche Bibliothek verzeichnet diese Publikation in der Deutschen Nationalbibliografie; detaillierte bibliografische Daten sind im Internet über <http://dnb.ddb.de> abrufbar.

Zugl.: Potsdam, Univ., Diss., 2003

517
ISSN 0531-7312
ISBN 3-631-51713-0

www.peterlang.de

Meinen Eltern

Erika und Wolfgang Wagner

Vorwort

Die Arbeit wurde von der Juristischen Fakultät der Universität Potsdam im Sommersemester 2003 als Dissertation angenommen.

Herzlich danken möchte ich meinem akademischen Lehrer Herrn Univ.-Prof. Dr. iur. Detlev W. Belling, M.C.L., der die Arbeit anregte und während meiner Tätigkeit als wissenschaftliche Mitarbeiterin an seinem Lehrstuhl engagiert betreute und förderte. Dank sage ich auch Frau HD Dr. Eva Hein für die Erstellung des Zweitgutachtens und Herrn Univ.-Prof. Dr. iur. Jürgen Oechsler für seine Hilfe und wissenschaftlichen Anregungen.

Darüber hinaus danke ich Frau Justitiarin Dr. Christina Eschke und Herrn Assessor Thomas Wiedemann für ihre wertvollen Diskussionsbeiträge und Ratschläge sowie auch allen anderen Lehrstuhlmitgliedern, die mir jederzeit hilfreich zur Seite standen.
Großer Dank gebührt Frau Rechtsanwältin Claudia Bannier und Frau Richterin am Landgericht Dr. Sylvia Busch. Sie haben mich fortwährend ermutigt und einen erheblichen Anteil zum Gelingen der Arbeit beigetragen.

Ganz besonderen Dank schulde ich meinen Eltern und meinem Bruder nebst Familie, die mich immer und in jeder Weise unterstützt haben und ohne deren Hilfe die Arbeit nicht zustande gekommen wäre.

Köln im Juli 2003

Karin Wagner

Inhaltsverzeichnis

Vorwort VII

A. Einleitung 1

I. Problemstellung 1
1. Bedeutung von Tarifverträgen 1
2. „Flucht“ des Arbeitgebers aus dem Geltungsbereich des Tarifvertrags durch eine gezielte Verlagerung des Betriebszwecks 3
3. Standpunkt in Rechtsprechung und Literatur 7

II. Zum Inhalt der Arbeit 8

B. Voraussetzungen für die Anwendbarkeit von Tarifverträgen 11

I. Tarifbindung 11
1. Rechtliche Definition der Tarifgebundenheit 12
a) Bindung an einen bestimmten Tarifvertrag 12
b) Statusverhältnis 13
2. Beginn der Tarifgebundenheit 16
3. Regelmäßige Beendigung der Tarifgebundenheit 18
a) Potentielle Tarifgebundenheit 18
aa) § 3 Abs. 3 TVG: keine Verlängerung der aktuellen Tarifgebundenheit, sondern lediglich Fiktion des Fortbestands der Mitgliedschaft 18
bb) Fiktionswirkung bis zum zeitlichen Ende des geltenden Tarifvertrags 21
cc) Ende der potentiellen Tarifgebundenheit bei Insolvenz des Arbeitgebers 23
dd) Ende der potentiellen Tarifgebundenheit bei Insolvenz bzw. Auflösung des Verbands 23
b) Aktuelle Tarifgebundenheit 25

II. Geltungsbereich des Tarifvertrags 25
1. Allgemeines 25
2. Tarifzuständigkeit 26
3. Untergliederung des Geltungsbereichs 27

a) Räumlicher und zeitlicher Geltungsbereich 27
b) Betrieblicher Geltungsbereich 28
c) Fachlicher und persönlicher Geltungsbereich 28
d) Begriffsbestimmung für die vorliegende Arbeit 29
4. Einordnung der Arbeitsverhältnisse unter den fachlichen Geltungsbereich des Tarifvertrags 30

III. Nachwirkung des Tarifvertrags gem. § 4 Abs. 5 TVG 31

C. Möglichkeit der vorzeitigen Beendigung der Tarifbindung auf Seiten des Arbeitgebers 33

I. Vorzeitiger Ablauf des geltenden Tarifvertrags bzw. Ablösung desselben durch einen neuen Tarifvertrag 34
1. Kündigung des Tarifvertrags 34
2. Abschluß eines Haustarifvertrags 35
3. Wegfall der Geschäftsgrundlage 36
4. Ergebnis 37

II. Beendigung der potentiellen Tarifgebundenheit 38
1. Austritt aus dem Arbeitgeberverband 38
a) Verlängerung der Tarifgebundenheit nach § 3 Abs. 3 TVG 38
b) Nachwirkung des Tarifvertrags gem. § 4 Abs. 5 TVG im Anschluß an die verlängerte Tarifgebundenheit nach § 3 Abs. 3 TVG 38
aa) Fehlen der mitgliedschaftlichen Legitimation 39
bb) Vermeidung inhaltsleerer Arbeitsverhältnisse 40
c) Ergebnis 42
2. Verbandswechsel des Arbeitgebers 43
3. Ergebnis 45

III. Verlassen des Geltungsbereichs des Tarifvertrags 46
1. Änderung des Betriebszwecks 47
a) Keine Nachwirkung des Tarifvertrags mangels Unterfallens unter den fachlichen Geltungsbereich 48
b) Analoge Anwendung von § 4 Abs. 5 TVG 48
2. Änderung des Betriebszwecks und Verbandsaustritt 50
3. Anwendbarkeit von § 4 Abs. 5 TVG für erst im Nachwirkungs zeitraum begründete Arbeitsverhältnisse oder nachträglichem Gewerkschaftsbeitritt 51

a) Nachwirkung aufgrund der Ordnungsfunktion der Tarifverträge 51
b) Keine Nachwirkung mangels Vorliegens der Geltungsvoraussetzungen 52
4. Ergebnis 55

D. „Flucht“ aus dem fachlichen Geltungsbereich des Tarifvertrags 57

I. Verlagerung des Betriebszwecks mittels Einführung von Arbeitnehmerüberlassung 57
1. Tatbestand 57
2. Rechtsfolge 58
3. Rechtsprechung des BAG 59
4. Erfordernis einer Korrektur auf der Rechtsfolgenseite 60

II. Einführung von Arbeitnehmerüberlassung als Voraussetzung der Tarifflucht 62
1. Arbeitnehmerüberlassung als Hauptzweck 63
2. Mitbestimmungsrechte des Betriebsrats 63
3. Arbeitnehmerüberlassung im Sinne des AÜG 64
a) Allgemeine Voraussetzungen der Arbeitnehmerüberlassung 65
b) Gewerbsmäßigkeit der Arbeitnehmerüberlassung 66
aa) Selbständige Tätigkeit 66
bb) Dauerhaftigkeit 67
cc) Gewinnerzielungsabsicht 67
dd) Erlaubnispflicht 68
c) Beachtung der Höchstüberlassungszeit 70
d) Konzerninterne Arbeitnehmerüberlassung 72
aa) Entsendung der Arbeitnehmer in einen Gemeinschaftsbetrieb 73
bb) Entsendung der Arbeitnehmer an ein selbständiges Konzern unternehmen mit keiner vom „überlassenden“ Konzernunternehmen unabhängigen Betriebsorganisation 74

III. „Flucht“ aus dem räumlichen Geltungsbereich 75

IV. „Flucht“ aus dem fachlichen und räumlichen Geltungsbereich 76

E. Erfordernis der Aufrechterhaltung der zwingenden Wirkung des Tarifvertrags ... 77

I. Betriebsübergang ... 77
II. Einwirkungspflicht ... 80

III. Zurechnung ... 81
1. Allgemeines ... 81
a) Zurechnung als selbständiges Rechtsinstitut ... 81
b) Voraussetzungen der Zurechnung ... 82
aa) Zurechnungszweck ... 83
bb) Zurechnungsgrund ... 83
c) Das „Wie“ der Zurechnung ... 83
2. Zurechnung der Arbeitgebereigenschaft ... 84
a) Zurechnungszweck ... 84
aa) Zurechnung bei tarifgebundenen Entleihunternehmen ... 84
bb) Zurechnung bei nicht tarifgebundenen Entleihunternehmen ... 85
b) Zurechnungsgrund ... 85
aa) Wertungen des AÜG ... 86
bb) Wertungen des MitbestG ... 87
3. Zurechnung des Betriebszwecks ... 88
a) Zurechnungsgrund: enge wirtschaftliche Verbindung ... 88
b) Zurechnungsgrund: Versorgung des Verleihunternehmens mit Arbeit ... 89
c) Zurechnungsgrund: Erhalt des Betriebszwecks im Interesse des Verleihunternehmens ... 89
d) Zurechnungsgrund: kumulatives Vorliegen dieser möglichen Zurechnungsgründe ... 90
e) Zurechnungsgrund: analoge Anwendung von § 166 BGB ... 90
4. Zurechnung der Tarifbindung der Entleihunternehmen ... 92
a) Zurechnung der Tarifgebundenheit ohne Unterscheidung zwischen potentieller und aktueller Tarifgebundenheit ... 92
b) Zurechnung der Tarifgebundenheit bei Unterscheidung zwischen potentieller und aktueller Tarifgebundenheit ... 96
aa) Zurechnung der potentiellen Tarifgebundenheit (§ 3 TVG) ... 96
bb) Zurechnung der aktuellen Tarifgebundenheit (§ 4 TVG) ... 96

IV. Analogie ... 97
1. Gesetzesumgehung als selbständiges Rechtsinstitut ... 99
2. Analoge Anwendung von Normen als Folge der „Umgehung“ ihres Tatbestands ... 104

a) Befugnis der Gerichte zur Rechtsfortbildung im Wege der Analogie 104
b) Voraussetzungen der Analogie 106
c) Erforderlichkeit eines Umgehungsvorsatzes 108
d) Verhältnis der tariflichen zur gesetzlichen Geltungs bereichsnorm in Bezug auf die Frage ihrer analogen Anwendung 110
3. Analoge Anwendung der Geltungsbereichsnorm des Tarifvertrags 110
a) Keine analoge Anwendung von Tarifvertragsnormen 111
b) Schließung von tarifvertraglichen Lücken durch Rechts fortbildung 112
c) Feststellung einer unbewußten Lücke 115
d) Keine analoge Anwendung der Geltungsbereichsnorm bei Umgehung des fachlichen Anwendungsbereichs 118
4. Analoge Anwendung von § 4 Abs. 1 TVG 121
a) Lückenfeststellung 122
aa) Ratio legis von § 4 Abs. 1 TVG 122
(1) Verlängerung der potentiellen Tarifgebundenheit als Mittel zur Aufrechterhaltung der Funktionsfähigkeit des Tarifvertragsystems 123
(2) Erfordernis einer § 3 Abs. 3 TVG entsprechenden Regelung bzgl. des Geltungsbereichs 125
(a) Verstoß gegen Art. 12 GG 125
(b) Fehlen einer rechtlichen Legitimation 126
(c) Keine Notwendigkeit einer § 3 Abs. 3 TVG entsprechenden Regelung 127
(3) Zusammenfassung 127
bb) Vorliegen einer unbewußten Regelungslücke 128
b) Lückenschließung 129

F. Vergleichbarkeit der Sachverhalte als Grundlage für die analoge Anwendung von § 4 Abs. 1 TVG 131

I. Für die rechtliche Bewertung maßgebende Punkte 131
1. Potentielle Tarifgebundenheit 131
2. Aus der Tatbestandsvoraussetzung des Unterfallens unter den fachlichen Geltungsbereichs folgende Vergleichspunkte 133
a) Tätigkeitsbezogene Komponente 133
b) Personelle Komponente 134
c) Betriebsbezogene Komponente 134

d) Wirtschaftliche Komponente ... 135

II. Vergleichbarkeit der Sachverhalte ... 135
1. Vergleichbarkeit der Sachverhalte hinsichtlich der tätigkeitsbezogenen Komponente ... 136
2. Vergleichbarkeit der Sachverhalte hinsichtlich der personellen Komponente ... 136
a) Entsendung des überwiegenden Teils der Arbeitnehmer ... 136
b) Keine Notwendigkeit ausschließlicher Beschäftigung von Arbeitnehmern des Verleihunternehmens in den Entleihunternehmen ... 137
3. Vergleichbarkeit der Sachverhalte hinsichtlich der betriebs bezogenen Komponente ... 138
a) Grundfunktionen der Unternehmensleitung ... 139
b) Interdependenz der Grundfunktionen ... 140
c) Das „Wie" der Leitungsübernahme ... 141
aa) Vergleichbarkeit unter Berücksichtigung des Konzernhaftungsrechts? ... 143
bb) Vergleichbarkeit ohne Berücksichtigung konzernhaftungsrechtlicher Maßstäbe ... 147
(1) Leitungsübernahme aufgrund vertraglicher Vereinbarung ... 147
(2) Leitungsübernahme aufgrund faktischer Einflußnahme ... 155
(a) Betriebsleitung aufgrund Stimmenmehrheit ... 155
(b) Betriebsleitung aufgrund von Doppelmandaten ... 159
(c) Übernahme der Betriebsleitung durch Einsatz eines „Strohmanns" als alleiniges Geschäftsführungsorgan im Entleihunternehmen ... 163
4. Vergleichbarkeit hinsichtlich der wirtschaftlichen Komponente ... 164
a) Gewinnabführungsvertrag ... 165
b) Geschäftsführungsvertrag ... 167
c) „Gewinnabsaugung" ... 168
d) Erlangung des wirtschaftlichen Vorteils aufgrund Anteilsbesitz ... 169
e) Verlustausgleichspflicht? ... 170
5. Ergebnis ... 170

III. Beweislast ... 171
1. Regelung der Beweislast ... 172
a) Allgemeine Grundsätze ... 172

b) Beweislastumkehr und Erleichterung der Substantiierungslast ... 173
aa) Gesetzlich manifestierte Ausnahmeregelung ... 174
bb) Beweiserleichterung kraft Rechtsfortbildung ... 174
cc) Beweislastverteilung unter Berücksichtigung der Rechtsprechung zum Konzernhaftungsrecht ... 176
2. Beweislast bei Umgehung des fachlichen Geltungsbereich ... 178
a) Potentielle Tarifgebundenheit ... 178
b) Unterfallen unter den fachlichen Geltungsbereich ... 179
aa) Tätigkeitsbezogene Komponente ... 179
bb) Personelle Komponente ... 180
cc) Wirtschaftliche Komponente ... 180
dd) Betriebsbezogene Komponente ... 182
(1) Vertragliche Übernahme der Leitungsmacht ... 183
(2) Faktische Übernahme der Leitungsmacht ... 185
(a) Stimmenmehrheit ... 185
(b) Doppelmandate ... 186
(c) Einsatz eines Strohmanns ... 187
ee) Ergebnis ... 188

G. Beendigung der Tarifwirkung gem. § 4 Abs. 1 TVG – Grund oder lediglich mittelbare Folge der Betriebszweckverlagerung? ... 189

H. Gesamtergebnis ... 195

J. Zusammenfassung ... 199

Anhang ... 203

Literaturverzeichnis ... 205

A. Einleitung

I. Problemstellung

1. Bedeutung von Tarifverträgen

Tarifverträge existieren in Deutschland seit Ende des 19. Jahrhunderts.[1] Seither haben sie sich als wesentliches Mittel zur Anpassung der Arbeitsvertragsbedingungen an die sich verändernden wirtschaftlichen und sozialen Verhältnisse herausgebildet.[2]

Diese für das Arbeits- und Wirtschaftsleben überragende Bedeutung[3] der Tarifverträge beruht einerseits auf der von ihnen ausgehenden Ordnungsfunktion. Aufgrund der normativen Wirkung ihrer Rechtsnormen gem. § 4 Abs. 1 TVG[4] bestimmen sie unmittelbar den Inhalt der unter ihren Geltungsbereich fallenden Arbeitsverhältnisse. Somit sind beim Abschluß wie auch bei der Änderung eines Tarifvertrags keine Änderungen der Einzelarbeitsverträge erforderlich.[5] Dadurch wird betriebsübergreifend eine einheitliche Gestaltung der Arbeitsbedingungen in den verschiedenen Wirtschaftszweigen ermöglicht. Müßten die Arbeitsbedingungen jeweils einzeln ausgehandelt werden, wäre die Gewährleistung eines einheitlichen Standards bedingt durch die Vielzahl der Arbeitsverhältnisse kaum zu erreichen. Hinzu kommt, daß sich die Arbeitsverhältnisse nicht tarifgebundener Arbeitnehmer und Arbeitgeber häufig an den für

---

1 *Löwisch* in: Münchener Handbuch zum Arbeitsrecht III, § 245 I 1, Rdnr. 1, S. 185.

2 *Pornschlegel*, RdA 1978, 155; vgl. auch *Zachert*, DB 1991, 1221; krit. *Henssler*, ZfA 1994, 487, 488, 514. Er führt aus, daß der Strukturwandel in der Wirtschaft einen Abschied von den einst akzeptierten Einschätzungen erzwinge. Die bloße Orientierung an Branchen und Regionen einerseits und die möglichst weitgehende Gleichbehandlung der Arbeitnehmer-gruppen andererseits erweise sich heute als ein zu pauschales Raster. Dennoch sei das geltende Tarifrecht den heutigen Anforderungen des modernen Wirtschaftslebens gewachsen. Der Tarifvertrag erlaube durch die Möglichkeit der Vereinbarung von Öffnungsklauseln vielseitige Differenzierungsmöglichkeiten. Den Koalitionen obläge es selbst, die Attraktivität der Tarifautonomie neu zu beleben.

3 Ausführlich zur Bedeutung von Tarifverträgen: *Brötzmann*, Probleme bei der Auslegung von Tarifvertragsnormen, S. 5 ff.; *Melot de Beauregard*, Mitgliedschaft in Arbeitgeberverbänden und Tarifbindung, S. 4 ff.

4 Zur Bedeutung von § 4 Abs. 1 TVG im Hinblick auf die Schutzwirkung von Tarifverträgen vgl. außerdem *Kempen* in: Kempen/Zachert, TVG, § 4, Rdnr. 1.

5 *Löwisch* in: Münchener Handbuch zum Arbeitsrecht III, § 245 III, Rdnr. 36, S. 190.

ihre Branche geltenden Tarifverträgen ausrichten. Damit bilden Tarifverträge auch ein Ordnungselement für den außertariflichen Bereich.[6]

Darüber hinaus ist der Tarifvertrag ein arbeitsrechtliches Schutzinstrument zugunsten der Arbeitnehmer. Er enthält von den Tarifpartnern ausgehandelte Mindestarbeitsbedingungen[7], die grundsätzlich weder durch Gesetz noch durch andere Regelungen oder einzelvertragliche Vereinbarungen unterschritten werden können. Die daraus resultierende Schutzwirkung bzgl. der Mindestanforderungen für die einzuhaltenden Arbeitsbedingungen ergibt sich aus dem im Arbeitsrecht allgemein geltenden Günstigkeitsprinzip[8]. Dieses durchbricht das Rangprinzip[9], welches die Konkurrenzen arbeitsrechtlicher Gestaltungsfaktoren regelt und besagt, daß die ranghöhere der rangniederen Regelung vorgeht. In Ausnahme zu diesem Grundsatz legt das im Arbeitsrecht allgemein geltende Günstigkeitsprinzip hingegen fest, daß die niederrangige der höherrangigen Regelung vorgeht, wenn sie für den Arbeitnehmer günstiger ist.[10] Dementsprechend kann die tarifliche Regelung Vorrang vor der gesetzlichen Regelung haben. Zudem regelt § 4 Abs. 3 TVG für die tariflichen Normen explizit[11], daß

---

6 *Löwisch* in: Münchener Handbuch zum Arbeitsrecht III, § 245 I 1, Rdnr. 7, S. 186.

7 *Zöllner/Loritz*, Arbeitsrecht, § 36 III, S. 398.

8 Vielfach wird in der Literatur angeführt, daß das Günstigkeitsprinzip in § 4 Abs. 3 TVG geregelt sei. (Vgl. nur *Preis* in: Erfurter Kommentar zum Arbeitsrecht, § 611 BGB, Rdnr. 305.) Dieser Aussage kann nicht in vollem Umfang zugestimmt werden. § 4 Abs. 3 TVG ist lediglich ein Ausfluß des im Arbeitsrecht allgemein geltenden Günstigkeitsprinzips. Die dogmatische Grundlage des Prinzips ist umstritten. Teilweise wird das Günstigkeitsprinzip auf das arbeitsrechtliche Schutzprinzip zurückgeführt. Es wird aber auch die Auffassung vertreten, daß die Grundlage im Sozialstaatsprinzip zu sehen sei. (Vgl. hierzu m.w.N. *Wank* in: Wiedemann, TVG, § 4, Rdnr. 386.) Da das Günstigkeitsprinzip selbst unbestritten ist und der Streit um dessen dogmatische Grundlage für die Belange der hier zu untersuchenden Fragen nicht relevant ist, wird nicht näher auf die Problematik eingegangen. Zum Günstigkeitsprinzip allgemein vgl. *Belling*, Das Günstigkeitsprinzip im Arbeitsrecht; zum Verhältnis des Günstigkeitsprinzips zur Tarifautonomie vgl. *Buchner*, FS Kissel, S. 111.

9 *Preis* in: Erfurter Kommentar zum Arbeitsrecht, § 611 BGB, Rdnr. 305.

10 *Wank* in: Wiedemann, TVG, § 4 TVG, Rdnr. 386.

11 Der Tarifvertrag geht anderen Abmachungen (zum Begriff der anderen Abmachung i.S.v. § 4 Abs. 3 TVG vgl. *Wank* in: Wiedemann, TVG, § 4, Rdnr. 405 ff.) grundsätzlich schon wegen des im Arbeitsrecht herrschenden Rangprinzips (vgl. hierzu *Preis* in: Erfurter Kommentar zum Arbeitsrecht, § 611 BGB, Rdnr. 302 ff.) vor. § 4 Abs. 3 TVG hat aber insofern konstitutive Bedeutung, als er tarifliche Öffnungsklauseln zuläßt. Danach können für den Arbeitnehmer ungünstigere Regelungen vereinbart werden, wenn es die Tarifvertragsparteien im Tarifvertrag gestatten. Dem Grunde nach stellen die Öffnungsklauseln also eine Ausnahme vom Rangprinzip (vgl. *Preis* in: Erfurter Kommentar zum Arbeitsrecht, § 611 BGB, Rdnr. 304.) wie auch vom Günstigkeitsprinzip selbst dar.

die Vorschriften eines geltenden Tarifvertrags nicht durch abweichende Vereinbarungen zu Lasten der Arbeitnehmer abgeändert werden dürfen. Die Vereinbarung ungünstigerer Regelungen ist nur zulässig, soweit eine tarifliche Öffnungsklausel besteht.[12]

2. „Flucht" des Arbeitgebers aus dem Geltungsbereich des Tarifvertrags durch eine gezielte Verlagerung des Betriebszwecks

Wenn sich die Arbeitsvertragsparteien jederzeit der normativen Wirkung des Tarifvertrags entziehen könnten, würde die davon ausgehende Schutz- und Befriedungsfunktion empfindlich gestört.[13] Weder der Arbeitgeber noch die Arbeitnehmer könnten für einen festgelegten Zeitraum auf die Geltung des Tarifvertrags vertrauen. Deshalb hat der Gesetzgeber Regelungen geschaffen, wonach eine entsprechend feste Bindung an den Tarifvertrag gewährleistet wird.[14] So bestimmt § 3 Abs. 3 TVG, daß die einmal durch Mitgliedschaft begründete Tarifbindung bis zum Ablauf des Tarifvertrags bestehen bleibt. Daher ist es dem Arbeitgeber nicht möglich, sich einem für ihn ungünstigen Tarifabschluß durch einen Verbandsaustritt[15] zu entziehen.[16]
Diese feste Bindung an den Tarifvertrag kann sich auf die wirtschaftliche Lage der Arbeitgeber mitunter sehr nachteilig auswirken.[17] Infolge Verminderung der wirtschaftlichen Wachstumsgeschwindigkeit sind viele Arbeitgeber ab einem bestimmten Zeitpunkt nicht mehr in der Lage, weiterhin den tariflich vereinbar-

---

12 Vgl. hierzu *Preis* in: Erfurter Kommentar zum Arbeitsrecht, § 611 BGB, Rdnr. 304.

13 *Zöllner/Loritz*, Arbeitsrecht, § 37 I 4, S. 412; so auch *Lieb*, NZA 1994, 337.

14 *Buchner*, FS Kissel, S. 101, legt zutreffend dar, daß der Tarifvertrag durch das Tarifvertragsgesetz als funktionsfähiges Instrument ausgestaltet wurde. Zur Entwicklung der erweiterten Tarifgebundenheit nach § 3 Abs. 3 TVG vgl. *Dreschers*, Die Entwicklung des Rechts des Tarifvertrags in Deutschland, S. 454 ff.

15 *Wilhelm/Lindemann*, Unternehmenshandbuch Arbeitsrecht, Kap. 6 C I 3, Rdnr. 6.16, S. 280, weisen zusätzlich darauf hin, daß sich jeder Unternehmer genau überlegen sollte, aus dem Verband auszutreten. Es bestehe nämlich durchaus die Möglichkeit, daß sich dann die Gewerkschaft ganz auf dieses Unternehmen „konzentriert" und den Abschluß von sogenannten Unterwerfungs-Tarifverträgen gegebenenfalls durch Streik durchsetzt.

16 Wegen dieser Funktion von § 3 Abs. 3 TVG ist *Henssler*, ZfA 1994, 487, 514, darin zuzustimmen, daß die von den Wirtschaftsverbänden und von der Wissenschaft teilweise geforderte Aufhebung des § 3 Abs. 3 TVG zur Schaffung von Flexibilisierungsmöglichkeiten nicht geeignet ist. Damit würde dem Tarifvertrag die ihm innewohnende Schutz- und Ordnungsfunktion genommen werden.

17 *Belling/Hartmann*, NZA 1998, 57, 59; vgl. auch *Wellenhofer-Klein*, ZfA 1999, 239 f.

ten Lohn zu zahlen. Zur Reduzierung der Lohnkosten können sie nicht auf das Mittel der Lohnsenkung oder der Verlängerung der Arbeitszeit zurückgreifen. Die Bindung an den geltenden Tarifvertrag läßt diese Art der Kostenminimierung nicht zu.[18] Mithin bleibt ihnen lediglich die Alternative des Abbaus von Arbeitskräften[19], was sich wiederum auf die Flexibilität und Leistungsstärke der Unternehmen auswirkt.

Um den durch die feste Tarifbindung verursachten Belastungen zu entgehen, bleibt den Arbeitgebern lediglich der Weg, den Geltungsbereich des Tarifvertrags zu verlassen. Dadurch können sie dem Wirkungskreis der geltenden Tarifnormen entgehen.[20] Eine Möglichkeit, dieses Ziel zu erreichen, liegt in der Änderung des Betriebszwecks.[21] Folge der Betriebszweckänderung ist das „Herauswachsen" des Unternehmens aus dem fachlichen Anwendungs-bereich des die Arbeitsbedingungen bis dahin regelnden Tarifvertrags. Damit entfällt die gem. § 4 Abs. 1 TVG erforderliche zweite Voraussetzung für die Tarifgeltung und die unmittelbare und zwingende Wirkung des Tarifvertrags findet ihr Ende.

Hinsichtlich der schon vor der Betriebszweckänderung unter den Tarifvertrag fallenden Arbeitsverhältnisse tritt sodann die Nachwirkung des Tarifvertrags gem. § 4 Abs. 5 TVG ein. Danach gelten die Rechtsnormen des Tarifvertrags so lange weiter, bis sie durch eine andere Abmachung ersetzt werden. Weil eine andere Abmachung im Sinne von § 4 Abs. 5 TVG nicht nur den Abschluß eines anderen Tarifvertrags, sondern auch die einzelvertragliche Abmachung erfaßt, entfällt im Nachwirkungszeitraum aber die zwingende Wirkung des Tarifvertrags. Daher können die tariflich festgelegten Arbeitsbedingungen nun durch einzelvertragliche Abmachung unterschritten werden.[22] Die Regelung der Nachwirkung bietet also nur einen beschränkten Schutz vor der Änderung der tariflich festgelegten Arbeitsbedingungen zuungunsten der Arbeitnehmer.[23] Hierbei ist jedoch zu berücksichtigen, daß dem Arbeitgeber die Herbeiführung einer anderen Abmachung im Sinne von § 4

---

[18] Siehe hierzu auch *Wilhelm/Lindemann*, Unternehmenshandbuch Arbeitsrecht, Kap. 6 C I, Rdnr. 6.13 ff., S. 279 f.

[19] *Bauer*, FS Schwab, S. 19.

[20] Zur Tarifflucht vgl. u.a. *Buchner*, FS Kissel, S. 113 ff.

[21] Als weiterer Weg des Tarifausstiegs kommt z.B. die Ausgliederung von Betriebsteilen, sog. Outsourcing, (vgl. hierzu *Schaub*, BB 1998, 2106 ff.) und der Betriebsübergang (dazu vgl. *Pogge*, FS Stege, S. 125 f.) in Betracht.

[22] Griese in: *Küttner*, Personalbuch 2002, Nr. 400 Tarifbindung, Rdnr. 12, S. 2076.

[23] BAG, ZIP 2001, 129, 132.

Abs. 5 TVG nur unter Schwierigkeiten möglich sein wird.[24] Mit der Regelung des § 4 Abs. 5 TVG sind die Arbeitnehmer, auf deren Arbeitsverhältnis der Tarifvertrag bereits unmittelbar und zwingend nach § 4 Abs. 1 TVG eingewirkt hat, relativ gut vor dem Abbau tariflich geregelter Arbeitsbedingungen geschützt.

Gravierendere Auswirkungen hat die Betriebszweckänderung für neu begründete Arbeitsverhältnisse bzw. für die Arbeitsverhältnisse, bei denen der Arbeitnehmer erst nach Betriebszweckänderung der Gewerkschaft beigetreten ist. Da diese Arbeitsverhältnisse nicht vom Anwendungsbereich von § 4 Abs. 5 TVG erfaßt werden[25], gelten die Rechtsnormen des Tarifvertrags hier nicht einmal mehr im Wege der Nachwirkung.

Unter Berücksichtigung der rechtlichen Gestaltungsfreiheit kann der „Flucht" eines Arbeitgebers aus dem fachlichen Geltungsbereich eines Tarifvertrags, um die zwingende Wirkung der Tarifnormen zu beseitigen, grundsätzlich nichts entgegen gehalten werden. Gründung, Führung und Ausgestaltung des Unternehmens sind durch Art. 12 und 14 GG geschützte Rechte[26], so daß die Betriebszweckänderung keinen Beschränkungen unterliegt. Rechtlich bedenklich erscheint die Sachlage hingegen, wenn der ursprüngliche Betriebszweck nicht lediglich geändert, sondern vielmehr auf eine oder mehrere mit dem Unternehmen wirtschaftlich verbundene Gesellschaften verlagert wird und der im ursprünglichen Produktionsbereich erwirtschaftete Gewinn weiterhin dem den Betriebszweck ändernden Unternehmen zufließt. Die Verlagerung des Betriebszwecks erfolgt mit Hilfe der Einführung von Arbeitnehmerüberlassung. Das den Betriebszweck ändernde Unternehmen betreibt überwiegend nur noch Arbeitnehmerüberlassung. In dem von ihm ursprünglich verfolgten Betriebszweck sind wirtschaftlich verbundene Unternehmen tätig. Diese beschäftigen nunmehr die Leiharbeitnehmer des den Betriebszweck ändernden Unternehmens. Die Leiharbeitnehmer sind damit immer noch in der gleichen Branche tätig wie vor der Betriebszweckverlagerung. Zudem kann das Verleihunternehmen aufgrund der wirtschaftlichen Verknüpfung mit den Entleihunternehmen weiterhin Einfluß auf den betrieblichen Einsatz seiner Arbeitnehmer nehmen. Jedoch unterliegen die Leiharbeitsverhältnisse nicht mehr der unmittelbaren und zwingenden Wirkung

---

24 Zu den Schwierigkeiten, eine andere Abmachung i.S.d. § 4 Abs. 5 TVG herbeizuführen siehe Punkt C I 2 b) aa); *Rieble*, SAE 1995, 77, 78; *Wank*, FS Schaub, S. 776 f.

25 Die Anwendung des § 4 Abs. 5 TVG ist für diese Fälle umstritten. Rechtsprechung und h.M. in der Lehre gehen jedoch davon aus, daß die Voraussetzungen für die Nachwirkung nicht erfüllt sind. Vgl. nur BAG AP Nr. 1, 8 zu § 4 TVG Nachwirkung; SAE 1987, 301, 304. Warum dieser Ansicht zu folgen ist, wird im weiteren Verlauf der Arbeit begründet.

26 *Scholz* in: Maunz/Dürig, Grundgesetz, Art. 12, Rdnr. 35; *Papier* in: Maunz/Dürig, Art. 14, Rdnr. 194.

des Tarifvertrags. Das den Betriebszweck verlagernde Unternehmen fällt durch die Einführung von Arbeitnehmerüberlassung aus dem fachlichen Anwendungsbereich des bisher geltenden Tarifvertrags heraus. Der Tarifvertrag wirkt nur noch nach. Dabei läßt sich die zwingende Wirkung der Tarifvertragsnormen auch nicht mit einer etwa bestehenden Tarifgebundenheit der Entleihunternehmen begründen, da diese nicht Vertragspartner der Leiharbeitnehmer sind.

Damit ergibt sich folgende Situation: Wäre der Betriebszweck nicht verlagert, sondern durch denselben Arbeitgeber fortgeführt worden, wäre der Tarifvertrag unabhängig von einem etwaigen Verbandsaustritt des Arbeitgebers[27] nach wie vor auf alle Arbeitsverhältnisse unmittelbar und zwingend anwendbar (§ 3 Abs. 1 bzw. Abs. 3, § 4 Abs. 1 TVG). Durch den „Kunstgriff" der Verlagerung des Betriebszwecks wirkt der Tarifvertrag trotz Fortführung der ursprünglichen Geschäftstätigkeit durch die wirtschaftlich verbundenen Unternehmen entweder gem. § 4 Abs. 5 TVG nur noch nach oder entfaltet überhaupt keine Wirkung mehr. Es wird also die Unabdingbarkeit des Tarifvertrags gem. § 4 Abs. 1 TVG beseitigt.

Diese unterschiedliche Behandlung der Arbeitsverhältnisse hinsichtlich der Anwendbarkeit des für den betreffenden Wirtschaftsbereich geltenden Tarifvertrags hat für die Aufrechterhaltung der tariflich gewährleisteten Arbeitsbedingungen einschneidende Folgen. Nur im ersten Fall unterliegen die Arbeitnehmer der vollen Schutzwirkung des Tarifvertrags. Bei der Betriebszweckverlagerung besteht wegen der fehlenden zwingenden Wirkung des Tarifvertrags nicht mehr das Verbot, die Regelungen des Tarifvertrags zu Lasten der Arbeitnehmer abzuändern (§ 4 Abs. 3 TVG). Jede neue Abmachung ist eine andere Abmachung im Sinne von § 4 Abs. 5 TVG, welche die Nachwirkung des Tarifvertrags für die ihm unterfallenden Arbeitsverhältnisse beendet. Da der Tarifvertrag dann nicht mehr nachwirkt, können seine Regelungen nach dem Rangprinzip bzw. nach § 4 Abs. 3 TVG den einzelvertraglichen ungünstigeren Abmachungen auch nicht mehr vorgehen. Darüber hinaus werden neu eingestellte oder im Nachwirkungszeitraum der Gewerkschaft beitretende Arbeitnehmer von der Tarifgeltung erst gar nicht erfaßt. Sie können von Anfang an zu untertariflichen Bedingungen beschäftigt werden.

Fraglich ist, ob die Beendigung der unmittelbaren und zwingenden Wirkung des Tarifvertrags bei der Verlagerung des Betriebszwecks mittels Einführung von Arbeitnehmerüberlassung gerechtfertigt ist. Bei einer genauen Betrachtung der gewählten Konstruktion erscheint die Sachlage so, als würde der Arbeitgeber die Arbeitnehmerüberlassung[28] nur „zwischenschalten" und mit Hilfe der wirtschaftlich verbundenen Gesellschaften seinen ursprünglichen

---

[27] Vgl. hierzu *Konzen*, ZfA 1975, 401, 412.

[28] Auch *Groeger*, DB 1998, 470, 473, weist darauf hin, daß ein Mißbrauch der Arbeitnehmerüberlassung im Konzern nicht außerhalb realistischer Überlegungen liegen dürfte.

Betriebszweck im gleichen Maße und zu den gleichen Bedingungen fortführen. Im betreffenden Wirtschaftsbereich werden nach wie vor dieselben Arbeitnehmer eingesetzt und der Gewinn fließt immer noch demselben Unternehmen zu.

3. Standpunkt in Rechtsprechung und Literatur

Das BAG[29] hatte in der Vergangenheit über die Tarifgebundenheit der Arbeitsvertragsparteien in einem derart gelagerten Fall der Unternehmensumgestaltung zu entscheiden. Wegen des Herausfallens des Unternehmens aus dem fachlichen Geltungsbereich des Tarifvertrags verneinte das BAG eine Tarifbindung des aus seinem Verband ausgetretenen Arbeitgebers nach § 3 Abs. 3 TVG und damit auch die unmittelbare und zwingende Wirkung des Tarifvertrags gem. § 4 Abs. 1 TVG. Es wurde lediglich eine Nachwirkung des Tarifvertrags nach § 4 Abs. 5 TVG angenommen. Da aber nach der Rechtsprechung des BAG nur die Arbeitsverhältnisse von der Nachwirkung erfaßt werden, die schon vorher der unmittelbaren und zwingenden Wirkung des Tarifvertrags nach § 4 Abs. 1 TVG unterlagen, wurde den klagenden Arbeitnehmern, die der Gewerkschaft erst nach Betriebszweckänderung beigetreten waren, der geltend gemachte tarifliche Anspruch abgesprochen.

Auf der Grundlage einer auf die bloße Änderung des Betriebszwecks begrenzten Betrachtungsweise hat das BAG zu Recht die zwingende Wirkung des Tarifvertrags verneint. In den Urteilsgründen wird jedoch nicht darauf eingegangen, ob unter dem Gesichtspunkt einer „Umgehung" der zwingenden Geltung der Tarifvertragsnormen durch Unternehmensumstrukturierung möglicherweise eine andere Entscheidung geboten ist. Das verwundert, weil eine gefestigte Rechtsprechung zur Gesetzesumgehung besteht. Haben Rechtsstreitigkeiten Anlaß zur Annahme eines Umgehungstatbestands gegeben, wurde dies einer umfassenden Prüfung unterzogen. Das gilt insbesondere für die Umgehung der Kündigungsschutzvorschriften durch den Abschluß von Kettenarbeitsverträgen. Warum das BAG in diesem Fall keine dementsprechenden Überlegungen angestellt hat, bleibt offen. Aber auch hier drängt sich die Frage nach einer Gesetzesumgehung auf. Obwohl die Geltungsvoraussetzungen des Tarifvertrags nach § 4 Abs. 1 TVG nicht vorliegen, kann eine Weiterführung des ursprünglichen Betriebszwecks mittels wirtschaftlich verbundener Entleihunternehmen die zwingende Wirkung der Tarifvertragsnormen im Verleihunternehmen weiterhin erforderlich machen.

---

[29] Urteil vom 10.12.1997 – 4 AZR 247/96 -, NZA 1998, 484 f. = SAE 1999, 176 ff.

So geht *Belling*[30] in seiner zum Urteil des BAG erfolgten Anmerkung erstmals darauf ein, ob in der Unternehmensumgestaltung ein mißbräuchliches Verhalten des Arbeitgebers liegen kann. Er gelangt zu dem Ergebnis, daß § 3 Abs. 3 TVG analog angewandt werden sollte, wenn der tarifgebundene Arbeitgeber seinen Betriebszweck nur deshalb auf eine wirtschaftlich verbundene Gesellschaft verlagert, um sich dem fachlichen Anwendungsbereich und damit der Geltung des Tarifvertrags zu entziehen. Dabei bleibt ungeklärt, bei welchen Fallgestaltungen dies anzunehmen ist.

II. Zum Inhalt der Arbeit

Im Rahmen dieser Arbeit wird untersucht, ob in den dargestellten Fällen der Unternehmensumstrukturierung eine rechtlich zulässige Tatbestandsvermeidung liegt oder ob die zwingende Wirkung der Tarifvertragnormen aufrechtzuerhalten ist. Zur Klärung der Frage werden vorab die Voraussetzungen für die Anwendbarkeit von Tarifverträgen im Überblick dargestellt. Insbesondere wird dabei das Verhältnis der §§ 3 und 4 TVG zueinander erörtert. Das Verständnis vom Wesen der Tarifgebundenheit ist Vorfrage für die gesamte weitere Untersuchung. Damit kann festgestellt werden, welche für die Anwendbarkeit des Tarifvertrags maßgebenden Vorschriften durch das Verlassen des fachlichen Geltungsbereichs in ihrem Tatbestand nicht erfüllt sind und auf welche Weise die mangelnde Voraussetzung des Unterfallens unter den Geltungsbereich des Tarifvertrags ausgeglichen werden kann. Im Anschluß daran wird zunächst darauf eingegangen, ob den wirtschaftlich verbundenen Unternehmen untereinander bestimmte Eigenschaften oder objektive Sachverhalte zugerechnet werden können, um das entsprechende Tatbestandsdefizit zu kompensieren. Im Ergebnis ist jedoch lediglich die analoge Anwendung von § 4 Abs. 1 TVG geeignet, das fehlende Tatbestandsmerkmal des Unterfallens unter den fachlichen Geltungsbereich auszugleichen. Bezug nehmend auf den Gleichheitssatz als Voraussetzung der Analogie werden die für die Vergleichbarkeit maßgebenden Punkte herausgearbeitet. Darauf aufbauend wird geprüft, wann die Sachverhalte vor und nach der Verlagerung des Betriebszwecks in dem für eine Analogie erforderlichen Maße einander ähnlich sind. Hierbei wird unter anderem diskutiert, in welchem Umfang das Verleihunternehmen auf die Grundfunktionen der Betriebsleitung der Entleihunternehmen Einfluß nehmen muß, um von einer Aufrechterhaltung des bisherigen Betriebszwecks durch das Verleihunternehmen ausgehen zu können. Letztlich wird die Frage der Beweis-

30 SAE 1999, 176, 181 ff.

last bzüglich der einzelnen Voraussetzungen für das Bestehen einer vergleichbaren Sachlage behandelt.

B. Voraussetzungen für die Anwendbarkeit von Tarifverträgen

Die Voraussetzungen für die Anwendbarkeit eines Tarifvertrags auf die einzelnen Arbeitsverhältnisse ergeben sich aus § 4 Abs. 1 TVG. Danach gelten die Rechtsnormen des Tarifvertrags, die den Inhalt, den Abschluß oder die Beendigung von Arbeitsverhältnissen ordnen, unmittelbar und zwingend zwischen den beiderseits Tarifgebundenen, die unter den Geltungsbereich des Tarifvertrages fallen. § 4 Abs. 1 TVG statuiert also zwei Voraussetzungen, die nebeneinander vorliegen müssen, damit die Arbeitsverhältnisse von der Rechtsnormwirkung des Tarifvertrags erfaßt werden. Das ist zum einen die beiderseitige Tarifgebundenheit und zum anderen das Unterfallen der Arbeitsverhältnisse unter den Geltungsbereich des Tarifvertrags.[31]

Herschel[32] ist hingegen der Auffassung, daß § 4 Abs. 1 TVG hinsichtlich der Aussage zum Geltungsbereich nur deklaratorische Wirkung zukomme. Es sei nicht unbedingt nötig gewesen, daß in § 4 Abs. 1 S. 1 TVG gesagt wurde, der Tarifvertrag erfasse nur diejenigen Tarifgebundenen, „die unter den Geltungsbereich des Tarifvertrages fallen". Das sei nur deshalb geschehen, weil bei Fehlen diese Satzes Mißverständnisse Rechtsunkundiger nicht ganz ausgeschlossen gewesen wären. Für *Herschel* hat § 4 Abs. 1 S. 1 TVG insofern also nur deklaratorische Bedeutung.

Dem kann nicht gefolgt werden. Es ist zwar richtig, daß der Geltungsbereich im Tarifvertrag selbst festgelegt ist und der Tarifvertrag demnach von sich aus sagt, welche Arbeitsverhältnisse er erfaßt. Die Regelung des § 4 Abs. 1 TVG hat aber konstitutiven Charakter, weil § 4 Abs. 1 TVG die normative Wirkung der Tarifvertragsnormen für die Arbeitsverhältnisse, die unter den Geltungsbereich des Tarifvertrags fallen, anordnet. Das kann der Tarifvertrag selbst nicht regeln. Er bestimmt nur den Umfang des Geltungsbereichs.

I. Tarifbindung

Voraussetzung für die Anwendbarkeit von Tarifverträgen ist also zunächst das Bestehen der Tarifgebundenheit der Arbeitsvertragsparteien. Wann die Tarifgebundenheit gegeben ist, wird in § 3 Abs. 1 TVG geregelt. Tarifgebunden sind danach die Mitglieder der Tarifvertragsparteien und der Arbeitgeber, der selbst

---

31 Ebenso *Nikisch*, Arbeitsrecht II, § 71 IV, S. 268.

32 ZfA 1973, 183, 192.

Partei des Tarifvertrags ist. Damit legt die Vorschrift die Personen fest, deren Arbeitsverhältnisse inhaltlich durch einen Tarifvertrag geregelt werden können.[33]

1. Rechtliche Definition der Tarifgebundenheit

Unterschiedlich wird beurteilt, wie die Tarifgebundenheit im Sinne von § 3 TVG und, damit verbunden, das Verhältnis von § 3 und § 4 TVG zueinander zu definieren ist.

a) Bindung an einen bestimmten Tarifvertrag

Nach der Rechtsprechung[34] und einem Teil der Literatur[35] ist unter der Tarifbindung im Sinne von § 3 Abs. 1 TVG die Bindung an einen konkret bestehenden Tarifvertrag gemeint. Eine Tarifgebundenheit nach § 3 Abs. 1 TVG sei also nur gegeben, wenn beiderseitige Mitgliedschaft der Arbeitsvertragsparteien in den tarifschließenden Verbänden besteht und die Arbeitsverhältnisse vom Geltungsbereich des Tarifvertrags erfaßt werden.[36] Hinsichtlich des Erfordernisses der „beiderseitigen" Tarifgebundenheit wird § 4 Abs. 1 TVG lediglich als ergänzende Regelung angesehen.
Dieses Verständnis von § 3 TVG wird durch den Wortlaut der Vorschrift unterstützt.[37] Zum einen bedeutet das Wort „tarifgebunden" Bindung an einen existierenden Tarifvertrag, d.h. Unterworfenheit unter die Rechtsnormen eines bereits abgeschlossenen und wirksamen Tarifvertrags. Die Rechtsnormen eines Tarifvertrags entfalten ihre normative Wirkung aber nur, wenn die Arbeitsvertragsparteien beiderseits tarifgebunden sind und die Arbeitsver-hältnisse unter den Geltungsbereich des Tarifvertrags fallen. Nur dann sind die Arbeits-

---

33 Abgesehen von der Allgemeinverbindlicherklärung eines Tarifvertrags nach § 5 TVG.

34 BAG AP Nr. 13, 14, 21 zu § 3 TVG.

35 *Gamillscheg*, Kollektives Arbeitsrecht I, § 17 I 1 b), S. 712; *Schaub* in: Erfurter Kommentar zum Arbeitsrecht, § 3 TVG, Rdnr. 29, 31; *Hromadka/Maschmann/Wallner*, Der Tarifwechsel, C § 5 I 1 c) cc), Rdnr. 234, S. 91; *Löwisch* in: Münchener Handbuch zum Arbeitsrecht III, § 260 I 1 a), Rdnr.1, S. 319; *Dörner* in: Kasseler Handbuch zum Arbeitsrecht II, 6.1.D. II 1 b), Rdnr. 126, S. 979; *Oetker* in: Wiedemann, TVG, § 3, Rdnr. 52; *Wilhelm/Lindemann*, Unternehmenshandbuch Arbeitsrecht, Kap. 6 B I 1, Rdnr. 6.3, S. 273; *Bieback*, DB 1989, 477, 478; *Herschel*, ZfA 1973, 183, 192.

36 Vgl. nur *Schaub* in: Erfurter Kommentar zum Arbeitsrecht, § 3 TVG, Rdnr. 29.

37 *Gamillscheg* in: Kollektives Arbeitsrecht I, § 17 I 1 b), S. 712.

vertragsparteien der Tarifgeltung unterworfen und damit nach dem Wortsinn tarifgebunden. Außerdem spricht § 3 TVG von den Mitgliedern der Tarifvertragsparteien und nicht allgemein von der Mitgliedschaft im Verband. Daraus kann ebenfalls geschlossen werden, daß § 3 TVG von einem bereits geschlossenen Tarifvertrag ausgeht und damit die Bindung an einen konkreten Tarifvertrag festlegt.

b) Statusverhältnis

In die Systematik des TVG paßt sich diese Ansicht jedoch nicht ein. Die Tarifgebundenheit im Sinne von § 3 TVG ist als „Statusverhältnis", als abstrakte Unterworfenheit unter die Rechtsetzungsmacht der Tarifvertragsparteien zu verstehen.[38] Sie bezieht sich mit Ausnahme der Tarifgebundenheit des Arbeitgebers, der selbst Partei des Tarifvertrages ist, nur auf die Mitgliedschaft im Verband. Dies ergibt sich im Umkehrschluß aus § 4 Abs. 1 TVG. Wenn dort im Unterschied zu § 3 Abs. 1 TVG ausdrücklich eine beiderseitige Tarifgebundenheit und außerdem die Erfassung vom Geltungs-bereich als kumulative Voraussetzung für eine Tarifwirkung gefordert werden, müssen also auch Arbeitgeber und Arbeitnehmer jeder für sich und ohne daß das jeweilige Arbeitsverhältnis vom Geltungsbereich erfaßt sein muß, tarifgebunden sein können.[39] Wäre in § 3 TVG nur die Bindung an einen bestimmten Tarifvertrag gemeint, so hätten die Regelungen in § 3 und § 4 TVG nicht getrennt erfolgen müssen. Vielmehr wären die in § 3 und § 4 TVG geforderten Voraussetzungen in einer Vorschrift zusammengefaßt.

Mit der Mitgliedschaft in einer tarifschließenden Partei wird demnach zunächst eine abstrakte (potentielle) Tarifgebundenheit begründet. Sie wird zur konkreten Tarifgebundenheit, wenn zusätzlich die Voraussetzungen von § 4 Abs. 1 TVG vorliegen. § 3 TVG regelt also die potentielle, d.h. die Tarifgebundenheit im engeren Sinne, und § 4 Abs. 1 TVG die konkrete (aktuelle), d.h. die Tarifgebundenheit im weiteren Sinne.

Anderes gilt nur, wenn der Arbeitgeber selbst Partei des Tarifvertrags ist (§ 3 Abs. 1, 2. Alt. TVG) oder der Tarifvertrag für allgemeinverbindlich erklärt wurde (§ 5 TVG). In diesen Fällen kommt jeweils nur eine konkrete Tarifgebundenheit in Betracht, weil auf kein Mitgliedschaftsverhältnis abgestellt wird.

---

[38] Vgl. *Nikisch*, Arbeitsrecht II, § 71 IV 1, S. 268; *Richardi* in: Staudinger, Vorbem. zu §§ 611 ff. BGB, Rdnr. 627; *Dietz*, FS Nipperdey, S. 143 f.; *Dräger*, BB 1970, 1141 f.; *Kempen* in: Kempen/Zachert, TVG, § 3, Rdnr. 6; *Wiedemann*, Anm. BAG AP Nr. 8 zu § 4 TVG Nachwirkung; *Lieb*, Arbeitsrecht, § 6 II 1, Rdnr. 510, S. 170; *Hueck/Nipperdey*, Lehrbuch des Arbeitsrechts II/1, § 23 B I, S. 478; ähnlich *Melot de Beauregard*, Mitgliedschaft in Arbeitgeberverbänden und Tarifbindung, S. 42 f.

[39] *Nikisch*, Arbeitsrecht II, § 71 IV 1, S. 268 f.

Die Tarifgebundenheit bezieht sich dann nur auf einen bestimmten Tarifvertrag.[40]

Gegen die Unterscheidung zwischen potentieller und aktueller Tarifgebundenheit wendet *Gamillscheg*[41] ein, daß sich diese mit dem Wortlaut des § 3 TVG nicht rechtfertigen lasse und darüber hinaus keine konkreten Rechtsfolgen mit der potentiellen Tarifgebundenheit verbunden seien.
Wie schon erwähnt, ist dem Wortlautargument die Systematik des TVG, die in den Regelungen der § § 3, 4 TVG zum Ausdruck kommt, entgegen zu halten. Wenn davon ausgegangen wird, daß § 3 TVG nur die potentielle Tarifgebundenheit regelt, hätte die Regelung in § 3 Abs. 2 TVG eher in § 4 TVG als in § 3 TVG enthalten sein müssen. Da das nicht der Fall ist, könnte das für die Auslegung nach dem Wortlaut der Vorschrift, also dafür, daß in § 3 Abs. 1 TVG nur die Bindung an einen bestimmten Tarifvertrag gemeint ist, sprechen. Diese Überlegung resultiert daraus, daß § 3 Abs. 2 TVG einen Ausnahmetatbestand zur beiderseitigen Tarifgebundenheit enthält. Nach § 3 Abs. 2 TVG gelten die Rechtsnormen eines Tarifvertrags über betriebliche und betriebsverfassungsrechtliche Fragen für alle Betriebe, deren Arbeitgeber tarifgebunden ist. Auf die Mitgliedschaft des Arbeitnehmers im tarifschließenden Verband wird also, im Gegensatz zur sonst geforderten beiderseitigen Tarifgebundenheit, bei betrieblichen und betriebsverfassungsrechtlichen Fragen verzichtet. Da die Regelung eines Ausnahmetatbestands grundsätzlich nach der allgemeinen Regel erfolgt, könnte darauf zu schließen sein, daß § 3 Abs. 1 TVG diese allgemeine Regel darstellt und somit die „beiderseitige" Tarifgebundenheit schon Tatbestandsvoraussetzung von § 3 Abs. 1 TVG und nicht erst von § 4 Abs. 1 TVG ist. Das spräche aber allenfalls für einen ergänzenden Charakter der Regelung in § 4 Abs. 1 TVG bzgl. des Merkmals der „beiderseitigen" Tarifgebundenheit. Hinsichtlich der weiteren Voraussetzung für die Anwendbarkeit des Tarifvertrags bzgl. der betrieblichen und betriebsverfassungsrechtlichen Frage, nämlich des Unterfallens der Arbeitsverhältnisse unter seinen Geltungsbereich, ist § 4 Abs. 1 TVG zwingend konstitutiv. Das Erfordernis des Unterfallens der Arbeitsverhältnisse unter den Geltungsbereich des Tarifvertrags als zweite Voraussetzung der Tarifwirkung[42] ergibt sich für die Tarifgebundenen nach § 3 Abs. 2 TVG wie für die Tarifgebundenen nach § 3 Abs. 1, 3 TVG ebenfalls nur aus § 4 Abs. 1 TVG. Insoweit regelt § 4 Abs. 1 S. 2 TVG ausdrücklich, daß § 4 TVG entsprechend für Rechtsnormen des Tarifvertrags über betriebliche und betriebsverfassungs-rechtliche Fragen gilt. Damit steht die Regelung von § 3 Abs. 2 TVG nicht im Widerspruch zu dem Verhältnis von § 3 und § 4 TVG,

---

40 *Nikisch*, Arbeitsrecht II, § 71 IV 1, S. 268.

41 Kollektives Arbeitsrecht I, § 17 I 1 b), S. 712.

42 *Hueck/Nipperdey*, Lehrbuch des Arbeitsrechts II/1, § 23 A, S. 478.

wenn zwischen potentieller und aktueller Tarifgebundenheit unterschieden wird. Auch bei § 3 Abs. 2 TVG besteht mit dem Eintritt in einen tariffähigen Verband zunächst eine potentielle Tarifgebundenheit, die zur konkreten Tarifgebundenheit wird, wenn der Betrieb vom Geltungsbereich des noch abzuschließenden bzw. des abgeschlossenen Tarifvertrags erfaßt wird.

Für die Unterscheidung zwischen potentieller und aktueller Tarifgebundenheit spricht außerdem, daß in § 3 Abs. 1 TVG ausdrücklich auf die Mitgliedschaft im Verband abgestellt wird und erst § 4 Abs. 1 TVG von der Rechtsnormwirkung des Tarifvertrags spricht. Damit wird zum Ausdruck gebracht, daß § 4 Abs. 1 TVG die Voraussetzungen für die Anwendbarkeit eines Tarifvertrags regelt und das Vorliegen der Voraussetzungen von § 3 Abs. 1 TVG nur einen Teil des Tatbestands von § 4 Abs. 1 TVG bildet.

Mit dem Einwand des Fehlens einer konkreten Rechtsfolge[43] läßt sich die dargestellte Argumentation ebenfalls nicht erschüttern. Rechtsfolge der potentiellen Tarifgebundenheit ist die Unterwerfung des Arbeitgebers bzw. Arbeitnehmers unter die Rechtsetzungsmacht der Tarifvertragsparteien. Der Verband wird aufgrund der Mitgliedschaft legitimiert, durch Abschluß von Tarifverträgen Rechtsnorminhalte zu schaffen[44], an die seine Mitglieder bei Vorliegen der Voraussetzungen von § 4 Abs. 1 TVG gebunden sind.[45]

Auch *Büdenbender*[46] unterscheidet nicht zwischen aktueller und potentieller Tarifgebundenheit. Seine Ausführungen zum Verständnis von § 3 Abs. 3 TVG sprechen aber ebenfalls für die hier vorgenommene Unterscheidung. *Büdenbender* geht davon aus, daß § 3 Abs. 3 TVG keine systemwidrige Ausnahmeregelung bilde, sondern nur eine deklaratorische Funktion inne habe. Die erweiterte Tarifgebundenheit ließe sich auch aus § 3 Abs. 1 TVG herleiten. Die Geltung eines Tarifvertrags sei durch die Mitgliedschaft legitimiert und es gebe keinen rückwirkenden Mandatsentzug. Demzufolge sei die Regelung des § 3 Abs. 3 TVG nicht erforderlich. Insoweit spricht *Büdenbender*[47] auch vom Fortbestand der Mitgliedschaft als Legitimationsgrundlage für die Geltung des Tarifvertrags. Das Erfordernis des Unterfallens unter den Geltungsbereich sieht er aber dennoch als Tatbestandsvoraussetzung von § 3 TVG an. Wenn er jedoch diesbezüglich ausschließlich auf die Mitgliedschaft abstellt, unterstützt dies die hier vertretene These, daß § 3 TVG nur die potentielle Tarifgebundenheit erfaßt.

---

43 *Gamillscheg*, Kollektives Arbeitsrecht I, § 17 I 1 b), S. 712.

44 Vgl. *Belling*, ZfA 1999, 547, 592 ff.

45 *Gamillscheg*, Kollektives Arbeitsrecht I, § 15 III 3 a), S. 559; *Löwisch/Rieble*, TVG, § 3, Rdnr. 1; vgl. auch *Rotter*, Nachwirkung der Normen eines Tarifvertrags, § 3 II 5 a) ee), S. 44.

46 NZA 2000, 509 ff.

47 NZA 2000, 509, 516.

§ 3 TVG regelt nur das Statusverhältnis der Mitgliedschaft, zum Geltungsbereich enthält er keine Angaben.

Schließlich folgt auch aus der Systematik des § 5 Abs. 4 TVG, daß sich § 3 TVG lediglich auf die Mitgliedschaft im Verband bezieht. Gem. § 5 Abs. 4 TVG erfassen die Rechtsnormen des Tarifvertrags in seinem Geltungsbereich mit der Allgemeinverbindlicherklärung auch die bisher nicht tarifgebundenen Arbeitgeber und Arbeitnehmer. § 5 Abs. 4 TVG legt also ausdrücklich fest, daß auch bei der Allgemeinverbindlicherklärung das Unterfallen der Arbeitsverhältnisse unter den Geltungsbereich Voraussetzung der Rechtsnormwirkung der Tarifvertragsnormen ist. Mithin wird durch die Allgemeinverbindlicherklärung nur die Verbandsmitgliedschaft ersetzt. Alle sonstigen Voraussetzungen der Tarifgeltung, insbesondere das Unterfallen der Arbeitsverhältnisse unter den Geltungsbereich, müssen vorliegen.[48] Würde schon die Tarifbindung nach § 3 TVG voraussetzen, daß die Arbeitsverhältnisse vom Geltungsbereich erfaßt werden, wäre die ausdrückliche Regelung in § 5 Abs. 4 TVG überflüssig. Dem kann auch nicht entgegengehalten werden, daß der Vorschrift insoweit nur eine klarstellende Funktion zukomme. Wie § 4 Abs. 1 TVG hat auch § 5 Abs. 4 TVG hinsichtlich des Tatbestandsmerkmals des Unterfallens unter den Geltungsbereich konstitutive Wirkung. Durch die Reglung in § 5 Abs. 4 TVG wird die normative Wirkung des Tarifvertrags hinsichtlich der betrieblichen und betriebsverfassungsrechtlichen Fragen für die nicht (potentiell) Tarifgebundenen, die unter den Geltungsbereich des Tarifvertrags fallen, legitimiert. Wie schon ausgeführt, können die Tarifvertragsparteien diese normative Wirkung selbst nicht festlegen. Sie bestimmen nur den Umfang des Geltungsbereichs.

Wenn also die Mitgliedschaft im Arbeitgeber- bzw. Arbeitnehmerverband gegeben ist, besteht zumindest die potentielle Tarifgebundenheit. Ob auch eine aktuelle Tarifgebundenheit besteht, ist von den in § 4 Abs. 1 TVG geregelten weiteren Voraussetzungen abhängig.

2. Beginn der Tarifgebundenheit

Die potentielle Tarifgebundenheit beginnt mit dem Eintritt des Arbeitgebers bzw. des Arbeitnehmers in einen tariffähigen Verband.[49] Dabei kommt es nicht darauf an, ob der entsprechende Verband schuldrechtlich an einen laufenden Tarifvertrag gebunden ist.

---

48 *Wank* in: Wiedemann, TVG, § 5, Rdnr. 127, 128.

49 *Nikisch*, Arbeitsrecht II, § 71 IV 1, S. 269; *Richardi* in: Staudinger, Vorbem zu §§ 611 ff. BGB, Rdnr. 627.

Eine Vorverlagerung des Beginns der potentiellen Tarifgebundenheit kommt nicht in Betracht. Die Vereinbarung eines rückwirkenden Beginns der Mitgliedschaft führt nicht zu einer Rückwirkung der potentiellen Tarifgebun-denheit nach § 3 Abs. 1 TVG.[50] Insoweit ist nur der tatsächliche Beitritt des Mitglieds maßgeblich. Das folgt daraus, daß die gesetzlich geregelten Folgen der mitgliedschaftlich begründeten Tarifgebundenheit nicht einseitig modifiziert werden können.[51] Der Beginn der normativen Wirkung der Tarifvertragsnormen steht nicht zur Disposition der Tarifvertragsparteien. Die normative Wirkung kann nicht zwischen den Tarifvertragsparteien durch einzelvertragliche Vereinbarung einer rückwirkenden Mitgliedschaft vorverlagert werden.

Die aktuelle Tarifgebundenheit findet ihren Anfang mit dem Vorliegen der Voraussetzungen von § 4 Abs. 1 TVG.[52] Daher ist die potentielle Tarifgebundenheit zugleich eine aktuelle, wenn bei Verbandseintritt ein Tarifvertrag existiert, dessen Geltungsbereich das Arbeitsverhältnis des Mitglieds erfaßt und der Arbeitsvertragspartner Mitglied in der anderen vertragschließenden Tarifpartei ist.[53] Besteht bei Verbandseintritt noch kein Tarifvertrag, beginnt die aktuelle Tarifgebundenheit erst mit dessen Abschluß.
Wenn der Arbeitgeber selbst Partei des Tarifvertrags ist (§ 3 Abs. 1, 2. Alt. TVG), beginnt die aktuelle Tarifgebundenheit naturgemäß ebenfalls erst mit dem Abschluß des Tarifvertrags.[54]

Im Fall der Allgemeinverbindlicherklärung nach § 5 TVG, durch welche die Tarifgebundenheit auch auf Außenseiter, also auf nicht Tarifgebundene erstreckt werden kann[55], beginnt die aktuelle Tarifgebundenheit mit dem Geltungsbeginn der Allgemeinverbindlicherklärung. Dieser wird vom Bundesminister für Arbeit und Sozialordnung im Benehmen mit dem Tarifausschuß festgesetzt. Er liegt in der Regel nicht vor dem Tag der Bekanntmachung.[56]

---

50 Vgl. BAG, NZA 2001, 980 ff.

51 BAG, NZA 2001, 980, 982.

52 *Nikisch*, Arbeitsrecht II, § 71 IV 1, S. 269.

53 Ausnahme: § 3 Abs. 2 TVG; Auf die Mitgliedschaft des Arbeitnehmers in der anderen tarifschließenden Partei kommt es hier nicht an.

54 *Nikisch*, Arbeitsrecht II, § 71 IV 1, S. 269.

55 *Schaub*, Arbeitsrechts-Handbuch, § 207 V 1, Rdnr. 21, S. 2034.

56 *Gamillscheg*, Kollektives Arbeitsrecht I, § 19, 6 a), S. 897.

3. Regelmäßige Beendigung der Tarifgebundenheit

a) Potentielle Tarifgebundenheit

Im Gegensatz zu ihrem Beginn, für den der Verbandsbeitritt allein ausreichend ist, erlischt die potentielle Tarifgebundenheit nicht schon mit dem Austritt aus dem Verband selbst. Hinzukommen muß das Ende der Geltungsdauer des bis dahin anwendbaren Tarifvertrags. Dafür muß der geltende Tarifvertrag entweder zeitlich abgelaufen[57] oder durch einen neuen Tarifvertrag abgelöst[58] worden sein. Das ergibt sich aus § 3 Abs. 3 TVG, der regelt, daß die Tarifgebundenheit bestehen bleibt, bis der Tarifvertrag endet.[59]

Für die Beendigung der potentiellen Tarifgebundenheit müssen also zwei Voraussetzungen nebeneinander erfüllt sein. Zunächst muß das Mitglied aus seinem Verband ausgetreten sein. Darüber hinaus muß die Geltung des Tarifvertrags beendet worden sein. Ist die zweite Voraussetzung nicht kumulativ neben dem Verbandsaustritt gegeben, bleibt die potentielle Tarifgebundenheit bestehen. § 3 Abs. 3 TVG fingiert also den Fortbestand der potentiellen Tarifgebundenheit bis zum Ende des geltenden Tarifvertrags.

aa) § 3 Abs. 3 TVG: keine Verlängerung der aktuellen Tarifgebundenheit, sondern lediglich Fiktion des Fortbestands der Mitgliedschaft

Demgegenüber wird nach der Auffassung von *Nikisch*[60] und *Richardi*[61] die potentielle Tarifgebundenheit direkt mit dem Verbandsaustritt beendet. Diese

---

57 Das BAG AP Nr. 8 zu § 3 TVG Verbandsaustritt, hat nunmehr entschieden, daß der Fall der Änderung des Tarifvertrags der Beendigung des Tarifvertrags gleichzustellen sei. Das gebiete das Erfordernis der Rechtsklarheit. Die Qualität der Änderung sei dabei ohne Bedeutung. „Eine Bindung des ausgetretenen Arbeitgebers an den geänderten Tarifvertrag nur hinsichtlich der unverändert gebliebenen Bestimmungen sei problematisch, da jeweils zu klären wäre, ob § 3 Abs. 3 TVG für den unveränderten Teil oder § 4 Abs. 5 TVG für den geänderten Teil Anwendung finde." Hierzu vgl. weiterhin *Däubler*, ZTR 1994, 448, 450; *Bieback*, DB 1989, 477, 479; *Schwab*, BB 1994, 781; *Löwisch/Rieble*, TVG, § 3, Rdnr. 86; *Hanau/Kania*, DB 1995, 1229, 1232; BAG, DB 1992, 1297; *Pogge*, FS Stege, S. 119.

58 Vgl. *Oetker* in: Wiedemann, TVG, § 3, Rdnr. 75 f.; zu den Beendigungstatbeständen vgl. auch *Pogge*, FS Stege, S. 118 f.

59 Zur Verfassungsmäßigkeit von § 3 Abs. 3 TVG vgl. *Moll*, Tarifausstieg der Arbeitgeberseite, S. 88 ff.

60 Arbeitsrecht II, § 71 IV 1, S. 269.

61 *Richardi* in: Staudinger, Vorbem. zu § 611 ff. BGB, Rdnr. 628.

Ansicht beruht darauf, daß *Nikisch* und *Richardi*, wie auch *Kempen*[62], davon ausgehen, daß § 3 Abs. 3 TVG lediglich eine Verlängerung der aktuellen Tarifgebundenheit festlegt.

Damit wird aber die für § 3 Abs. 1 TVG von diesen Autoren befürwortete Trennung zwischen potentieller und aktueller Tarifgebundenheit nicht konsequent eingehalten.[63] Für eine unterschiedliche Behandlung der Tarifgebundenheit nach § 3 Abs. 1 TVG und der nach § 3 Abs. 3 TVG besteht kein Grund. Durch § 3 Abs. 3 TVG wird das Verbandsmitglied hinsichtlich der tarifrechtlichen Auswirkungen der Mitgliedschaft so gestellt, als würde seine Mitgliedschaft bis zum Ende des laufenden Tarifvertrags fortbestehen. Damit ist die normative Wirkung eines bereits geschlossenen Tarifvertrags für seinen gesamten Geltungszeitraum, auch für die vor seiner Beendigung aus dem tarifschließenden Verband ausgetretenen Mitglieder, durch die einmal begründete Mitgliedschaft legitimiert. Die Tarifvertragsparteien sind insoweit nur nicht mehr für den Abschluß zukünftiger Tarifverträge legitimiert. Das folgt aus dem Sinngehalt von § 3 Abs. 3 TVG. Die Voraussetzungen von § 4 Abs. 1 TVG werden durch die Verlängerung der potentiellen Tarifgebundenheit nicht ersetzt. Fehlt es am einschlägigen Geltungsbereich, erfährt der Tarifvertrag trotz Vorliegens der Voraussetzungen von § 3 Abs. 3 TVG keine unmittelbare und zwingende Geltung nach § 4 Abs. 1 TVG. Demzufolge kann in § 3 Abs. 3 TVG nur die Verlängerung des „Statusverhältnisses" gemeint sein.

Melot de Beauregard[64] geht hingegen davon aus, daß § 3 Abs. 3 TVG nur eine Verlängerung der mitgliedschaftlichen Legitimation für die Tarifgeltung bewirke. Durch die Mitgliedschaft im Zeitpunkt des Vertragsschlusses hätten die Mitglieder das Verbandshandeln als für sich verbindlich akzeptiert. Fortan sei die Tarifbindung nicht mehr ausschließlich mit der Mitgliedschaft verbunden. Gegen diese Ansicht spricht der Wortlaut von § 3 Abs. 1 und § 4 Abs. 1 TVG. Nach § 4 Abs. 1 TVG ist für die zwingende Geltung der Tarifnormen eine beiderseitige Tarifbindung erforderlich. Tarifbindung besteht aber gem. § 3 Abs. 1 TVG nur bei Mitgliedschaft im entsprechenden Verband.

Bei Unterscheidung zwischen potentieller und aktueller Tarifgebundenheit ist es also möglich, daß die Voraussetzungen von § 3 Abs. 3 TVG zwar vorliegen, der Tarifvertrag aber trotzdem nicht „fortgilt". Denn fehlt es am Unterfallen der Arbeitsverhältnisse unter den Geltungsbereich, scheitert die Anwendbarkeit des Tarifvertrags bei Verbandsaustritt nicht am Fehlen der Voraussetzungen von § 3 Abs. 3 TVG, sondern am Fehlen der Voraussetzungen von § 4 Abs. 1 TVG.

---

62 In: Kempen/Zachert, TVG, § 3, Rdnr. 26.

63 Lediglich *Konzen*, ZfA 1975, 401, 414, spricht von einer Fortdauer der potentiellen Tarifgebundenheit.

64 Mitgliedschaft in Arbeitgeberverbänden und Tarifbindung, S. 57.

Die Voraussetzungen von § 3 Abs. 3 TVG sind auch erfüllt, wenn mit dem Herausfallen der Arbeitsverhältnisse aus dem Geltungsbereich zugleich die Tarifzuständigkeit des Verbandes[65] verlassen wird.[66] Soweit die Tarifzuständigkeit bestanden hat, wird die Geltung des Tarifvertrags durch die Mitgliedschaft im Verband legitimiert. Damit ist es auch gerechtfertigt, die potentielle Tarifgebundenheit bei Austritt aus dem Verband und gleichzeitigem Entfallen der Tarifzuständigkeit des Verbandes für diesen Tarifvertrag bis zu dessen Ende zu fingieren. Insoweit besteht zwischen dem Verlassen des Geltungsbereichs und dem Verlassen der Tarifzuständigkeit in Bezug auf die Aufrechterhaltung der potentiellen Tarifgebundenheit kein Unterschied.[67] Ob der Tarifvertrag weiterhin zwingend wirkt, ist eine Frage von § 4 Abs. 1 TVG.[68] Deshalb sollte bei § 3 Abs. 3 TVG nicht von der „Fortgeltung des Tarifvertrags" sondern lediglich von der „Verlängerung der Tarifgebundenheit (im engeren Sinne)" gesprochen werden.

Hinsichtlich der Anwendbarkeit des Tarifvertrags bei Verbandsaustritt ändert sich durch dieses von der Rechtsprechung und der h.M. in der Literatur abweichende Verständnis von der Tarifgebundenheit gem. § 3 TVG jedoch nichts. Insofern ist es gleich, ob man das Unterfallen unter den Geltungsbereich als Voraussetzung von § 3 Abs. 3 TVG oder von § 4 Abs.1 TVG versteht. Wichtig ist diese Unterscheidung aber für die Beantwortung weiterer im Verlaufe der Arbeit zu untersuchender Fragen.

---

65 Tarifzuständigkeit und tatsächlich vereinbarter Geltungsbereich müssen nicht kongruent sein (vgl. Punkt B II 2; ein einschlägiges Beispiel findet sich bei *Konzen*, ZfA 1975, 401, 413.), so daß es möglich ist, daß mit dem Verbandsaustritt bei gleichzeitigem Herausfallen des Betriebes aus dem Anwendungsbereich des Tarifvertrags zwar der Geltungsbereich dieses Tarifvertrags, nicht aber die Tarifzuständigkeit des Verbandes verlassen wird.

66 Hiervon zu unterscheiden ist der Fall, daß sich die Tarifzuständigkeit des Verbandes ändert. (Vgl. *Konzen*, ZfA 1975, 401, 417.) Eine Koalition kann z.B. durch Satzungsänderung ihre Tarifzuständigkeit ändern und so ihrer eigenen Bindung an den Tarifvertrag entgehen. (*Kraft*, FS Schnorr v. Carolsfeld, S. 267.) Dabei ist es gleich, ob die Tarifzuständigkeit schon bei Abschluß des Tarifvertrags gefehlt hat oder erst nachträglich weggefallen ist. In beiden Fällen ist der Tarifvertrag unwirksam (*Löwisch* in: Münchener Handbuch zum Arbeitsrecht, § 248 III, Rdnr. 76 ff., S. 220 f.), so daß der Tarifvertrag schon aus diesem Grund keine Anwendung findet (*Konzen*, ZfA 1975, 401, 414.).

67 Vgl. im Ergebnis *Konzen*, ZfA 1975, 401, 417.

68 Wenn das Unterfallen unter den Geltungsbereich als Voraussetzung von § 3 Abs. 3 TVG angesehen wird, ist es folgerichtig, daß zu dessen Tatbestandserfüllung gefordert wird, daß die Tarifzuständigkeit der Tarifvertragsparteien bestehen bleibt. (Vgl. nur BAG, NZA 1995, 178, 179.)

bb) Fiktionswirkung bis zum zeitlichen Ende des geltenden Tarifvertrags

Des weiteren herrscht Uneinigkeit über die Frage, ob die (potentielle) Tarifgebundenheit bei unbefristeten Tarifverträgen dem Wortlaut von § 3 Abs. 3 TVG entsprechend erst mit dem zeitlichen Ablauf des geltenden Tarifvertrags endet oder ob sie im Wege der teleologischen Reduktion von § 3 Abs. 3 TVG schon zu einem früheren Zeitpunkt entfällt. Höchstrichterlich ist hierzu noch keine Entscheidung ergangen. Ein Teil der Literatur[69] vertritt die Auffassung, daß die Tarifgebundenheit nach § 3 Abs. 3 TVG mit dem nach erfolgtem Austritt frühest möglichen Kündigungszeitpunkt endet. Eine längere Bindung an den Tarifvertrag sei mit dem Zweck der Regelung in § 3 Abs. 3 TVG nicht vereinbar. Die Schutzwirkung des Tarifvertrags zugunsten der Arbeitnehmer sei von vornherein durch die Kündigungsmöglichkeit begrenzt. Auf eine längere Laufzeit könne der Arbeitnehmer nicht vertrauen. Zudem sei die Fortgeltung des Tarifvertrags ohne erfolgte (aber mögliche) Kündigung durch den Verband bei einem Austritt nicht mehr mitgliedschaftlich legitimiert.[70]

Dieser Auffassung steht jedoch die gesetzliche Wertung des § 3 Abs. 3 TVG entgegen.[71] Die Verlängerung der Tarifgebundenheit begründet im Hinblick auf den Zweck der Vorschrift keine unverhältnismäßig lange Bindung an den Tarifvertrag.[72] Sinn der Regelung ist die Verhinderung der Flucht aus dem geltenden Tarifvertrag. Dieser Zweck wird nur erreicht, wenn das ehemalige Verbandsmitglied bzgl. der gesamten zeitlichen Geltungsdauer des Tarifvertrags so gestellt wird, als wäre es nicht aus dem Verband ausgetreten; als würde eine Tarifbindung nach § 3 Abs. 1 TVG bestehen. Wird die Fiktion der Mitgliedschaft auf den Zeitraum bis zu dem nach dem Austritt frühest möglichen Kündigungstermin reduziert, kann die „Flucht" aus dem Tarifvertrag nicht verhindert werden. Wird der Tarifvertrag nicht gekündigt, bleiben alle Verbandsmitglieder an den laufenden Tarifvertrag gebunden. Die (aktuelle)

---

[69] *Löwisch/Rieble*, TVG, § 3, Rdnr. 74; *Hanau*, RdA 1998, 65, 69; *Bauer*, FS Schaub, S. 24; *ders.*, NZA 1999, 957, 961; *Bauer/Diller*, DB 1993, 1085, 1086; *Lieb*, NZA 1994, 337; *Schwab*, BB 1994, 781; *Dahlbinder*, Der Austritt des Arbeitgebers aus seinem Verband zwecks Loslösung von Tarifverträgen, S. 59; *Rieble*, SAE 1995, 75, 78; *Zöllner/Loritz*, Arbeitsrecht, § 37 I 4, S. 412; *Pogge*, FS Stege, S. 118 f.

[70] Zu den einzelnen Argumenten vgl. *Löwisch/Rieble*, TVG, § 3, Rdnr. 74.

[71] So auch: *Oetker* in: Wiedemann, TVG, § 3, Rdnr. 66; *Kempen* in: Kempen/Zachert, TVG, § 3, Rdnr. 31; *Nikisch*, Arbeitsrecht, § 71 IV 3 b), S. 272; *Hoß/Liebscher*, BB 1995, 2525; *Däubler*, ZTR 1994, 448, 449; *ders.*, NZA 1996, 225, 226; *Stein*, Tarifvertragsrecht, 3. Teil 1. Abschnitt A III 1 c) bb), Rdnr. 173, S. 79; *Kittner*, ArbuR 1998, 469, 471; *Moll*, Tarifausstieg der Arbeitgeberseite, S. 95. *Hanau/Kania*, DB 1995, 1229, 1232. *Hanau/Kania* gehen insbesondere auf die Fortgeltung der Tarifgebundenheit nach § 3 Abs. 3 TVG bei unmittelbaren Stufenverträgen ein.

[72] *Oetker* in: Wiedemann, TVG, § 3, Rdnr. 66.

Tarifgebundenheit des ausgetretenen Mitglieds hingegen würde mit dem frühest möglichen Kündigungszeitpunkt des Tarifvertrags enden. Folglich ließe sich mittels Austritts aus dem Verband die aktuelle Tarifgebundenheit vorzeitig beenden. Das soll durch die Regelung in § 3 Abs. 3 TVG aber gerade unterbunden werden.

Die Anwendbarkeit des geltenden Tarifvertrags nach Ablauf der ersten Kündigungsmöglichkeit ist auch mitgliedschaftlich legitimiert, denn während bzw. nach Abschluß des Tarifvertrags war die Mitgliedschaft gegeben. Diese einmal begründete Mitgliedschaft bildet die Legitimationsgrundlage für die gesamte zeitliche Geltungsdauer des Tarifvertrags.[73]

Auch liegt hierin kein Verstoß gegen die negative Koalitionsfreiheit. Die potentielle Tarifgebundenheit wird nur für den geltenden Tarifvertrag fingiert. Diese Fiktion ist auch gerechtfertigt, weil sich das Mitglied gerade bzgl. dieses Tarifvertrags entschieden hat, in den Verband einzutreten bzw. im Verband zu verbleiben. Für alle folgenden Tarifverträge ist eine solche, die Tarifverträge legitimierende Entscheidung des Verbandsmitglieds nicht gegeben. Dementsprechend gilt auch hier die Fiktionswirkung des § 3 Abs. 3 TVG nicht mehr. Damit ist die negative Koalitionsfreiheit in zureichendem Maße gewahrt.[74] Letztlich weisen *Oetker*[75] und *Hanau/Kania*[76] mit Recht darauf hin, daß der Referentenentwurf des Reicharbeitsministeriums vom Mai 1931[77] für das Ende der fingierten Tarifgebundenheit ausdrücklich auf den frühesten Kündigungstermin nach dem Ausscheiden abstellte[78], der Gesetzgeber aber bewußt den zeitlichen Bestand des Tarifvertrags als Grenze für das Ende der Fiktionswirkung wählte.

---

73 *Hanau/Kania*, DB 1995, 1229, 1232.

74 Vgl. auch *Stein*, Tarifvertragsrecht, 3. Teil 1. Abschnitt A III 1 c) bb), Rdnr. 173, S. 79.

75 In: Wiedemann, TVG, § 3, Rdnr. 66.

76 DB 1995, 1229, 1232.

77 Abgedruckt in: *Oetker*, Die Arbeiten zur deutsch-österreichischen Tarifrechtsangleichung: Materialien und Entwürfe, S. 323.

78 Vgl. § 13 Abs. 2 dieses Entwurfs: „Scheiden tarifangehörige Arbeitgeber oder Arbeitnehmer vor der Beendigung des Tarifvertrags aus einer am Tarifvertrag beteiligten Vereinigung aus, so erlischt ihre Tarifangehörigkeit mit dem Zeitpunkte, zu dem die Kündigung des Tarifvertrags bei ihrem Ausscheiden frühestens zulässig ist. Die Tarifangehörigkeit eines Arbeitnehmers erlischt jedoch nicht, wenn der Tarifvertrag zu jenem Zeitpunkt im Betrieb allgemein gilt (§ 12).“

cc) Ende der potentiellen Tarifgebundenheit bei Insolvenz des Arbeitgebers

Im Insolvenzfall bleibt die potentielle Tarifgebundenheit des Arbeitgebers gem. § 3 Abs. 1 TVG erhalten. Die Eröffnung des Insolvenzverfahrens über das Vermögen des Arbeitgebers hat keinen Einfluß auf das Mitgliedschaftsverhältnis. § 3 Abs. 3 TVG kommt nicht automatisch aufgrund bestehender Insolvenz zur Anwendung. Für das Ende der potentiellen Tarifgebundenheit ist auch hier der Verbandsaustritt und der zeitliche Ablauf des Tarifvertrags erforderlich. Der Verbandsaustritt wird nicht etwa durch die Eröffnung des Insolvenzverfahrens ersetzt, denn ab diesem Zeitpunkt nimmt der Insolvenzverwalter gem. § 80 InsO die Mitgliedschaft des Arbeitgebers wahr. Die Mitgliedschaft des Arbeitgebers endet im Insolvenzfall nur dann per se, soweit der Tarifvertrag insofern eine auflösende Bedingung enthält.[79]

dd) Ende der potentiellen Tarifgebundenheit bei Insolvenz bzw. Auflösung des Verbands

In Rechtsprechung und Literatur wurde bisher kontrovers beurteilt, zu welchem Zeitpunkt im Fall der Verbandsauflösung die Tarifgebundenheit der Verbandsmitglieder endet.[80] Das TVG enthält hierzu keine Regelung. Nunmehr hat das BAG[81] entschieden, daß die unmittelbare und zwingende Wirkung des Tarifvertrags nicht automatisch mit dem Auflösungsbeschluß[82] endet. Die Mitgliedschaft, und damit die potentielle Tarifgebundenheit, bleibe bis zum zeitlichen Ablauf des Tarifvertrags, soweit kein Verbandsaustritt vorliegt, erhalten. Dem ist zuzustimmen.

Schaub[83] ist unter Zugrundelegung der Entscheidung des BAG vom 15.10.1986[84] hingegen der Auffassung, daß die Tarifgebundenheit mit der Verbandsauflösung entfällt, weil der Normgeber selbst weggefallen ist. Der Tarifvertrag wirke bei einer Verbandsauflösung nur noch nach. Bei dieser Ansicht werden jedoch die rechtlichen Auswirkungen des Abwicklungsverfahrens nicht beachtet. Es muß zwischen dem Zeitraum vor und nach dem zeitlichen Ablauf des Tarifvertrags differenziert werden. Nach dem Auflösungsbeschluß tritt der

---

79 Vgl. *Löwisch/Rieble* in: Münchener Handbuch zum Arbeitsrecht, § 267 Rdnr. 14, S. 387.

80 Zur Analyse der vorangegangenen Entscheidungen des BAG und zum Meinungsstand in der Literatur vgl. ausführlich *Buchner*, RdA 1997, 259, 261 ff.

81 Beschl. v. 27.06.2000, ZIP 2001, 129 ff.

82 Im konkreten Fall mit Eröffnung des Konkursverfahrens.

83 Arbeitsrechts-Handbuch, § 199 IV 2 b), Rdnr. 47, S. 1959.

84 AP Nr. 4 zu § 3 TVG.

Verband in Liquidation. Diese Liquidation kann erst abgeschlossen werden, wenn der Verband seine bestehenden Verpflichtungen erfüllt hat. Dazu gehört die Erfüllung der aus dem geltenden Tarifvertrag folgenden vertraglichen Pflichten.[85] Mithin kann die Liquidation erst mit dem zeitlichen Ablauf dieses Tarifvertrags, also frühestens mit der ersten Kündigungsmöglichkeit des Tarifvertrags, abgeschlossen werden. Bis zu diesem Zeitpunkt behält der Verband als eingetragener Verein gem. § 42 Abs. 1 BGB seine Rechtsfähigkeit in analoger Anwendung des § 49 Abs. 2 BGB.[86] Da der Verein bzw. Verband fortbesteht, bleibt auch die Mitgliedschaft im Verband erhalten. Die Mitglieder sind also bis zum Abschluß des Liquidationsverfahrens und damit bis zum zeitlichen Ablauf des geltenden Tarifvertrags gem. § 3 Abs. 1 TVG potentiell tarifgebunden.[87] Für die Anwendung des § 3 Abs. 3 TVG im Fall der Verbandsauflösung ohne Verbandsaustritt des Mitglieds bleibt damit kein Raum.[88]

Der in Auflösung begriffene Verband kann jedoch grundsätzlich keine neuen Tarifverträge abschließen, da dies vom Liquidationszweck nicht mehr gedeckt ist.[89] Die Verbandsmitglieder sind damit nur noch für den aktuell geltenden Tarifvertrag gem. § 3 Abs. 1 TVG potentiell tarifgebunden. Folge ist, daß der potentiellen Tarifgebundenheit nach § 3 Abs. 1 TVG hier letztlich die gleiche Wirkung zukommt wie der verlängerten potentiellen Tarifgebundenheit nach § 3 Abs. 3 TVG.

Bei einer Verbandsauflösung endet die potentielle Tarifgebundenheit also unabhängig vom Verbandsaustritt mit dem zeitlichen Ende des geltenden Tarifvertrags. Die Vorschrift des § 3 Abs. 3 TVG bildet in diesem Fall nicht den Beendigungstatbestand für die potentielle Tarifgebundenheit. Die potentielle Tarifgebundenheit endet vielmehr, weil mit dem zeitlichen Ablauf des Tarifvertrags das Liquidationsverfahren abgeschlossen ist und kein Verband mehr besteht. Eine Mitgliedschaft, d.h. eine potentielle Tarifgebundenheit, kann daher nicht mehr gegeben sein.

Zudem ist der Beendigung der potentiellen Tarifgebundenheit bei Insolvenz bzw. Auflösung des Verbands der Sinn und Zweck von § 3 Abs. 3 TVG entgegen zu halten. Würde die potentielle Tarifgebundenheit mit der Auflösung des Verbands bzw. mit Eröffnung des Insolvenzverfahrens ohne weiteres entfallen, könnte auf diese Weise der Tarifvertrag unterlaufen werden.

---

85 *Buchner*, RdA 1997, 259, 264.

86 BGHZ 96, 253, 254; BAG, ZIP 2001, 129, 131.

87 *Buchner*, RdA 1997, 259, 264; *Reuter* in: MünchKomm, § 38 BGB, Rdnr. 53.

88 *Buchner*, RdA 1997, 259, 264; BAG, ZIP 2001, 129, 132; a.A.: *Kempen* in: Kempen/Zachert, TVG, § 3, Rdnr. 30, 31a; *Däubler*, Tarifvertragsrecht, U II 1, Rdnr. 1520 f., S. 634 f.; *ders.*, NZA 1996, 225, 233.

89 *Buchner*, RdA 1997, 259, 264.

Die Mitglieder könnten zum Zwecke der Beendigung der potentiellen Tarifgebundenheit und damit zum Zwecke der Beendigung der zwingenden Wirkung der Tarifnormen gem. § 4 Abs. 1 TVG den Verband auflösen oder durch entsprechende Vorgaben die Konkursreife herbeiführen.[90] Die einseitige Beendigung der Tarifgebundenheit soll aber gerade durch die Regelung von § 3 Abs. 3 TVG verhindert werden.

b) Aktuelle Tarifgebundenheit

Die aktuelle Tarifgebundenheit endet, wenn die Arbeitsverhältnisse nicht mehr vom Geltungsbereich, insbesondere vom zeitlichen Geltungsbereich, des Tarifvertrags erfaßt werden oder der laufende Tarifvertrag durch einen neuen Tarifvertrag abgelöst wird. Im letzteren Fall beginnt mit der Ablösung des geltenden durch den neuen Tarifvertrag, soweit die potentielle Tarifgebundenheit nicht gem. § 3 Abs. 3 TVG endet, die aktuelle Tarifge-bundenheit an den neuen nachfolgenden Tarifvertrag.

Besteht ein Firmentarifvertrag, endet die aktuelle Tarifgebundenheit mit dem zeitlichen Ablauf des Vertrags oder mit Ablösung durch einen neuen Firmentarifvertrag. Dies gilt auch entsprechend bei der Allgemeinverbindlicherklärung. Darüber hinaus endet die Allgemeinverbindlichkeit mit Abschluß eines engeren, nach den Regeln der Tarifkonkurrenz vorgehenden Tarifvertrags.[91]

II. Geltungsbereich des Tarifvertrags

1. Allgemeines

Weitere Voraussetzung für die Anwendbarkeit eines Tarifvertrags ist neben der beiderseitigen Verbandsmitgliedschaft, also der Tarifbindung im engeren Sinne (§ 3 TVG), daß die Arbeitsverhältnisse unter den Geltungsbereich der normativen Bestimmungen des Tarifvertrags fallen, § 4 Abs. 1 TVG.

Der Geltungsbereich von Tarifverträgen ist gesetzlich nicht geregelt. Die Tarifpartner bestimmen auf vertraglicher Ebene, für welche Arbeitsverhältnisse der Tarifgebundenen der von ihnen geschlossene Tarifvertrag gelten soll.[92] Diesen tariflichen Vereinbarungen über den Geltungsbereich der Tarif-

---

90 BAG, ZIP 2001, 129, 132.

91 *Gamillscheg*, Kollektives Arbeitsrecht I, § 19, 6 b) (5), S. 898.

92 *Schaub*, Arbeitsrechts-Handbuch, § 206 I 1, Rdnr. 1, S. 2019.

normen sind jedoch insofern Grenzen gesetzt, als die Tarifpartner für die Festlegung des Geltungsbereichs zuständig sein müssen.

2. Tarifzuständigkeit

Die Tarifzuständigkeit eines Verbandes richtet sich nach dessen Satzung. In der Satzung ist der maximale Geltungsbereich festgelegt, für den der Verband mit bindender Wirkung Tarifverträge abschließen kann.[93] Diesen maximalen Geltungsbereich bestimmen die Verbände aufgrund ihrer Satzungsautonomie selbst.[94] Mit welchem Geltungsbereich der Tarifvertrag tatsächlich abgeschlossen wird, hängt von den Vereinbarungen der Tarifvertragsparteien ab. Die Tarifzuständigkeit bestimmt also den Geschäftsbereich, innerhalb dessen der Verband Tarifverträge abschließen kann[95] und der Geltungsbereich den Geschäftsbereich, für den ein Tarifvertrag tatsächlich abgeschlossen wurde. Zu beachten ist, daß hinsichtlich des im Tarifvertrag vereinbarten Geltungsbereichs die Zuständigkeit beider Verbände gegeben sein muß, d.h. die Zuständigkeiten beider Vertragspartner müssen miteinander korrespondieren.[96] Fehlt einer Partei bei Abschluß des Tarifvertrags die Tarifzuständigkeit, ist der Tarifvertrag unwirksam.[97]

Demgegenüber sieht *Kraft*[98] in dem festgelegten Zuständigkeitsbereich der Verbände nur eine Begrenzung der Vertretungsmacht der Verbandsorgane. Verträge, die in Überschreitung dieser Vertretungsmacht vom Vorstand geschlossen werden, seien schwebend unwirksam und könnten durch Genehmigung der zuständigen Verbandsorgane geheilt werden. Erst wenn die Genehmigung verweigert wird, würden die Verträge nichtig werden. Der Forderung nach Rechtssicherheit und Tarifklarheit würde es besser entsprechen, wenn auf das Merkmal der Tarifzuständigkeit als Wirksamkeitsvoraussetzung für Tarifverträge verzichtet wird. Dem steht jedoch entgegen, daß den Tarifvertragsparteien damit ein zu weiter Spielraum gelassen würde. Die Verbände müssen ihren

---

93 BAG AP Nr. 4 zu § 2 TVG; AP Nr. 2 zu § 2 TVG Tarifzuständigkeit; *Schaub*, Arbeitsrechts-Handbuch, § 199 I 6 a), Rdnr. 15, S. 1952; *Buchner*, ZfA 1995, 95, 98; vgl. auch NZA 1994, 2, 3 ff.

94 *Oetker* in: Wiedemann, TVG, § 2, Rdnr. 58 ff.

95 BAG AP Nr. 7 zu § 2 TVG Tarifzuständigkeit.

96 BAG AP Nr. 3 zu § 2 TVG; *Oetker* in: Wiedemann, TVG, § 2, Rdnr. 50; *Buchner*, AR-Blattei SD, 1550.4, Rdnr. 34 f.

97 BAG AP Nr. 1 zu § 2 TVG Tarifzuständigkeit.

98 FS Schnorr v. Carolsfeld, S. 255 ff..

Zuständigkeitsbereich festlegen, damit für sie selbst und für ihre Mitglieder erkennbar ist, für welchen Bereich sie tätig werden wollen. Danach werden z.B. Arbeitgeber und Arbeitnehmer, die sich organisieren wollen, den für sie geeigneten Verband aussuchen.[99] Des weiteren werden z.B. auch Arbeitskampfmaßnahmen danach ausgerichtet. Könnten die außerhalb des Zuständigkeitsbereichs durch die vertretungsberechtigten Organe der Verbände geschlossenen Tarifverträge durch Genehmigung der für die Erteilung der Genehmigung zuständigen Verbandsorgane zur Wirksamkeit verholfen werden, so könnten Tarifverträge – sind sich die jeweiligen Verbandsorgane einig – für jeden beliebigen Bereich geschlossen werden. Der Rechtssicherheit wird damit nicht gedient. Wenn *Kraft* also auf die Probleme aufmerksam macht, die durch den Wegfall der Tarifzuständigkeit in Bezug auf die Wirksamkeit von Tarifverträgen entstehen können, sind diese jedenfalls nicht mit der Aufgabe des Erfordernisses der Tarifzuständigkeit zu lösen.

3. Untergliederung des Geltungsbereichs

Zu unterscheiden sind der räumliche, zeitliche, betriebliche, fachliche und persönliche Geltungsbereich, wobei der betriebliche und der fachliche Geltungsbereich auch unter dem Oberbegriff des sachlichen Geltungsbereichs zusammengefaßt[100] werden.

Für die Geltung der Tarifnormen kraft Tarifbindung ist es grundsätzlich erforderlich, daß die einzelnen Arbeitsverhältnisse in jeder Hinsicht vom Geltungsbereich des Tarifvertrags erfaßt werden. Nur insoweit ist die Rechtsnormwirkung unter den Tarifvertragsparteien vereinbart und daher rechtlich legitimiert. Die Voraussetzung des Unterfallens unter den Geltungsbereich ist nur entbehrlich, wenn der Grundsatz der Tarifeinheit zum Tragen kommt.

Über Inhalt und Umfang des räumlichen und zeitlichen Geltungsbereichs besteht in Rechtsprechung, Lehre und tariflicher Praxis Einigkeit. Hingegen erfolgt die Begriffsbestimmung für die anderen drei Bereiche teilweise unterschiedlich.

a) Räumlicher und zeitlicher Geltungsbereich

Der räumliche und der zeitliche Geltungsbereich bestimmen, wie es schon aus dem Wortlaut selbst zu entnehmen ist, den räumlichen Bereich und die zeitliche

---

[99] Vgl. *Moll*, Tarifausstieg der Arbeitgeberseite, S. 38.

[100] *Wank* in: Wiedemann, TVG, § 4, Rdnr. 98.

Dauer der unmittelbaren und zwingenden Wirkung der Tarifvertragsnormen. Die jeweilige Ausweitung der beiden Geltungsbereiche variiert nach den unterschiedlichen Wirtschaftszweigen. Einheitlich geltende Grundsätze bestehen nicht.

b) Betrieblicher Geltungsbereich

Die Festlegung des betrieblichen Geltungsbereichs erfolgt nach den unterschiedlichen Produktions- und Wirtschaftsbereichen.[101] Diese Differen-zierung ist für die tarifliche Ausformung des Inhalts der Arbeitsverhältnisse notwendig, da jeder einzelne Wirtschaftsbereich seinem Wesen entsprechend verschiedene Arbeitsbedingungen erfordert und diese ihrerseits auf sie zugeschnittene Regelungen beanspruchen. Es ist daher grundsätzlich nicht möglich und im übrigen auch nicht sinnvoll, für alle Wirtschaftsbereiche übereinstimmende Regelungen zu schaffen. Aus diesem Grund sind die Verbände selbst überwiegend nach Gewerbegruppen organisiert. So existieren für die verschiedenen Wirtschaftszweige jeweils Arbeitnehmer- und Arbeitgeberverbände mit e inem aufeinander abgestimmten Zuständigkeitsbereich. Die von ihnen gemeinsam geschlossenen Tarifverträge betreffen demzufolge fast immer den gleichen betrieblichen Geltungsbereich. Damit können sich die Tarifparteien stark auf einen bestimmten Wirtschaftszweig konzentrieren und die speziell für ihr Wirkungsgebiet maßgebenden Arbeitsbedingungen gezielt aushandeln.

c) Fachlicher und persönlicher Geltungsbereich

Der f achliche u nd d er p ersönliche G eltungsbereich b asieren a uf dem betrieblichen Geltungsbereich. Aus ihnen ergibt sich, welche Arbeitsbedin-gungen für die einzelnen Arbeitsverhältnisse innerhalb des tariflich geregelten Wirtschaftsbereichs gelten.[102] Dabei orientiert sich der fachliche Geltungsbereich an der vom Arbeitnehmer ausgeübten Tätigkeit.[103] Innerhalb des persönlichen Geltungsbereichs erfolgt die Differenzierung nach den persönlichen Eigenschaften des Arbeitnehmers wie z.B. nach seinem Alter oder einer etwa bestehenden Schwerbehinderteneigenschaft.[104]

---

101 Vgl. *Wank* in: Wiedemann, TVG, § 4, Rdnr. 139.

102 *Buchner*, AR-Blattei SD, 1550.4, Rdnr. 115.

103 *Zöllner/Loritz*, Arbeitsrecht, § 37 II 3, S. 415.

104 *Wiedemann* in: Wiedemann, TVG, § 4, Rdnr. 218.

Die begriffliche Unterscheidung zwischen fachlichem und persönlichem Geltungsbereich erfolgt nicht einheitlich.[105] Das hat aber auf die Frage der Anwendbarkeit des Tarifvertrags keinen Einfluß. Die Einteilung der Arbeitsverhältnisse bzgl. des Geltungsbereichs nach den im Tarifvertrag festgelegten Merkmalen erfolgt unabhängig von der terminologischen Zuordnung dieser Merkmale. Es kommt nur darauf an, ob die Tatbestandsmerkmale der entsprechenden Geltungsbereichsnormen erfüllt werden.

d) Begriffsbestimmung für die vorliegende Arbeit

Die Begriffe des betrieblichen und des fachlichen Geltungsbereichs gehen mitunter ebenfalls ineinander über. Häufig verwenden Tarifverträge und Gerichte den Begriff des „fachlichen" für den vom Schrifttum als „betrieblich" bezeichneten Geltungsbereich.[106] Zum Teil werden auch beide Bereiche zusammengefaßt.[107] Noch anders erfolgt die terminologische Bezeichnung bei *Wank*[108]. Er verwendet für den betrieblichen Geltungsbereich den Begriff des „branchenmäßigen Geltungsbereichs". Der Streit über die begriffliche Bezeichnung hat jedoch auch hier lediglich terminologische Bedeutung.[109] Da sich die Arbeit vorwiegend mit gerichtlichen Entscheidungen befaßt, welche den betrieblichen als fachlichen Geltungsbereich bezeichnen, wird in den nachfolgenden Gliederungspunkten für die Unterscheidung nach der Produktionsart ebenfalls der Begriff des fachlichen Geltungsbereichs verwandt.

Außerdem wird sich die Problematik einer unzulässigen Umgehung des Geltungsbereichs durch Betriebszweckverlagerung nur bzgl. des fachlichen (betrieblichen) Geltungsbereichs stellen. Die Änderung des Betriebszwecks hat zur Folge, daß der Betrieb aus dem fachlichen (betrieblichen) Geltungsbereich des bisher auf ihn anwendbaren Tarifvertrags herausfällt. Da der fachliche und der persönliche Geltungsbereich ihre Grundlage im betrieblichen Geltungsbereich haben, wird die Änderung des Betriebszwecks gleichzeitig auch bewirken, daß diese Geltungsbereiche für die Arbeitsverhältnisse des Betriebs ebenfalls nicht mehr einschlägig sind. Primäre Folge der Betriebszweckänderung ist aber das Verlassen des fachlichen (betrieblichen) Geltungsbereichs.

---

105 Vgl. nur *Wiedemann* in: Wiedemann, TVG, § 4, Rdnr. 174.

106 *Buchner*, AR-Blattei SD, 1550.4, Rdnr. 83.

107 So z.B. bei *Däubler*, Tarifvertragsrecht, F I 2, Rdnr. 265, S. 167; vgl. hierzu auch *Wank* in: Wiedemann, TVG, § 4, Rdnr. 98.

108 In: Wiedemann, TVG, § 4, Rdnr. 101, 136 ff.

109 *Schaub*, Arbeitsrechts-Handbuch, § 203 V 1 a), Rdnr. 41, S. 1985; *Buchner*, AR-Blattei SD, 1550.4, Rdnr. 14.

Demzufolge wird im weiteren nur noch auf diesen nach den Wirtschaftszweigen differenzierenden Geltungsbereich Bezug genommen.

4. Einordnung der Arbeitsverhältnisse unter den fachlichen Geltungsbereich des Tarifvertrags

Bei der Einordnung der Arbeitsverhältnisse unter den fachlichen Geltungsbereich eines Tarifvertrags gilt das Prinzip der Tarifeinheit.[110] Dieses besagt, daß für das einzelne Arbeitsverhältnis jeweils nur ein Tarifvertrag Anwendung finden darf und daß alle Arbeitsverhältnisse eines Betriebs demselben Tarifvertrag unterstehen sollen.[111] Die Geltung dieses Prinzips folgt aus dem Bestreben nach Rechtssicherheit und Tarifklarheit. Durch die Anwendung nur eines Tarifvertrags wird eine durchschaubare Regelung der Arbeitsbedingungen für das einzelne wie für alle Arbeitsverhältnisse des Betriebes insgesamt gewährleistet.[112] Mithin kommt es für die Anwendbarkeit eines Tarifvertrags hinsichtlich seines fachlichen Geltungsbereichs darauf an, wo das Schwergewicht der betrieblichen Tätigkeit liegt. Beurteilt wird dies nach der überwiegend im Betrieb zu leistenden Arbeit bzw. anhand dessen, auf welchen Betriebszweck die Produktion insgesamt gerichtet ist.[113] Es wird danach gefragt, welche Produktion für das Unternehmen kennzeichnend ist.[114] Ermittelt wird der betriebliche Hauptzweck dabei durch einen Vergleich der von den einzelnen Mitarbeitern pro Jahr für die unterschiedlichen Tätigkeiten aufgewandten Arbeitsstunden.[115] Der nach diesen Grundsätzen auf den Betrieb anzuwendende Tarifvertrag gilt für sämtliche Arbeitsverhältnisse des Betriebs. Er bestimmt auch den Inhalt der Arbeitsverhältnisse, bei welchen vom Arbeitnehmer wirtschaftsfremde Tätigkeiten verrichtet werden.[116]

---

110 Zum Grundsatz der Tarifeinheit vgl. *Fenn*, FS Kissel, S. 213 ff.; *Gerhards*, BB 1995, 1290, 1291; *Buchner*, FS Kissel, S. 103 f.; *Säcker/Oetker*, ZfA 1993, 1 ff.; *Bauer/Meinel*, NZA 2000, 181 ff.

111 *Löwisch* in: Münchener Handbuch zum Arbeitsrecht III, § 269 II 1, Rdnr. 13 f., S. 383.

112 BAG AP Nr. 16 zu § 4 TVG Tarifkonkurrenz.

113 BAG AP Nr. 3, 10 zu § 1 TVG Tarifverträge: Bau.

114 *Gamillscheg*, Kollektives Arbeitsrecht I, § 17 III 1 a), S. 741.

115 *Lambrich/Trappehl*, Tarifflucht, S. 47.

116 *Schaub*, Arbeitsrechts-Handbuch, § 203 IV 1, Rdnr. 33, S. 1983. Zur Frage der Einordnung des Betriebs unter den Geltungsbereich eines Tarifvertrags bei Tarifkonkurrenz und

III. Nachwirkung des Tarifvertrags gem. § 4 Abs. 5 TVG[117]

Bei Beendigung der Laufzeit des Tarifvertrags tritt grundsätzlich die Nachwirkung gem. § 4 Abs. 5 TVG ein.[118] Danach gelten die Rechtsnormen des abgelaufenen Tarifvertrags weiter, bis sie durch eine andere Abmachung ersetzt werden. Als andere Abmachung wird dabei nicht nur ein anderer Tarifvertrag, sondern auch die Betriebsvereinbarung, in den Grenzen der §§ 77 Abs. 3 und 87 Abs. 1 BetrVG, und die einzelvertragliche Vereinbarung erfaßt. Daraus ergibt sich, daß, im Unterschied zu § 4 Abs. 1 TVG, innerhalb der Anwendung des § 4 Abs. 5 TVG das Günstigkeitsprinzip nicht mehr gilt. Auch wenn die Vereinbarung im Vergleich zum nachwirkenden Tarifvertrag ungünstigere Regelungen enthält, werden die nachwirkenden Tarifnormen durch die andere Abmachung verdrängt. Die das Wesen der Nachwirkung bestimmende Rechtsfolge liegt demnach im Wegfall der zwingenden Wirkung des Tarifvertrags.[119]

Zu beachten ist, daß nur eine nachträgliche Vereinbarung die unmittelbare Wirkung des Tarifvertrags ablösen kann. Frühere einzelvertragliche Abreden leben nicht wieder auf.[120] Solange aber keine andere Abmachung vorliegt, findet der Tarifvertrag unmittelbar Anwendung. Unter Umständen kann damit der zeitlich abgelaufene Tarifvertrag noch einen beträchtlichen Zeitraum weitergelten.

Tarifpluralität vgl. *Schaub*, Arbeitsrechts-Handbuch, § 203 VII 3, Rdnr. 60, S. 1989; *Löwisch* in: Münchener Handbuch zum Arbeitsrecht III, § 269 II 1, Rdnr. 13 ff., S. 383 ff.; *Säcker/Oetker*, ZfA 1993, 1 ff.

117 Die Fragen, ob der Tarifvertrag im Anschluß an die verlängerte Tarifgebundenheit nach § 3 Abs. 3 TVG nachwirkt, ob er auch bei Verlassen des Geltungsbereichs nachwirkt und ob die Nachwirkung auch die neu begründeten bzw. die Arbeitsverhältnisse erfaßt, bei welchen der Arbeitnehmer erst später der Gewerkschaft beitritt, werden an anderer Stelle erörtert.

118 Die Nachwirkung der Tarifvertragsnormen kann von den Tarifvertragsparteien auch ausgeschlossen werden, BAG AP Nr. 29 zu § 1 TVG Nachwirkung.

119 *Löwisch/Rieble*, TVG, § 4, Rdnr. 228.

120 BAG, DB 1992, 2088.

C. Möglichkeit der vorzeitigen Beendigung der Tarifbindung auf Seiten des Arbeitgebers

Vor dem Außerkrafttreten des Tarifvertrags durch Fristablauf oder seiner Ablösung durch einen neuen Tarifvertrag verliert dieser seine unmittelbare und zwingende Wirkung auf das einzelne Arbeitsverhältnis grundsätzlich erst, wenn das Arbeitsverhältnis aufgelöst wird.[121] Ohne Auflösung des Arbeitsverhältnisses ist eine vorzeitige Beendigung der Tarifwirkung nach § 4 Abs. 1 TVG nur im Ausnahmefall möglich.

Die Arbeitnehmer werden in der Regel keine Maßnahmen ergreifen, sich der einmal begründeten Tarifunterworfenheit zum Zwecke der Beseitigung der Tarifnormwirkung schon vorher wieder zu entziehen.[122] Wegen der vom Tarifvertrag ausgehenden Schutzwirkung hätte das Ende seiner Geltung für den Arbeitnehmer nur nachteilige Folgen.[123]

Die Arbeitgeber haben hingegen, wie eingangs dargestellt, unter Umständen ein Interesse an der vorzeitigen Beendigung der Tarifwirkung. Das können sie einerseits dadurch erreichen, indem sie auf ein früheres zeitliches Ende oder auf eine vorzeitige Ablösung des geltenden Tarifvertrags durch einen neuen Tarifvertrag hinwirken. Darüber hinaus ist eine vorzeitige Beendigung der unmittelbaren und zwingenden Wirkung des Tarifvertrags nur möglich, wenn die Geltungsvoraussetzungen des § 4 Abs. 1 TVG beseitigt werden. Der Arbeitgeber muß also entweder seine potentielle Tarifbindung zum Erlöschen bringen oder die Arbeitsverhältnisse aus dem Geltungsbereich des Tarifvertrags herausbringen.

---

121 *Gamillscheg*, Kollektives Arbeitsrecht I, § 17 I 4 b) (1), S. 721.

122 Zwar treten zum Teil auch Arbeitnehmer aus ihren Verbänden aus. Der Verbandsaustritt erfolgt aber meist deshalb, weil sie ihre Interessen nicht mehr in ausreichendem Maße durch den Verband vertreten sehen. Der Tarifwirkung wollen sie damit regelmäßig und können sie wegen § 3 Abs. 3 TVG auch nicht entgehen.

123 Vgl. hierzu *Konzen*, ZfA 1975, 401, 411.

I. Vorzeitiger Ablauf des geltenden Tarifvertrags bzw. Ablösung desselben durch einen neuen Tarifvertrag

1. Kündigung des Tarifvertrags

Die Geltung eines laufenden Tarifvertrags kann durch eine Kündigung nur unter sehr eingeschränkten Voraussetzungen beendet werden.

Die Kündigung eines Rechtsverhältnisses hat zu Folge, daß dieses mit Wirkung ex nunc wegfällt.[124] Sie ist daher grundsätzlich geeignet, den Tarifvertrag selbst und damit seine Geltung zu beseitigen.[125]

Eine Kündigung zur Aufhebung der aktuellen Tarifbindung ist für den Arbeitgeber aber wenig erfolgversprechend. Zum einen besteht für den einzelnen Arbeitgeber die Kündigungsmöglichkeit lediglich für einen Firmen- bzw. Haustarifvertrag. Nur hier ist der Arbeitgeber aufgrund der allgemeinen Vertragswirkung inter partes als Tarifpartner der Gewerkschaften zur Ausübung des Gestaltungsrechts berechtigt. Bei einem Verbandstarifvertrag muß die Kündigung durch den Verband erfolgen.[126] Hinzu kommt, daß eine ordentliche Kündigung nur möglich ist, wenn im Tarifvertrag keine feste Laufzeit bestimmt ist.[127] Hier bleibt für den Arbeitgeber als Vertragspartei eines Firmentarifvertrags also meist nur die Möglichkeit der außerordentlichen[128] Kündigung. Nach dem ulima-ratio-Prinzip ist dafür aber Voraussetzung, daß die Weitergeltung des Tarifvertrags bis zum Ablauf der ordentlichen Kündigungsfrist bzw. dem vereinbarten Ablaufen für den Arbeitgeber unzumutbar ist. Dabei darf die Unzumutbarkeit der weiteren Bindung an den Tarifvertrag nicht durch mildere, d.h. weniger einschneidende, aber gleichwirksame Mittel beseitigt werden können.[129] Demzufolge müssen vor einer außerordentlichen Kündigung alle Möglichkeiten der Tarifanpassung, insbesondere Nachverhandlungen, geschei-

---

[124] *Medicus*, BGB, Allgemeiner Teil, § 34 IV, Rdnr. 495, S. 190.

[125] Vgl. *Bauer/Diller*, DB 1993, 1085, 1089.

[126] *Griese* in: Küttner, Personalbuch 2002, Tarifbindung Nr. 400, Rdnr. 11, S. 2076. Vgl. auch *Dahlbender*, Der Austritt des Arbeitgebers aus seinem Verband zwecks Loslösung von Tarifverträgen, S. 145 f.

[127] *Löwisch* in: Münchener Handbuch zum Arbeitsrecht III, § 249 III 3, Rdnr. 25, S. 228.

[128] Das Recht zur außerordentlichen Kündigung ergab sich nach der bis zum 31.12.2001 geltenden Rechtslage aus der Analogie zu § 626 BGB. *Henssler*, ZfA 1994, 487, 490.; *Löwisch* in: Münchener Handbuch zum Arbeitsrecht III, § 249 III 3, Rdnr. 25, S. 228. Nunmehr ist die Möglichkeit der außerordentlichen Kündigung von Dauerschuldverhältnissen in § 314 BGB geregelt.

[129] *Belling/Hartmann*, ZfA 1997, 87, 125.

tert sein. Daher wird auch bei einem Firmentarifvertrag eine ordentliche wie auch eine außerordentliche Kündigung regelmäßig nicht möglich sein.[130]

2. Abschluß eines Haustarifvertrags

Den Wirkungen des geltenden Tarifvertrags kann der Arbeitgeber auch durch den Abschluß eines Haustarifvertrags, wie *Bauer*[131] und *Dahlbender*[132] zutreffend ausführen, entgehen. Ein Haustarifvertrag würde den Verbandstarif-vertrag unabhängig davon, ob die in ihm festgelegten Bestimmungen für die Arbeitnehmer ungünstiger sind, nach dem Grundsatz der Spezialität verdrängen.[133] Da aber der Arbeitgeber wegen der aktuellen Tarifgebundenheit an den geltenden Verbandstarifvertrag der tariflichen Friedenspflicht[134] unterliegt[135], kann er einen Haustarifvertrag nicht (durch Arbeitskampfmaßnahmen) erzwingen. Er ist also auf das Einverständnis der Gewerkschaften angewiesen. Diese werden der Vereinbarung ungünstigerer als im Verbandstarifvertrag vorgesehener Arbeitsbedingungen nicht freiwillig zustimmen[136], so daß der Abschluß eines Haustarifvertrags als Mittel den als Belastung empfundenen Bestimmungen des geltenden Verbandstarifvertrags zu entgehen, grundsätzlich praktisch nicht geeignet ist.

Eine freiwillige Zustimmung der Gewerkschaften ist nur in Betracht zu ziehen, wenn dem betreffenden Unternehmen anderenfalls die Insolvenz droht. Drohende Insolvenz ist aber nicht der ausschließliche Grund für ein Bemühen, die Geltung des Verbandstarifvertrags zu beenden. Selbst wenn ein Unternehmen „schwarze Zahlen" schreibt, können die erzielten Gewinne z.B. zu niedrig sein, um das Unternehmen in dem gewünschten Ausmaß zu erweitern. Mithin kann sich auch in dieser Situation der Verbandstarifvertrag als eine Belastung

---

130 BAG, ArbuR 1997, 338; ArbuR 1997, 459.

131 FS Schaub, S. 22 f.

132 Der Austritt des Arbeitgebers aus seinem Verband zwecks Loslösung von Tarifverträgen, S. 40 ff.

133 *Wank* in: Wiedemann, TVG, § 4, Rdnr. 290.

134 Dazu *Dörner* in: Kasseler Handbuch zum Arbeitsrecht II, 6.1. B II 8 a), Rdnr. 77 ff., S. 966 f.

135 Das gilt unabhängig davon, ob die potentielle Tarifgebundenheit auf § 3 Abs. 1 oder § 3 Abs. 3 TVG basiert, da die Bindung an den Tarifvertrag in beiden Fällen gleich ist. Die potentielle Tarifgebundenheit nach § 3 Abs. 1 TVG unterscheidet sich von der nach § 3 Abs. 3 TVG nur in zeitlicher Hinsicht. Vgl. *Bauer*, FS Schaub, S. 22 f.

136 *Pogge*, FS Stege, S. 118; *Henssler*, ZfA 1994, 487, 507.

darstellen, die das Unternehmen zu beseitigen sucht. Eine freiwillige Zustimmung der Gewerkschaften zu ungünstigeren Arbeitsbedingungen im Wege des Abschlusses eines Haustarifvertrags ist hier jedoch nicht zu erwarten.

3. Wegfall der Geschäftsgrundlage

Vor Inkrafttreten des Schuldrechtsmodernisierungsgesetzes am 01.01.2002 war umstritten, ob eine zeitliche Begrenzung der Geltung eines (Haus-) Tarifvertrags aufgrund der Regeln über den Wegfall der Geschäftsgrundlage erfolgen kann.[137] *Henssler*[138] ging davon aus, daß bei Dauerschuldverhältnissen zwar eine gesetzliche Regelungslücke für die Durchbrechung der Vertragsbindung bestehe, diese aber über den Rückgriff auf die §§ 626, 723 BGB geschlossen werden könne. Die entsprechende Anwendung dieser Vorschriften sei für die Schließung der bestehenden Regelungslücke geeigneter und genieße gegenüber dem im Wege der Rechtsfortbildung entwickelten Institut des Wegfalls der Geschäftsgrundlage den Vorrang. Zudem wies *Dahlbender*[139] darauf hin, daß der Verlust der Bindungswirkung des Tarifvertrags ipso iure aufgrund Wegfalls der Geschäftsgrundlage zu Rechtsunsicherheiten führe. Das automatische Außerkrafttreten des Tarifvertrags sei für die Mitglieder der Verbände nicht erkennbar. Zum einen sei die Bestimmung des Vorliegens der entsprechenden Voraussetzungen für den Einzelnen nicht eindeutig möglich. Darüber hinaus bestünde infolge dessen auch Unsicherheit über den Zeitpunkt, zu welchem der Tarifvertrag wegen Wegfalls der Geschäftsgrundlage seine Wirkung verlieren würde.

Demgegenüber vertrat *Belling*[140] die Auffassung, daß die Regeln über den Wegfall der Geschäftsgrundlage auch dann anzuwenden seien, soweit die eingetretene Unzumutbarkeit der Bindung an den Tarifvertrag nicht durch inhaltliche Anpassung des Tarifvertrags beseitigt werden könne. In diesem Fall gestand er der nachteilig betroffenen Seite ein Lösungsrecht zu. Dabei trete an die Stelle des Rücktrittsrechts aus Gründen der Rechtssicherheit die Kündigung analog §§ 626, 723 BGB. Auch diese Auffassung gelangte mithin im Ergebnis zur Anwendung von § 626 BGB.

---

[137] Anderes gilt für die Anpassung von Tarifverträgen aufgrund Wegfalls der Geschäftsgrundlage. Vgl. hierzu ausführlich *Belling*, NZA 1996, 906 ff.

[138] ZfA 1994, 487, 494.

[139] Der Austritt des Arbeitgebers aus seinem Verband zwecks Loslösung von Tarifverträgen, S. 148.

[140] NZA 1996, 906, 910.

Nunmehr ist das Rechtsinstitut des Wegfalls der Geschäftsgrundlage in § 313 BGB geregelt. Gem. § 313 Abs. 3 S. 1 BGB kann der aufgrund Wegfalls der Geschäftsgrundlage benachteiligte Teil vom Vertrag zurücktreten, wenn eine Anpassung des Vertrags nicht möglich oder einem Teil nicht zumutbar ist. Für Dauerschuldverhältnisse tritt dabei gem. § 313 Abs. 1 S. 2 BGB an die Stelle des Rücktrittsrechts das Recht zur Kündigung. Neu geregelt ist außerdem in § 314 BGB das Recht zur außerordentlichen Kündigung von Dauerschuldverhältnissen. Dabei sind an die Unzumutbarkeit der Fortsetzung des Vertrags beim Kündigungsrecht, einem vertragsimmanenten Lösungsrecht, weniger strenge Anforderungen zu stellen, als beim Wegfall der Geschäftsgrundlage.[141] Das Kündigungsrecht aufgrund Wegfalls der Geschäftsgrundlage hat demnach umfangreichere Voraussetzungen als das Recht zur außerordentlichen Kündigung gem. § 314 BGB. Wenn aber schon die ordentliche bzw. außerordentliche Kündigung eines (Haus-) Tarifvertrags für den Arbeitgeber in der Regel nicht möglich ist[142], wird auch die Kündigung des (Haus-) Tarifvertrags wegen Wegfalls der Geschäftsgrundlage nach § 313 Abs. 3 BGB, um die Geltung des Tarifvertrags vorzeitig zu beenden, für den Arbeitgeber ausscheiden.

4. Ergebnis

Für den einzelnen Arbeitgeber ist es demnach kaum möglich, eine vorzeitige Beendigung der Tarifwirkung durch ein früheres zeitliches Ende des laufenden Tarifvertrags oder aufgrund Ablösung desselben durch einen neuen nachfolgenden Tarifvertrag herbeizuführen. Diese Stabilität des laufenden Tarifvertrags gegen einseitige Einwirkungen auf seine Geltungsdauer ist Ausdruck der gesetzesgleichen Wirkung der Tarifvertragsnormen, denen sich der Arbeitgeber durch seinen Verbandseintritt unterworfen hat. Könnte der Arbeitgeber die Geltung des Tarifvertrags nach seinem Belieben beenden, liefe die Vorschrift des § 4 Abs. 1 TVG leer. Der Tarifvertrag würde trotz der in § 4 Abs. 1 TVG gesetzlich festgelegten zwingenden Wirkung nicht zwingend wirken, könnte der Arbeitgeber einseitig den zeitlichen Ablauf des Tarifvertrags bestimmen.

---

141 BGH, NJW 1997, 1703.

142 Vgl. C I 1.

II. Beendigung der potentiellen Tarifgebundenheit

1. Austritt aus dem Arbeitgeberverband[143]

a) Verlängerung der Tarifgebundenheit nach § 3 Abs. 3 TVG

Ein Verbandsaustritt des Arbeitgebers wirkt sich auf die aktuelle Tarifbindung bzgl. des geltenden Tarifvertrages nicht aus.[144] Die potentielle Tarifgebundenheit gemäß § 3 Abs. 3 TVG bleibt bestehen, bis der Tarifvertrag endet. Der Arbeitgeber wird bzgl. des geltenden Tarifvertrags also so behandelt, als wäre er nicht aus dem Verband ausgetreten.[145] Der Tarifvertrag gilt weiterhin unmittelbar und zwingend nach § 4 Abs. 1 TVG. Deshalb fällt auch ein nach Verbandsaustritt des Arbeitgebers in die Gewerkschaft eintretender Arbeitnehmer unter den Tarifschutz.[146] Der Austritt aus dem Verband bildet somit keine Möglichkeit, die Geltung des zur Zeit des Austritts aus dem Verband noch nicht beendeten Tarifvertrags aufzuheben.

b) Nachwirkung des Tarifvertrags gem. § 4 Abs. 5 TVG im Anschluß an die verlängerte Tarifgebundenheit nach § 3 Abs. 3 TVG

Möglicherweise könnte aber der Arbeitgeber durch den Austritt aus seinem Verband zumindest die Nachwirkung des Tarifvertrags nach § 4 Abs. 5 TVG abwenden. Das hängt davon ab, ob nach dem zeitlichen Ablauf[147] des Tarifvertrags mit dem Verlust der potentiellen Tarifgebundenheit auch der Nachwirkungszeitraum entfällt. Diese Frage ist in der Literatur stark umstritten.

Die Nachwirkung des Tarifvertrags nach § 4 Abs. 5 TVG setzt ebenso wie seine unmittelbare und zwingende Wirkung nach § 4 Abs. 1 TVG eine beiderseitige (potentielle) Tarifgebundenheit und das Unterfallen der Arbeitsverhältnisse unter seinen Geltungsbereich voraus. Verbleibt der Arbeitgeber im Verband, ist er unabhängig vom Bestehen eines Tarifvertrags potentiell tarifgebunden (§ 3 Abs. 1 TVG). Die Tarifgebundenheit (im engeren Sinne) besteht also auch, wenn sich der Tarifvertrag wegen Zeitablaufs im Nachwirk-

---

143 Zum Thema insgesamt *Dahlbender*, Der Austritt des Arbeitgebers aus seinem Verband zwecks Loslösung von Tarifverträgen.

144 *Däubler*, Tarifvertragsrecht, Rdnr. 299, S. 180.

145 *Stein*, Tarifvertragsrecht, 3. Teil, 1. Abschnitt, A III 1 c) bb), Rdnr. 169, S. 79.

146 BAG, EzA Nr. 7 zu § 3 TVG; *Löwisch/Rieble*, TVG, § 3, Rdnr. 78.

147 Zur Anwendbarkeit von § 4 Abs. 5 TVG bei Beendigung der Tarifgeltung durch Verlassen des Geltungsbereichs vgl. Punkt C III.

ungsstadium befindet. Damit ist das Erfordernis des Vorliegens der (potentiellen) Tarifgebundenheit als Tatbestandsvoraussetzung für § 4 Abs. 5 TVG bei bestehender Verbandsmitgliedschaft erfüllt. Tritt der Arbeitgeber jedoch aus seinem Verband aus, endet mit dem zeitlichen Ablauf des Tarifvertrags gleichzeitig die potentielle Tarifgebundenheit gem. § 3 Abs. 3 TVG. Die Fiktion des Fortbestehens der potentiellen Tarifgebundenheit erfolgt nur bis zu diesem Zeitpunkt. Der Arbeitgeber ist also mit Beginn der Nachwirkung nicht mehr (potentiell) tarifgebunden. Folglich fehlt eine Voraussetzung für die (aktuelle) Tarifgebundenheit an den nachwirkenden Tarifvertrag. Damit stellt sich die Frage, ob sich an das Ende der (potentiellen) Tarifbindung nach § 3 Abs. 3 TVG ein Nachwirkungszeitraum in entsprechender Anwendung des § 4 Abs. 5 TVG anschließen kann.

aa) Fehlen der mitgliedschaftlichen Legitimation

Ein Teil der Literatur[148] geht davon aus, daß § 4 Abs. 5 TVG bei Verbandsaustritt des Arbeitgebers nicht analog anzuwenden sei. Diese Auffassung wird damit begründet, daß sich schon aus dem Wortlaut des § 3 Abs. 3 TVG ergebe, daß das Ende des Tarifvertrags äußerste zeitliche Grenze für die Normwirkung ohne bestehende Mitgliedschaft sei. § 3 Abs. 3 TVG sei insoweit gegenüber § 4 Abs. 5 TVG die speziellere Norm. Daher könne sich an die Weitergeltung des Tarifvertrags gem. § 3 Abs. 3 TVG keine Nachwirkung gem. § 4 Abs. 5 TVG anschließen.[149] Außerdem sei die normative Wirkung des Tarifvertrags auch im Nachwirkungszeitraum nur durch die Verbandsmit-gliedschaft legitimierbar.[150] Anderenfalls läge ein Verstoß gegen die negative Koalitionsfreiheit aus Art. 9 Abs. 3 GG vor.[151] Darüber hinaus liege der Sinn des § 4 Abs. 5 TVG darin, den Zeitraum zwischen dem Ende des laufenden und dem Beginn des nachfolgenden, noch abzuschließenden Tarifvertrags zu überbrücken. Diese Überbrükkungsfunktion[152] könne bei einem Verbands-austritt nicht mehr erreicht werden, da die Geltung eines neuen Tarifvertrags mangels Tarifgebundenheit des Ar

[148] So z.B. *Löwisch* in: Münchener Handbuch zum Arbeitsrecht III, § 266 III 3, Rdnr. 19, S. 373; *Bernstein*, Anm. BAG, EzA Nr. 11 zu § 3 TVG; *Schwab*, BB 1994, 781, 782; *Hoß/Liebscher*, DB 1995, 2525, 2527; *Buchner*, RdA 1997, 259, 260 f.

[149] *Löwisch* in: Münchener Handbuch zum Arbeitsrecht III, § 266 III 3, Rdnr. 19, S. 737.

[150] Zur Legitimation der tariflichen Normwirkung vgl. *Dorndorf*, FS Kissel, S. 148 ff.; *Waltermann*, FS Söllner, S. 1266 ff.

[151] *Schwab*, BB 1994, 781, 782.

[152] Zur Überbrückungsfunktion vgl. zuletzt BAG, NZA 2001, 1146, 1147.

Arbeitgebers nicht in Aussicht steht.[153] Alle weiterhin innerhalb des § 4 Abs. 5 TVG in Betracht kommenden vertraglichen Abmachungen beständen zwar theoretisch, seien aber praktisch irrelevant, so daß es auch hier keinen Zeitraum zu überbrücken gelte. Eine einzelvertragliche Abmachung scheitere regelmäßig an der Bereitschaft des Arbeitnehmers, da er einer Verschlechterung seiner Arbeitsbedingungen nicht zustimmen wird.[154] Die Änderungskündigung zur Lohnkostenabsenkung habe sehr strenge Voraussetzungen und werde damit gerichtlich angreifbar sein.[155] Eine Betriebsvereinbarung scheitere zumeist an der Regelungssperre des § 87 Abs. 1 BetrVG.[156] Sie kommt lediglich in Fragen der erzwingbaren Mitbestimmung und nur dann in Betracht, wenn noch keine tarifliche Regelung vorliegt.

bb) Vermeidung inhaltsleerer Arbeitsverhältnisse

Das BAG[157] und der wohl überwiegende Teil der Lehre[158] wenden die Regelung von § 4 Abs. 5 TVG entsprechend an. Begründet wird dies vorrangig mit der Ordnungsfunktion der Tarifverträge und dem Erfordernis der Vermeidung inhaltsleerer Arbeitsverhältnisse.[159]

Die besseren Argumente sprechen für eine Nachwirkung des Tarifvertrags im Anschluß an die Verlängerung der Tarifgebundenheit nach § 3 Abs. 3 TVG. Gem. § 3 Abs. 3 TVG wird das Fortbestehen der Tarifbindung des Arbeitgebers trotz Austritts aus dem Verband fingiert. Er wird also genau so behandelt, als wäre er nicht ausgetreten. Damit ist die Verlängerung der Tarif-

---

153 *Bernstein*, Anm. BAG, EzA Nr. 11 zu § 3 TVG.

154 *Däubler*, NZA 1996, 225, 229.

155 *Schwab*, BB 1994, 781, 782; vgl. auch *Bauer*, FS Schaub, S. 26; *Wank*, FS Schaub, S. 776.

156 Dies ergibt sich bei Zugrundelegung der vom BAG, AP Nr. 21 zu § 77 BetrVG 192; AP Nr. 6 zu § 87 BetrVG 1972 Auszahlung, vertretenen Vorrangtheorie, nach der in Fällen der erzwingbaren Mitbestimmung eine Betriebsvereinbarung nur dann ausgeschlossen ist, wenn eine tarifliche Regelung - und nicht nur Tarifüblichkeit - besteht. Vgl. hierzu auch *Meinert*, BB 1976, 1615 ff.

157 Vgl. nur AP Nr. 13 zu § 3 TVG.

158 *Krauss*, DB 1996, 528, 529; *Däubler*, Tarifvertragsrecht, Rdnr. 1470, S. 617, Rdnr. 1511, S. 631; *ders.*, ZTR 1994, 448, 451; *Kittner*, ArbuR 1998, 469, 471; *Hanau*, RdA 1998, 65, 68; *Wank* in: Wiedemann, TVG, § 4, Rdnr. 338, 339; *Henssler*, ZfA 1994, 487, 507; *Dahlbender*, Der Austritt des Arbeitgebers aus seinem Verband zwecks Loslösung von Tarifverträgen, S. 72; *Pogge*, FS Stege, S. 122; *Moll*, Tarifausstieg der Arbeitgeberseite, S. 114; Brunssen, Der Arbeitgeberverbandswechsel, S. 84.

159 Dem folgt auch das BVerfG, NZA 2000, 947 f.

gebundenheit nach § 3 Abs. 3 TVG eine vollwertige Tarifbindung, welche vom Arbeitgeber mit seinem Verbandseintritt selbst erzeugt worden ist.[160] Da sich die aktuelle Tarifbindung nach §§ 4 Abs. 1, 3 Abs. 3 TVG bzgl. des geltenden Tarifvertrags damit nicht von der nach §§ 4 Abs. 1, 3 Abs. 1 TVG unterscheidet, darf auch hinsichtlich der Nachwirkung dieses Tarifvertrags nach § 4 Abs. 5 TVG keine unterschiedliche Behandlung erfolgen. Außerdem ist *Pogge*[161] in ihren Ausführungen zuzustimmen, daß die rechtlichen Wirkungen der beiden Regelungen so verschieden sind – § 3 Abs. 3 TVG regelt lediglich die Fiktion der Verbandsmitgliedschaft, wohingegen § 4 Abs. 5 TVG die unmittelbare Geltung der Tarifnormen aufrecht erhält –, daß nicht angenommen werden kann, § 3 Abs. 3 TVG sei im Verhältnis zu § 4 Abs. 5 TVG die speziellere Norm und gehe ihr deshalb vor.

In der Anwendung der Vorschrift des § 4 Abs. 5 TVG nach erfolgtem Verbandsaustritt liegt auch kein Verstoß gegen die negative Koalitionsfreiheit aus Art. 9 Abs. 3 GG. Die Nachwirkung ist nur die Folge der früheren Betätigung der positiven Koalitionsfreiheit des Arbeitgebers, die in seiner Entscheidung, Mitglied des Arbeitgeberverbandes zu werden, liegt.[162] Der Arbeitgeber hat es selbst in der Hand, die Nachwirkung des alten Tarifvertrags dadurch zu beseitigen, daß er mit den beschäftigten Arbeitnehmern andere Abmachungen trifft.[163]

Daß der Abschluß einer anderen vertraglichen Abmachung im Sinne von § 4 Abs. 5 TVG dem Arbeitgeber Probleme[164] bereitet, spricht ebenfalls nicht gegen eine Nachwirkung des Tarifvertrages im Fall des Verbandsaustritts. Eine Überbrückungsfunktion besteht auch hier. Solange keine andere Abmachung vorliegt, ist der Inhalt des Arbeitsverhältnisses nicht geregelt und muß durch die nachwirkenden tariflichen Regelungen in der Zwischenzeit ausgefüllt werden.[165] Dabei kann es nicht darauf ankommen, wie leicht bzw. schwer es ist, eine andere vertragliche Abmachung herbei zu führen. Es liegt nicht im Norm

---

160 *Kittner*, ArbuR 1998, 469, 471.

161 FS Stege, S. 122.

162 *Kittner*, ArbuR 1998, 469, 72; *Däubler* NZA 1996, 225, 228.

163 BVerfG, NZA 2000, 947, 948.

164 Vgl. hierzu *Wank*, FS Schaub zum 65. Geburtstag, S. 761 ff.

165 *Schaub*, BB 1996, 2298; *Hanau*, RdA 1998, 65, 69; *Kittner*, ArbuR 1998, 469, 472 und dort Fn. 23. *Kittner* führt weiterhin zutreffend aus, daß die gerichtliche Ausfüllung eines inhaltsleeren Arbeitsverhältnisses einen entscheidenden ordnungspolitischen und praktischen Nachteil hätte. Sie wäre ein Produkt direkter staatlicher Intervention und beruhte nicht mehr auf die selbst geschaffene Ordnung der sachnäheren Tarifvertragsparteien.

zweck der Nachwirkung, wie *Pogge*[166] zutreffend ausführt, dem Arbeitgeber die Änderung der Arbeitsbedingungen zu Lasten der Arbeitnehmer zu erleichtern.

Aus dem Umstand, daß ein nachwirkender Tarifvertrag durch einen neu abgeschlossenen Tarifvertrag abgelöst[167] wird, und daher davon ausgegangen werden könnte, daß die Arbeitsverhältnisse spätestens zu diesem Zeitpunkt inhaltsleer werden würden, kann auch kein Argument für die Gegenmeinung hergeleitet werden. Durch das Inkrafttreten eines neuen Tarifvertrags wird die Nachwirkung gegenüber den Nichtorganisierten nicht beseitigt.[168] Der abgelaufene Tarifvertrag wirkt in dem Fall so lange weiter, bis eine andere Abmachung auf betriebsverfassungsrechtlicher oder einzelvertraglicher Ebene erfolgt.

Letztlich weist *Däubler*[169] hinsichtlich der Lohnhöhe darauf hin, daß die Geltung von § 4 Abs. 5 TVG im Anschluß an die verlängerte Tarifgebundenheit nach § 3 Abs. 3 TVG für den Arbeitgeber günstiger sein kann als das sonst bestehende inhaltsleere Arbeitsverhältnis. Wenn der Tarifvertrag nicht nachwirkt, würde sich die Lohnhöhe nach § 612 Abs. 2 BGB bestimmen. Die übliche Vergütung wird sich dabei nach dem geltenden Tarifvertrag richten. Das hat die Anwendung nicht des bei Austritt geltenden, sondern des in der Gegenwart existierenden Tarifvertrags zur Folge. Ein höheres Lohnniveau will der Arbeitgeber aber in der Regel gerade durch den Verbandsaustritt vermeiden.

c) Ergebnis

Die Regelung von § 3 Abs. 3 TVG hat also zur Folge, daß der Arbeitgeber weder die unmittelbare und zwingende Wirkung des geltenden Tarifvertrags gem. § 4 Abs. 1 TVG noch dessen Nachwirkung gem. § 4 Abs. 5 TVG beseitigen kann. Durch den Austritt aus dem Verband treten keine Veränderungen hinsichtlich der Bindung an den laufenden Tarifvertrag ein. Der ausgetretene Arbeitgeber ist an den laufenden Tarifvertrag genauso gebunden wie ein im Verband verbliebener Arbeitgeber.

Der unmittelbare Vorteil des Verbandsaustritts liegt lediglich darin, daß die Arbeitnehmer an weiteren Tariflohnerhöhungen nicht mehr teilhaben.[170] Die Arbeitsbedingungen verbleiben auf dem Stand, wie sie zum Zeitpunkt des Austritts des Arbeitgebers aus dem Verband vorgelegen haben. Der Verbands-

---

166 FS Stege, S. 122. Vgl. auch BAG AP Nr. 14 zu § 3 TVG Verbandszugehörigkeit; *Gamillscheg*, Kollektives Arbeitsrecht I, § 12, 3 b) (5), S. 485.

167 *Wank* in: Wiedemann, TVG, § 4, Rdnr. 261.

168 *Wank* in: Wiedemann, TVG, § 4, Rdnr. 354.

169 ZTR 1994, 448, 451.

170 *Lambrich/Trappehl*, Tarifflucht, S. 112.

austritt ist mithin kein geeignetes Mittel, die Tarifgebundenheit bzgl. des laufenden Tarifvertrags vorzeitig zu beenden.[171]

2. Verbandswechsel des Arbeitgebers

Bei einem Verbandswechsel des Arbeitgebers kann ein Konkurrenzverhältnis zwischen nunmehr gleichzeitig anwendbaren Tarifverträgen entstehen. Das resultiert daher, daß der Arbeitgeber bzgl. des bisher geltenden Tarifvertrags gem. § 3 Abs. 3 TVG[172] und bzgl. des von seinem neuen Verband geschlossenen Tarifvertrags gem. § 3 Abs. 1 TVG potentiell tarifgebunden ist. Ein Konkurrenzverhältnis liegt aber nur vor, wenn für beide Tarifverträge auch die aktuelle Tarifgebundenheit besteht. Das ist der Fall, wenn die Arbeitsverhältnisse unter den Geltungsbereich des bisher geltenden Tarifvertrags wie auch unter den Geltungsbereich des durch den neuen Verband geschlossenen Tarifvertrags fallen[173] und der neue Verband seinen Tarifvertrag mit der gleichen Gewerkschaft geschlossen hat wie der alte Verband des Arbeitgebers.[174] Soweit eine andere Gewerkschaft am Tarifabschluß beteiligt ist, müssen die Arbeitnehmer ebenfalls in die entsprechende Gewerkschaft gewechselt sein, damit die Anwendbarkeitsvoraussetzungen des neuen Tarifvertrags vorliegen. Dann ist auch hier das Erfordernis der beiderseitigen[175] Tarifgebundenheit erfüllt.[176] Im ersten Fall besteht Tarifkonkurrenz bzgl. aller aufgrund Mitgliedschaft tariflich geregelter Arbeitsverhältnisse. Im zweiten Fall hingegen sind nur die Arbeitsverhältnisse von der Tarifkonkurrenz betroffen, bei welchen die

---

171 Vgl. hierzu auch *Henssler*, ZfA 1994, 487, 507 f.

172 Vgl. nur *Bieback*, DB 1989, 477.

173 Fällt das Unternehmen gleichzeitig mit dem Verbandsaustritt des Arbeitgebers aus dem Geltungsbereich des bisher geltenden Tarifvertrags heraus, so wirkt dieser Tarifvertrag nur noch nach (§§ 4 Abs. 5, 3 Abs. 3 TVG). In dem Fall ist der aktuellen Tarifgebundenheit an den durch den neuen Verband abgeschlossenen Tarifvertrag nach §§ 4 Abs. 1, 3 Abs. 1 TVG wegen seiner zwingenden Wirkung und der größeren Sachnähe gegenüber dem nur nachwirkenden Tarifvertrag der Vorrang zu gewähren.

174 Das wird nur selten in Betracht kommen. *Lambrich/Trappehl*, Tarifflucht, S. 116.

175 Zu beachten ist, daß in betrieblichen und betriebsverfassungsrechtlichen Fragen für die aktuelle Tarifgebundenheit die einseitige Mitgliedschaft des Arbeitgebers im Verband genügt (§ 3 Abs. 2 TVG) und somit eine Tarifkonkurrenz auch nur bzgl. dieser Regelungen eintreten kann. Insoweit wird wegen des Grundsatzes der Tarifeinheit wird hier der seitherige Tarifvertrag den Vorrang genießen (unter der Prämisse, daß der Betrieb nicht aus dem Geltungsbereich des seitherigen Tarifvertrags herausgefallen ist).

176 Vgl. *Dräger*, BB 1970, 1141, 1142.

Arbeitnehmer in die entsprechende Gewerkschaft gewechselt sind. Diese sind wie der Arbeitgeber gem. §§ 4 Abs. 1, 3 Abs. 3 TVG bzgl. des bisher geltenden Tarifvertrags und gem. §§ 4 Abs. 1, 3 Abs. 1 TVG bzgl. des neu anzuwendenden Tarifvertrags tarifgebunden. Hinsichtlich der anderen Arbeitsverhältnisse fehlt es an der potentiellen Tarifgebundenheit der Arbeitnehmer nach § 3 Abs. 1 TVG bzgl. des vom neuen Verband geschlossenen Tarifvertrags. Damit kommen im Betrieb in diesem Fall jeweils unterschiedliche Tarifverträge zur Anwendung. Insofern liegt also Tarifpluralität vor.

Umstritten ist, wie die durch den Verbandswechsel des Arbeitgebers zwischen den Tarifverträgen entstehende Konkurrenz zu behandeln ist. Zum Teil wird die Auffassung vertreten, daß derjenige Tarifvertrag den Vorrang genießt, der für die Arbeitnehmer günstiger ist.[177] Da § 3 Abs. 3 TVG die Flucht aus dem geltenden Tarifvertrag verhindern will, gebiete die Vorschrift einen von § 4 Abs. 3 TVG unabhängigen Günstigkeitsvergleich. Die Arbeitsbedingungen der Arbeitnehmer sollen sich durch den Verbandswechsel nicht verschlechtern dürfen. *Bieback*[178] gelangt sogar zu dem Ergebnis, daß das Günstigkeitsprinzip ausnahmslos den Vorrang der alten Tarifverträge begründe, weil es zwischen Arbeitnehmern und Arbeitgeber nur dann zum Konflikt kommt, wenn der durch den neuen Verband abgeschlossene Tarifvertrag ungünstigere Regelungen enthält.

Dem kann insgesamt nicht gefolgt werden. Der Rückgriff auf das Günstigkeitsprinzip ist bei einer Wahl zwischen zwei gleichermaßen anwendbaren Tarifverträgen nicht möglich. Es ist richtig, daß § 3 Abs. 3 TVG die Flucht aus dem Tarifvertrag verhindern will. Genau das wird aber auch erreicht. Der Arbeitgeber ist an den seitherigen Tarifvertrag gem. §§ 4 Abs. 1, 3 Abs. 3 TVG gebunden. Er kann der Anwendbarkeit dieses Tarifvertrags nicht „entfliehen". Ob dieser Tarifvertrag im Verhältnis zu dem anderen Tarifvertrag tatsächlich angewendet wird, ist eine Frage der Konkurrenz und kein Anwendungsfall des Günstigkeitsprinzips. Wenn bzgl. mehrerer Tarifverträge jeweils eine Tarifgebundenheit nach §§ 4 Abs. 1, 3 Abs. 1 TVG besteht, wird bei der Lösung eines entstandenen Konkurrenzverhältnisses auch nicht danach gefragt, welcher Tarifvertrag für die Arbeitnehmer günstiger ist. Es besteht kein Grund, bei der Anwendbarkeit von § 3 Abs. 3 TVG diesbezüglich eine Ausnahme zu machen. Würde das Günstigkeitsprinzip angewandt werden, spräche das vielmehr für eine Verletzung des Gleichheitssatzes. Die potentielle Tarifgebundenheit nach § 3 Abs. 3 TVG kann nicht mehr bewirken als die Tarifgebundenheit nach § 3 Abs. 1 TVG, was aber bei der vorgeschlagenen unterschiedlichen Behandlung der Konkurrenzverhältnisse der Fall wäre. Das entspricht

177 *Konzen*, ZfA 1975, 401, 429; *Bieback*, DB 1989, 477, 481.

178 DB 1989, 477, 482.

auch der wohl h.M. Das BAG[179] und der überwiegende Teil der Literatur[180] gehen ebenfalls davon aus, daß hier die allgemeinen Grundsätze der Tarifkonkurrenz anzuwenden sind. Sie führen aus, daß sich § 3 Abs. 3 TVG nicht mit dem Verhältnis der konkurrierenden Tarifverträge befaßt, da der Vorschrift insoweit keine weiterreichende rechtliche Bedeutung zuerkannt werden kann. Die Darlegungen *Drägers*[181] können dem auch nicht entgegentreten. Er will dem durch den neuen Verband geschlossenen Tarifvertrag den Vorrang gewähren, weil § 3 Abs. 1 TVG die geeignetste Grundlage für eine einheitliche tarifliche Ordnung sei. Das entspricht jedoch nicht den in § 3 Abs. 1 TVG und § 3 Abs. 3 TVG getroffenen Wertungen. Die potentielle Tarifgebundenheit und die fingierte verlängerte potentielle Tarifgebundenheit nach Verbandsaustritt unterscheiden sich nicht in der Qualität, sondern nur in zeitlicher Hinsicht voneinander. Dabei ist die aktuelle Tarifbindung nach §§ 4 Abs. 1, 3 Abs. 1 TVG bzgl. des von dem neuen Verband abgeschlossenen Tarifvertrags nicht notwendigerweise von längerer Dauer als die aktuelle Tarifgebundenheit nach §§ 4 Abs. 1, 3 Abs. 3 TVG bzgl. des alten Tarifvertrags. Endet der neu anzuwendende Tarifvertrag zeitlich eher als der alte Tarifvertrag, besteht nur noch eine aktuelle Tarifgebundenheit an einen nachwirkenden Tarifvertrag (§§ 4 Abs. 5, 3 Abs. 1 TVG), es sei denn, es wird ein neuer Tarifvertrag abgeschlossen. Dies wird das Bestehen einer einheitlichen tariflichen Ordnung weniger unterstützen. Daher lassen sich keine Gründe dafür anführen, daß die Tarifbindung nach § 3 Abs. 1 TVG grundsätzlich für eine einheitliche tarifliche Regelung geeigneter ist.

3. Ergebnis

Der Arbeitgeber kann also weder durch einen Verbandsaustritt noch durch einen Verbandswechsel die Anwendbarkeit des laufenden Tarifvertrags beseitigen.[182] Die Regelung von § 3 Abs. 3 TVG verhindert demnach die „Flucht" der Verbandsmitglieder aus dem laufenden Tarifvertrag durch Beendigung der potentiellen Tarifgebundenheit. Der Arbeitgeber, wie auch der Arbeitnehmer,

---

179 BAG AP Nr. 3 zu § 3 TVG.

180 *Hueck-Nipperdey*, Lehrbuch des Arbeitsrechts II/1, § 33 III 1 Fn. 20, S. 646; *Däubler*, Tarifvertragsrecht, Rdnr. 305, S. 182; *Schaub*, Arbeitsrechts-Handbuch, § 206 II 3 e), Rdnr. 17, S. 2023 f.; *Dörner* in: Kasseler Handbuch zum Arbeitsrecht II, 6.1 Rdnr. 135, S. 980, *Gerhards*, BB 1995, 1290, 1291.

181 BB 1970, 1141, 1142. So auch im Ergebnis *Bauer/Haußmann*, DB 1999, 1114, 1115.

182 Vgl. auch *Däubler*, ZTR 1994, 448, 452; *Melot de Beauregard*, Mitgliedschaft in Arbeitgeberverbänden, S. 171.

kann die Geltung des laufenden Tarifvertrags nicht einseitig mittels Austritts aus dem Verband vorzeitig beenden. § 3 Abs. 3 TVG sichert mithin die zwingende Wirkung der Tarifnormen gem. § 4 Abs. 1 TVG.[183] Damit wird aus der Regelung in § 3 Abs. 3 TVG der Wille des Gesetzgebers deutlich, daß ein einmal wirksam abgeschlossener Tarifvertrag seine normative Wirkung möglichst für den in ihm vorgesehenen Geltungszeitraum behalten soll.
Das entspricht der von Tarifverträgen ausgehenden Schutz- und Ordnungsfunktion. Die Tarifnormwirkung soll nicht durch einseitige Maßnahmen der Verbandsmitglieder beseitigt werden können.[184] Dabei weist *Konzen*[185] zutreffend darauf hin, daß durch diese feste Bindung an den laufenden Tarifvertrag primär die Arbeitnehmer vor der Machtfülle des Arbeitgebers geschützt werden sollen. Mit der einmal begründeten Mitgliedschaft unterwerfen sich Arbeitgeber und Arbeitnehmer schon von vornherein der Geltung der Tarifverträge, die während ihrer Mitgliedschaft abgeschlossen werden. Könnte sich der Arbeitgeber der Wirkung dieser Tarifverträge durch Verbandsaustritt jederzeit entziehen, hätten die Tarifabschlüsse keinerlei Bindungswirkung und wären im Ergebnis überflüssig. Aufgrund der Regelung in § 3 Abs. 3 TVG ist der Arbeitgeber aber zumindest so lange an den geltenden Tarifvertrag gebunden, bis dieser abläuft.[186]

III. Verlassen des Geltungsbereichs des Tarifvertrags

Der Arbeitgeber kann jedoch seine (aktuelle) Bindung an den laufenden Tarifvertrag vorzeitig beenden, wenn er seinen Betrieb aus dessen Geltungsbereich herausführt. Das wird im Hinblick auf die der Arbeit vorangestellte Problematik insbesondere für das Verlassen des fachlichen Geltungsbereichs näher dargelegt.[187] Darüber hinaus wird darauf eingegangen, inwieweit dann die gegenüber § 4 Abs. 1 TVG schwächer konzipierte Nachwirkung des Tarifvertrags gem. § 4 Abs. 5 TVG eingreift.

---

[183] *Belling*, SAE 1999, 181, 189.

[184] *Oetker* in: Wiedemann, TVG, § 3, Rdnr. 46.

[185] ZfA 1975, 401, 411.

[186] Zur Möglichkeit der Beendigung der Tarifgeltung durch Verbandsaustritt vgl. auch *Pogge*, FS Stege, S. 124; *Henssler*, ZfA 1994, 487, 514.

[187] Zur Möglichkeit der Tarifflucht durch Hinauswandern aus dem fachlichen Geltungsbereich eines Tarifvertrags vgl. auch *Lambrich/Trappehl*, Tarifflucht, S. 49 ff.

1. Änderung des Betriebszwecks

Die unmittelbare und zwingende Wirkung des Tarifvertrags entfällt, wenn die Arbeitsverhältnisse nicht mehr von seinem Geltungsbereich erfaßt werden.

Zwar bleibt die potentielle Tarifgebundenheit gem. § 3 Abs. 1 TVG erhalten. Ein Verlassen des Geltungsbereichs hat keine Auswirkung auf den Bestand der Verbandsmitgliedschaft. Es mangelt jedoch am Vorliegen der zweiten Voraussetzung von § 4 Abs. 1 TVG.

Nach der Rechtsprechung des BAG[188] und einem Teil der Literatur[189], die jeweils nicht zwischen potentieller und aktueller Tarifgebundenheit unterscheiden, fehlt es hingegen schon an der Tarifgebundenheit gem. § 3 Abs. 1 TVG. Hieraus ergeben sich jedoch keine Änderungen bezüglich der Anwendbarkeit des geltenden Tarifvertrags. Auch nach dieser Ansicht verliert der Tarifvertrag seine unmittelbare und zwingende Wirkung gem. § 4 Abs. 1 TVG, sobald die Arbeitsverhältnisse nicht mehr von seinem Geltungsbereich erfaßt werden.

Um den fachlichen Geltungsbereich des Tarifvertrags zu verlassen, muß der Arbeitgeber den Betriebszweck seines Unternehmens ändern. Dafür ist es erforderlich, daß die überwiegend im Betrieb zu verrichtende Tätigkeit nicht mehr dem Geltungsbereich des Tarifvertrags entspricht.

Fraglich ist dann aber, welchen inhaltlichen Regelungen die Arbeitsverhältnisse nach Beendigung der unmittelbaren und zwingenden Wirkung des Tarifvertrags unterliegen. In Betracht kommt eine Nachwirkung des Tarifvertrags gem. § 4 Abs. 5 TVG. Danach gelten die Normen des Tarifvertrags nach seinem Ablauf weiter, bis sie durch eine andere Abmachung ersetzt werden. Entsprechend dem Wortsinn der Vorschrift ist unter „Ablauf des Tarifvertrags" lediglich dessen Beendigung in zeitlicher Hinsicht zu verstehen.[190] Zur Nachwirkung käme es danach also nur in den Fällen, in denen der Tarifvertrag zeitlich endet und noch kein neuer Tarifvertrag für die entsprechende Branche abgeschlossen ist. Daher stellt sich die Frage, ob ein Tarifvertrag auch nachwirkt, wenn er wegen Herauswachsens des Betriebs aus dem fachlichen

---

188 BAG AP Nr. 13, 14, 21 zu § 3 TVG.

189 *Gamillscheg*, Kollektives Arbeitsrecht I, § 17 I 1 b), S. 712; *Schaub* in: Erfurter Kommentar zum Arbeitsrecht, § 3 TVG, Rdnr. 29, 31; *Hromadka/Maschmann/Wallner*, Der Tarifwechsel, C § 5 I 1 c) cc), Rdnr. 234, S. 91; *Löwisch* in: Münchener Handbuch zum Arbeitsrecht III, § 260 I 1 a), Rdnr. 1, S. 319; *Dörner* in: Kasseler Handbuch zum Arbeitsrecht II, 6.1.D. II 1 b), Rdnr. 126, S. 979; *Oetker* in: Wiedemann, TVG, § 3, Rdnr. 52; *Wilhelm/Lindemann*, Unternehmenshandbuch Arbeitsrecht, Kap. 6 B I 1, Rdnr. 6.3, S. 273; *Bieback*, DB 1989, 477, 478; *Herschel*, ZfA 1973, 183, 192.

190 BAG, EzA Nr. 14 zu § 4 TVG Nachwirkung.

Geltungsbereich seine unmittelbare und zwingende Wirkung nach § 4 Abs. 1 TVG verloren hat.[191]

a) Keine Nachwirkung des Tarifvertrags mangels Unterfallens unter den fachlichen Geltungsbereich

Löwisch[192] geht davon aus, daß die Nachwirkung als modifizierte Normwirkung an den Geltungsbereich des Tarifvertrages gebunden sei. Bei einer Änderung des fachlichen Geltungsbereiches erhebe der Tarifvertrag daher keinen Geltungsanspruch mehr. Wie bei der Anwendbarkeitsvoraussetzung für den Tarifvertrag nach § 4 Abs. 1 TVG sei auch für die Nachwirkung das Vorliegen des fachlichen Anwendungsbereiches erforderlich.

Vom Grundsatz und von der Systematik des Gesetzes her gesehen kann dieser Ansicht gefolgt werden. Die Tarifvertragsparteien haben nur für einen bestimmten zwischen ihnen ausgehandelten Geltungsbereich verbindliche Regelungen aufgestellt. Für einen anderen Geltungsbereich konnten sie entweder keine einvernehmliche Regelung erzielen oder den Tarifvertragsparteien fehlte von vornherein die Regelungskompetenz in Form der Tarifzuständigkeit. Folglich kann der bisher geltende Tarifvertrag für den neuen geänderten Betriebszweck trotz beiderseitiger Verbandsmitgliedschaft zu keinem Zeitpunkt eine Wirkung gem. § 4 Abs. 1 TVG entfalten. Damit fehlt aber gleichzeitig auch die Legitimationsgrundlage für seine Geltung im Wege der Nachwirkung gem. § 4 Abs. 5 TVG. Daher spricht viel dafür, im Falle des Herauswachsens des Unternehmens aus dem fachlichen Geltungsbereich des Tarifvertrags, die Nachwirkung des vor der Betriebszweckänderung geltenden Tarifvertrags zu versagen.

Mit dieser Betrachtungsweise wird aber dem Sinn und Zweck von § 4 Abs. 5 TVG nicht in ausreichendem Maße Rechnung getragen.

b) Analoge Anwendung von § 4 Abs. 5 TVG

Vielmehr ist dem BAG[193] und der überwiegenden Meinung in der Literatur[194] zuzustimmen, welche § 4 Abs. 5 TVG entsprechend auf den Fall der Änderung

---

[191] Zur Nachwirkung gem. § 4 Abs. 5 TVG im Falle der Änderung des fachlichen Geltungsbereichs bei Firmentarifverträgen vgl. *Teschner*, Firmentarifvertrag und Unternehmensumstrukturierung, S. 78 ff.

[192] In: Münchener Handbuch zum Arbeitsrecht III, § 266 III 2, Rdnr. 17, S. 373; *Löwisch/Rieble*, TVG, § 4, Rdnr. 240.

[193] BAG AP Nr. 13, 14 zu § 3 TVG. Anders hat das BAG, AP Nr. 5 zu § 3 TVG Verbands

des fachlichen Geltungsbereiches anwenden. Sinn und Zweck von § 4 Abs. 5 TVG ist die Vermeidung inhaltsleerer Arbeitsverhältnisse. Wird im Vertrauen auf die Geltung des Tarifvertrags im Arbeitsvertrag auf eine eigene Regelung verzichtet, wären diese Arbeitsverhältnisse ohne eine analoge Anwendung von § 4 Abs. 5 TVG bei einer Betriebszweckänderung inhaltlich nicht geregelt. Hinsichtlich des Entgelts könnten solche Arbeitsverhältnisse über die Regelung von § 612 BGB gefüllt werden. Das übliche Entgelt wird dabei wohl dem tariflichen Entgelt entsprechen.[195] Mit § 612 BGB kann aber allenfalls die Frage des Entgelts gelöst werden. Bezüglich der übrigen Arbeitsbedingungen entbehrte der Arbeitsvertrag weiterhin einer Regelung.[196] Außerdem steht dem Arbeitgeber im Nachwirkungszeitraum der Weg zu einzelvertraglichen Änderungen offen[197], so daß er die Nachwirkung selbst beenden kann.

Gegen die h.M. kann eingewandt werden, daß wegen des Verlassens des Geltungsbereichs schon die Tarifgebundenheit gem. § 3 Abs. 1 TVG entfällt und daher die Nachwirkung gem. § 4 Abs. 5 TVG nicht legitimiert ist. Die bereits dargelegten Argumente sprechen aber auch insoweit für die analoge

---

austritt = NZA 2000, 730 f., bei Ausscheiden des Unternehmens aus dem betrieblichen Geltungsbereich von Versorgungstarifverträgen im Baugewerbe entschieden. Eine entsprechende Anwendung des § 4 Abs. 5 TVG kommt hier nicht in Betracht. Insofern handelt es sich jedoch um keine abweichende Entscheidung. Die Ablehnung der Nachwirkung des Tarifvertrags kraft analoger Anwendung von § 4 Abs. 5 TVG liegt darin begründet, daß es sich in diesem Fall um einen reinen Versorgungstarifvertrag handelt. Regelungsgegenstand dieses Tarifvertrags waren die Zusatzversorgungskassen als gemeinsame Einrichtungen. Aufgrund der Änderung des Betriebszwecks hatte der Arbeitgeber mit dem Ausscheiden aus dem betrieblichen (fachlichen) Geltungsbereich keine Beiträge an die gemeinsamen Einrichtungen mehr zu erbringen. Da zwischen der Beitragspflicht und den Ansprüchen des Arbeitnehmers aufgrund des Versicherungsverhältnisses ein unlösbarer Zusammenhang besteht, sind deshalb auch die tariflichen Ansprüche des Arbeitnehmers zusammen mit dem Versicherungsverhältnis für die Zukunft erloschen. Vgl. auch *Wank* in: Wiedemann, TVG, § 4, Rdnr. 352.

194 *Hromadka*, DB 1996, 1872, 1874; *Kania*, DB 1995, 625, 630; *Hueck-Nipperdey*, Lehrbuch des Arbeitsrechts II/1, § 27 IV 3, S. 539; *Schaub*, Arbeitsrechts-Handbuch, § 204 III 4 a), Rdnr. 12, S. 1994; *Wank* in: Wiedemann, TVG, § 4, Rdnr. 337; *Pogge*, FS Stege, S. 121.

195 *Kittner*, ArbuR 1998, 469, 47; *Hromadka*, DB 1996, 1872, 1875; *Pogge*, FS Stege, S. 128; a.A.: *Rieble*, SAE 1995, 77, 81. Er geht davon aus, daß ein Tarifvertrag außerhalb seines Geltungsbereichs nicht „übliche" Vergütung sein kann, weil er dort gerade nicht gilt.

196 *Schaub*, BB 1996, 2298; *Hanau*, RdA 1998, 65, 69; *Hromadka/Maschmann/Wallner*, Der Tarifwechsel, B § 3 III 4 b), Rdnr. 164 ff., S. 60.

197 BAG AP Nr. 16 zu § 4 TVG Nachwirkung.

Anwendung des § 4 Abs. 5 TVG. Zudem stellt sich das Problem der fehlenden Tarifgebundenheit gem. § 3 Abs. 1 TVG nicht bei der Unterscheidung zwischen aktueller und potentieller Tarifgebundenheit. Danach bleibt die potentielle Tarifgebundenheit gem. § 3 Abs. 1 TVG trotz Herauswachsens des Betriebs aus dem fachlichen Geltungsbereich bestehen. Es endet nur die aktuelle Tarifgebundenheit nach § 4 Abs. 1 TVG. Demzufolge ist die Nachwirkung gem. § 4 Abs. 5 TVG auch bei Verlassen des Geltungsbereichs durch die weiterhin bestehende potentielle Tarifgebundenheit gem. § 3 Abs. 1 TVG mitgliedschaftlich legitimiert.

2. Änderung des Betriebszwecks und Verbandsaustritt

Wenn der Arbeitgeber nicht nur den Betriebszweck seines Unternehmens ändert, sondern auch aus dem Verband austritt bzw. ausgetreten ist, ergibt sich keine andere rechtliche Beurteilung. Fallen die Arbeitsverhältnisse aus dem Geltungsbereich heraus, so wird der Tarifvertrag unabhängig von einem etwaigen Verbandsaustritt unanwendbar, weil die Voraussetzungen des § 4 Abs. 1 TVG nicht vorliegen. Auch hier tritt die Nachwirkung analog § 4 Abs. 5 TVG ein.

Auf den Streit[198], ob sich im Anschluß an die verlängerte Tarifgebundenheit nach § 3 Abs. 3 TVG noch ein Nachwirkungszeitraum gem. § 4 Abs. 5 TVG anschließen kann, kommt es im Fall der Nachwirkung aufgrund Änderung des Betriebszwecks nicht an.

Der Streit um die Anwendbarkeit des § 4 Abs. 5 TVG beruht darauf, daß die mitgliedschaftliche Legitimation[199] der Nachwirkung des Tarifvertrags in Frage steht. Folgt man der h.M.[200], entfällt nicht nur die Tarifbindung nach § 3 Abs. 1 TVG, sondern im Fall des Verbandsaustritts auch die verlängerte Tarifgebundenheit nach § 3 Abs. 3 TVG, wenn der Betrieb aus dem fachlichen Geltungsbereich des Tarifvertrags herausfällt. Demnach würde sich das Pro-

---

198 Vgl. *Oetker* in: Wiedemann, TVG, § 3, Rdnr. 78 m.w.N.

199 Vgl. Hierzu Punkt C II.

200 BAG AP Nr. 13, 14, 21 zu § 3 TVG; *Gamillscheg*, Kollektives Arbeitsrecht I, § 17 I 1 b), S. 712; *Schaub* in: Erfurter Kommentar zum Arbeitsrecht, § 3 TVG, Rdnr. 29, 31; *Hromadka/Maschmann/Wallner*, Der Tarifwechsel, C § 5 I 1 c) cc), Rdnr. 234, S. 91; *Löwisch* in: Münchener Handbuch zum Arbeitsrecht III, § 260 I 1 a), Rdnr.1, S. 319; *Dörner* in: Kasseler Handbuch zum Arbeitsrecht II, 6.1.D. II 1 b), Rdnr. 126, S. 979; *Oetker* in: Wiedemann, TVG, § 3, Rdnr. 52; *Wilhelm/Lindemann*, Unternehmenshandbuch Arbeitsrecht, Kap. 6 B I 1, Rdnr. 6.3, S. 273; *Bieback*, DB 1989, 477, 478; *Herschel*, ZfA 1973, 183, 192.

blem der fehlenden mitgliedschaftlichen Legitimation der Nachwirkung des Tarifvertrags gem. § 4 Abs. 5 TVG auch bei Verbandsaustritt und gleichzeitiger oder nachfolgender Betriebszweckänderung stellen. Denn wegen des Herauswachsens des Betriebs aus dem fachlichen Geltungsbereich bestünde nach der h.M. keine verlängerte Tarifgebundenheit gem. § 3 Abs. 3 TVG.

Bei Unterscheidung zwischen potentieller und aktueller Tarifgebundenheit stellt sich die Frage der Anwendbarkeit des § 4 Abs. 5 TVG im Anschluß an die verlängerte Tarifgebundenheit nach § 3 Abs. 3 TVG jedoch nicht. Die potentielle Tarifgebundenheit gem. § 3 Abs. 3 TVG endet nicht allein deshalb, weil der Betrieb aus dem fachlichen Geltungsbereich des Tarifvertrags ausscheidet.[201] Diese endet erst mit dem Ablauf des geltenden Tarifvertrags.[202] Durch das Herauswachsen des Betriebs aus dem fachlichen Anwendungsbereich läuft die zeitliche Geltungsdauer des bestehenden Tarifvertrags nicht ab. Es wird lediglich die Geltungsdauer des Tarifvertrags für das den Betriebszweck ändernde Unternehmen beendet. Der Arbeitgeber ist also bei einem Verbandsaustritt nach wie auch vor der Betriebszweckänderung gem. § 3 Abs. 3 TVG potentiell tarifgebunden. Folglich ist die Nachwirkung des Tarifvertrags gem. § 4 Abs. 5 TVG durch die (verlängerte potentielle) Tarifgebundenheit des Arbeitgebers nach § 3 Abs. 3 TVG legitimiert.

3. Anwendbarkeit von § 4 Abs. 5 TVG für erst im Nachwirkungszeitraum begründete Arbeitsverhältnisse oder nachträglichem Gewerkschaftsbeitritt

Umstritten ist, ob ein gem. § 4 Abs. 5 TVG nachwirkender Tarifvertrag auch den Inhalt der Arbeitsverhältnisse bestimmt, bei welchen der Arbeitnehmer erst nach Betriebszweckänderung eingestellt wird oder erst danach der Gewerschaft beitritt.

a) Nachwirkung aufgrund der Ordnungsfunktion der Tarifverträge

Die überwiegende Meinung im Schrifttum[203] und ein Teil der Rechtsprechung[204] vertreten die Auffassung, daß auch im Nachwirkungszeitraum begrün

---

[201] Vgl. Punkt B I 3.

[202] A.a.: *Nikisch*, Arbeitsrecht II, § 71 IV 1, S. 269; *Richardi*, in: Staudinger, Vorbem. zu §§ 611 ff. BGB, Rdnr. 628; *Kempen* in: Kempen/Zachert, TVG, § 3, Rdnr. 26.

[203] *Wank* in: Wiedemann, TVG, § 4, Rdnr. 330; *Gamillscheg*, Kollektives Arbeitsrecht I,

dete Rechtsverhältnisse der Regelung von § 4 Abs. 5 TVG unterliegen. Dem nachwirkenden Tarifvertrag komme weiterhin unmittelbare Wirkung zu, so daß er auch für neu begründete Arbeitsverhältnisse gelten müsse.[205] Angesichts der Dispositivität der nur noch nachwirkenden Tarifverträge habe es der Arbeitgeber in der Hand, mit den neu eingestellten Arbeitnehmern von vornherein eine andere Abmachung im Sinne von § 4 Abs. 5 TVG zu treffen.[206] Außerdem entspreche es der Ordnungsfunktion der Tarifverträge, daß auch die neu begründeten Arbeitsverhältnisse von ihrer Nachwirkung erfaßt werden.[207]

Isoliert betrachtet sprechen diese Argumente für eine analoge Anwendung von § 4 Abs. 5 TVG. In dogmatischer Hinsicht ist jedoch zu bemängeln, daß die Geltungsvoraussetzungen von Tarifverträgen keine ausreichende Berücksichtigung finden. Zudem können die für die analoge Anwendung des § 4 Abs. 5 TVG aufgeführten Argumente durch die gegenteilige Auffassung mit guter Begründung entkräftet werden.

b) Keine Nachwirkung mangels Vorliegens der Geltungsvoraussetzungen

Die Gegenauffassung in der Literatur[208] und das BAG[209] lehnen hingegen eine Ausweitung der Nachwirkung auf die nach Beendigung des Tarifvertrags geschlossenen Rechtsverhältnisse wegen Nichtvorliegens der Geltungsvoraus-

---

§ 18 VII 6, S. 880; *Kempen* in: Kempen/Zachert, TVG, § 4, Rdnr. 294; *Lieb*, NZA 1994, 448, 451; *Löwisch*, Münchener Handbuch zum Arbeitsrecht III, § 266 III 3, Rdnr. 20, S. 373 f.; *Löwisch/Rieble*, TVG, § 4, Rdnr. 226; *Herschel*, ZfA 1976, 99; *Lieb*, Arbeitsrecht, § 6 I 3 a), Rdnr. 502, S. 168 f.; *Stein*, Tarifvertragsrecht, 2. Teil A II 4 c), Rdnr. 130, S. 64.; *Andresen*, DB 1978, 1275, 1276.

204 LAG Köln, Urteil vom 25.10.1989, NZA 1990, 502.

205 *Wank* in: Wiedemann, TVG, § 4, Rdnr. 332.

206 *Lieb*, NZA 1994, 337, 338.

207 *Gamillscheg*, Kollektives Arbeitsrecht I, § 18 VII 6, S. 880.

208 *Zöllner/Loritz*, Arbeitsrecht, § 36 VI 1, S. 409; *Richardi* in: Staudinger, Vor § 611 BGB, Rdnr. 1074; *Kittner*, ArbuR 1998, 469, 471; *Hanau*, RdA 1998, 65, 69; *Wank*, FS Schaub, S. 761, 776; *Hromadka/Maschmann/Wallner*, Der Tarifwechsel, B § 3 III 4 b), Rdnr. 164 ff., S. 60; *Hueck/Nipperdey*, Lehrbuch des Arbeitsrechts II/1, § 27 IV 3, S. 539; *Schaub*, Arbeitsrechts-Handbuch, § 204 III 4 b), Rdnr. 13, S. 1994; *Hromadka*, DB 1996, 1872, 1874; *Bieback*, DB 1989, 477, 478; *Fröhlich*, NZA 1992, 1103, 1106; *Gerhards*, BB 1997, 362, 363; *Belling*, SAE 1999, 181 ff.; *Dahlbender*, Der Austritt des Arbeitgebers aus seinem Verband zwecks Loslösung von Tarifverträgen, S. 100.

209 AP Nr. 1, 8, 16 zu § 4 TVG Nachwirkung; AP Nr. 1 zu § 2 MTV Ang. DFVLR.

setzungen eines Tarifvertrags ab. Den Ausführungen des BAG[210] kann dabei uneingeschränkt gefolgt werden. Danach ist die Nachwirkung bei Arbeitsverhältnissen, die nach Außerkrafttreten des Tarifvertrages begründet werden, schon begrifflich undenkbar, weil § 4 Abs. 5 TVG vom „Weitergelten" der Normen spricht. Damit eine Norm weiter gelten kann, muß sie notwendigerweise schon einmal gegolten haben. Bei neu begründeten Arbeitsverhältnissen bzw. bei den Arbeitsverhältnissen, bei denen der Arbeitnehmer erst im Nachwirkungszeitraum der Gewerkschaft beitritt, kann der Tarifvertrag mangels Tarifbindung des Arbeitgebers gem. § 3 TVG[211] zu keiner Zeit zur Anwendung gelangen, so daß dessen Normen auch nicht weiter gelten können. Das gilt auch bei Unterscheidung zwischen potentieller und aktueller Tarifgebundenheit. Danach kann zwar auch nach dem Verlassen des Geltungsbereichs eine beiderseitige potentielle Tarifgebundenheit gem. § 3 TVG bestehen.[212] Es fehlt aber an der aktuellen Tarifgebundenheit. Der Tarifvertrag kann bei den neu begründeten Arbeitsverhältnissen und bei nachträglichem Gewerkschaftsbeitritt keine unmittelbare und zwingende Wirkung entfalten, weil zum Zeitpunkt der beiderseitigen potentiellen Tarifgebundenheit die Arbeitsverhältnisse nicht vom Geltungsbereich des Tarifvertrags erfaßt werden, also die zweite Voraussetzung von § 4 Abs. 1 TVG nicht gegeben ist.

Demgegenüber wendet z.B. *Stein*[213] ein, eben weil das Gesetz die Rechtsnormen weiter gelten lasse, bleibe es begrifflich denkbar, daß auch neu begründete Arbeitsverhältnisse diesem Tarifvertrag unterliegen. Aus dem uneingeschränkten Rechtsnormcharakter der fortgeltenden Tarifbestimmung folge ihre Geltung auch für nach Ablauf des Tarifvertrags geschlossene Arbeitsverhältnisse.

Dieser Überlegung kann nicht gefolgt werden. Die Rechtsnormen des Tarifvertrags wirken wie Gesetze auf die Arbeitsverhältnisse ein.[214] Sie sind jedoch nicht durch die Legislative, deren Kompetenz zur Gesetzgebung im Grundgesetz verankert ist, erlassen, sondern durch die Tarifvertragsparteien vereinbart worden. Da sie eine „quasi–Gesetzeswirkung" inne haben, benötigen

---

210 Vgl. nur AP Nr. 8 zu § 4 TVG Nachwirkung.

211 Nach dem BAG besteht keine Tarifgebundenheit des Arbeitgebers gem. § 3 TVG, weil die Arbeitsverhältnisse nicht bzw. nicht mehr unter den Geltungsbereich des Tarifvertrags fallen.

212 Ohne Verbandsaustritt folt die potentielle Tarifgebundenheit aus § 3 Abs. 1 TVG und bei Verbandsaustritt aus § 3 Abs. 3 TVG.

213 Tarifvertragsrecht, Rdnr. 130, S. 64.

214 Sogenannte normative Wirkung des Tarifvertrags; *Schaub*, Arbeitsrechts-Handbuch, § 204 III 1, Rdnr. 5, S. 1993; *Gamillscheg*, Kollektives Arbeitsrecht I, § 15 III 1 a) (1), S. 554; *Kempen* in: Kempen/Zachert, TVG, § 4, Rdnr. 9.

sie, wie Gesetze, ebenfalls eine Legitimation für ihre Geltung[215], und das ist die Tarifgebundenheit (im weiteren Sinne).[216] Die Voraussetzungen von § 4 Abs. 1 TVG müssen also wenigstens einmal vorgelegen haben, damit die Normwirkung des Tarifvertrags legitimiert ist.[217] Das ist aber nur bei den Arbeitsverhältnissen gegeben, die vor dem Verlassen des Geltungsbereichs begründet waren. Würde man die Rechtsnormen des Tarifvertrags gem. § 4 Abs. 5 TVG im Wege der Nachwirkung auch auf nach Wegfall des fachlichen Geltungsbereichs begründete Arbeitsverhältnisse anwenden, entbehrte dies einer rechtlichen Legitimation durch die Tarifvertragsparteien. Das gilt auch, wenn das Arbeitsverhältnis zwar schon vor Beginn des Nachwirkungszeitraums bestanden hat, der Arbeitnehmer aber erst danach der Gewerkschaft beigetreten ist.

Ebensowenig kann die erweiterte Anwendung von § 4 Abs. 5 TVG mit der Ordnungsfunktion der Tarifverträge begründet werden. § 4 Abs. 5 TVG regelt selbst, daß die Tarifvertragsnormen nur so lange weiter gelten, bis eine andere Abmachung erfolgt. Dadurch büßt der Tarifvertrag schon von sich aus aufgrund der Regelung von § 4 Abs. 5 TVG seine ursprüngliche tarifliche Ordnungsfunktion ein.[218]

Eine Erweiterung der Tarifwirkung auf noch nicht unter den Tarifvertrag fallende Arbeitsverhältnisse ist mit der Nachwirkung auch nicht beabsichtigt.[219] Mit der Regelung in § 4 Abs. 5 TVG soll sicher gestellt werden, daß die lediglich tarifrechtlich geregelten Arbeitsverhältnisse mit dem Außerkrafttreten des Tarifvertrages nicht zu inhaltsleeren bzw. zu lückenhaft geregelten Arbeitsverhältnissen werden. In den Fällen, in denen die Arbeitsvertragsparteien vor Beginn des Nachwirkungszeitraums noch nicht an den Tarifvertrag gebunden sind, wird das Arbeitsverhältnis durch eine einzelvertragliche Abmachung geregelt, die auch darin bestehen kann, daß auf den geltenden Tarifvertrag bezug genommen wird. Jedenfalls besteht für diese Arbeitsverhältnisse nicht die Gefahr, daß sie mit Beendigung des Tarifvertrages inhaltsleer werden.

Letztlich ist folgendes zu berücksichtigen: Soweit die Arbeitsvertragsbedingungen einzelvertraglich vereinbart werden, stellt sich ein im Nachwir-

---

215 Dies folgt aus der von *Zöllner* (Die Rechtsnatur der Tarifnormen nach deutschem Recht [1966], S. 22) begründeten und von *Biedenkopf* (RdA 1962, 453 ff.; RdA 1964, 443 ff.; Die Rechtsnatur der Tarifnormen nach deutschem Recht [1966], S. 21) ausgebauten Legitimationslehre, die in der Rechtsprechung und im Schrifttum weitgehend Unterstützung findet.

216 *Gamillscheg*, Kollektives Arbeitsrecht I, § 15 III 3 a), S. 559.

217 Das gilt unabhängig vom Verständnis des Verhältnisses von § 3 und § 4 TVG.

218 BAG AP Nr. 8 zu § 4 TVG Nachwirkung.

219 BAG AP Nr. 1 zu § 4 TVG Nachwirkung.

kungszeitraum neu begründetes Arbeitsverhältnis im Verhältnis zum Tarifvertrag als eine andere Abmachung im Sinne von § 4 Abs. 5 TVG dar. Daher würde im Fall einzelvertraglicher Aushandlung der Arbeitsbedingungen die Nachwirkung des Tarifvertrags bei der Neubegründung eines Arbeitsverhältnisses schon aus diesem Grund beendet werden. Ob die Arbeitsbedingungen einzelvertraglich ausgehandelt werden, liegt in der Hand des Arbeitgebers. Wenn es dem Arbeitgeber auf die Beendigung der Tarifwirkung ankommt, wird er mithin schon bei Abschluß des Arbeitsverhältnisses auf eine einzelvertragliche Aushandlung der Arbeitsbedingungen hinwirken.

4. Ergebnis

Durch eine Änderung des Betriebszwecks erreicht der Arbeitgeber, daß der Tarifvertrag seine unmittelbare und zwingende Wirkung gem. § 4 Abs. 1 TVG verliert. Die Normen des Tarifvertrags gelten gem. § 4 Abs. 5 TVG nur noch als dispositives Recht weiter. Damit können sie durch für den Arbeitnehmer günstigere oder ungünstigere einzelvertragliche Vereinbarungen ersetzt werden. Für erst im Nachwirkungszeitraum begründete Arbeitsverhältnisse bzw. für die Arbeitsverhältnisse, bei denen der Arbeitnehmer erst im Nachwirkungszeitraum der Gewerkschaft beitritt, entfaltet der Tarifvertrag überhaupt keine Wirkung. Diese Arbeitsverhältnisse werden weder von § 4 Abs. 1 TVG noch von § 4 Abs. 5 TVG erfaßt.

Im Hinblick auf die Schutzfunktion von Tarifverträgen verschlechtert sich damit also die rechtliche Situation der Arbeitnehmer. Dennoch kann in der Änderung des Betriebszwecks keine unzulässige Ausübung der Gestaltungsrechte des Arbeitgebers gesehen werden. Entschließt sich der Arbeitgeber, seinen alten Betriebszweck aufzugeben und damit den Anwendungsbereich des geltenden Tarifvertrags zu verlassen, liegt das innerhalb seiner aus dem allgemeinen Grundsatz der Privatautonomie fließenden Entscheidungsfreiheit. Daß dadurch die zwingende Wirkung des Tarifvertrags beendet wird, ist nur eine Folge der zur Disposition des Arbeitgebers stehenden Entscheidungen. Selbst wenn in der Beendigung der zwingenden Wirkung des Tarifvertrags der vorherrschende Beweggrund für die Betriebszweckänderung liegt, kann das Verlassen des Geltungsbereichs in der rechtlichen Wertung nicht als Umgehung der zwingenden Tarifwirkung angesehen werden.[220] Es ist nicht verboten, das Vorliegen von Tatbestandsvoraussetzungen zu vermeiden, um nicht vom Anwendungsbereich einer Norm erfaßt zu werden. Der Verlust der zwingenden

[220] Zur Möglichkeit der Änderung des Betriebszwecks um die zwingende Tarifgeltung abzuwenden vgl. *Lambrich*, Tarif- und Betriebsautonomie, S. 328 ff.

Tarifnormwirkung ist auch bei einer ausschließlich aus diesem Grund erfolgten Betriebszweckänderung gerechtfertigt, weil der bisher verfolgte Betriebszweck vollständig aufgegeben wird und für den neuen Betriebszweck die Geltung des Tarifvertrags von den Tarifvertragsparteien nicht vereinbart ist.

D. „Flucht" aus dem fachlichen Geltungsbereich des Tarifvertrags

Eine Betriebszweckänderung hat gravierende Auswirkungen auf die Anwendbarkeit des bis dahin geltenden Tarifvertrags. Wegen des Herauswachsens des Betriebs aus dem fachlichen Geltungsbereich verlieren die Normen des Tarifvertrags ihre zwingende Wirkung. Sie können jederzeit durch eine andere Abmachung, sei es auf kollektivvertraglicher oder auf einzelvertraglicher Ebene, ersetzt werden. Aufgrund der nur für bestimmte Geltungsbereiche bestehenden Regelungskompetenz der Tarifvertragsparteien (Tarifzuständigkeit) bzw. der nur für einen bestimmten Geltungsbereich bestehenden Legitimation für die zwingende Wirkung der Tarifvertragsnormen (tarifvertragliche Vereinbarung) ist die bloße Nachwirkung der Tarifvertragsnormen beim Verlassen des Geltungsbereichs aber gerechtfertigt.[221]

Der Verlust der zwingenden Wirkung der Tarifnormen erweckt aber rechtliche Bedenken, wenn der bisherige Betriebszweck nicht lediglich geändert, sondern gleichzeitig mittels Einführung von Arbeitnehmerüberlassung auf wirtschaftlich verbundene Unternehmen verschoben wird. Der alte, vom Unternehmen aufgegebene Betriebszweck, ist dann unter Umständen weiterhin als sein eigener Betriebszweck zu betrachten. In diesem Fall stellt sich die Frage, ob die zwingende Wirkung des Tarifvertrags aufrecht zu erhalten ist.

I. Verlagerung des Betriebszwecks mittels Einführung von Arbeitnehmerüberlassung

1. Tatbestand

Die Verlagerung des Betriebszwecks mittels Einführung von Arbeitnehmerüberlassung kann zwischen zwei oder mehreren Unternehmen erfolgen. Das dem Geltungsbereich eines bestimmten Tarifvertrags zugeordnete Unternehmen gibt seinen bisherigen Betriebszweck auf. Als neuen Betriebszweck führt es Arbeitnehmerüberlassung ein. Insoweit liegt ein ganz „normaler" Fall der Betriebszweckänderung vor. Bei der Betriebszweck-verlagerung wird jedoch, im Unterschied zur bloßen Betriebszweckänderung, der ursprüngliche Betriebszweck durch rechtlich selbständige, aber wirtschaftlich verbundene Unternehmen fortgeführt. An diese Unternehmen werden die nunmehr als Leiharbeitneh-

[221] Vgl. Punkt C III 4.

mer beschäftigten Arbeitnehmer überlassen. Damit sind die Arbeitnehmer des den Betriebszweck ändernden Unternehmens nach wie vor im selben Produktionsbereich eingesetzt. Hinzu kommt, daß die Verbindung zwischen dem Verleih- und den Entleihunter-nehmen so gestaltet ist, daß das Verleihunternehmen Einfluß auf die wirtschaftliche Leitung der Entleihunternehmen hat und, daß dem Verleihunternehmen weiterhin die in seinem ursprünglichen Wirtschaftsbereich erzielten Gewinne zufließen. Im Ergebnis stellt sich die Sachlage damit so dar, daß der Arbeitgeber mit Hilfe der wirtschaftlich verbundenen Unternehmen den ursprünglichen Betriebszweck seines Unternehmens weiterführt. Er beschäftigt seine Arbeitnehmer weiterhin in dem vom Tarifvertrag erfaßten Geltungs-bereich. Der bisherige Betriebszweck wird durch die „Zwischenschaltung" der Arbeitnehmer-überlassung nur verlagert.

Die Betriebszweckverlagerung unterscheidet sich von der bloßen Betriebszweckänderung im wesentlichen also dadurch, daß bei der Betriebszweckverlagerung der ursprüngliche Betriebszweck mittelbar aufrecht erhalten wird.

2. Rechtsfolge

Wie im Normalfall der bloßen Änderung des Betriebszwecks in den der Arbeitnehmerüberlassung fällt bei gleichzeitiger Verlagerung des ursprünglichen Betriebszwecks auf wirtschaftlich verbundene Unternehmen das den Betriebszweck ändernde Unternehmen aus dem Anwendungsbereich des bisher geltenden Tarifvertrags heraus. Die Unternehmen, die Arbeitnehmer-überlassung betreiben, werden regelmäßig nicht vom Geltungsbereich des Tarifvertrags erfaßt, der auf die Betriebe anwendbar ist, an welche die Arbeitnehmer verliehen werden.[222] Das resultiert daraus, daß die Arbeitnehmerüberlassung eine gegenüber den in den Entleihbetrieben durchgeführten Arbeiten branchenfremde Tätigkeit ist und die entsprechenden Tarifverträge die Verleihbetriebe in der Regel nicht namentlich in ihren Geltungsbereich einordnen.[223] Da eine ausdrückliche Einbeziehung der Verleihbetriebe fehlt, ist es ausgeschlossen, eine Anwendbarkeit dieser Tarifverträge für die Zeitarbeitsverhältnisse im Wege der grammatikalischen, historischen, systematischen oder teleologischen Auslegung zu begründen. Für den durch Auslegung zu ermittelnden Erklärungsgehalt der jeweiligen Geltungsbereichsnorm bildet in allen Fällen der Wortlaut

---

[222] Vgl. BAG, SAE 1999, 176, 179.

[223] Die Gewerkschaften des DGB haben sich bislang sogar geweigert, Tarifverträge für Verleihunternehmen abzuschließen, weil sie der gewerblichen Arbeitnehmerüberlassung grundsätzlich ablehnend gegenüber stehen. (*Schüren*, AÜG, Einl., Rdnr. 253 m.w.N.)

der Vorschrift die Grenze[224] und nach deren Wortlaut[225] werden die Verleihbetriebe vom Tarifvertrag gerade nicht erfaßt.[226]

Wegen des Verlassens des Geltungsbereichs entfällt die zwingende Wirkung des bis dahin anwendbaren Tarifvertrags nach § 4 Abs. 1 TVG. Die Normen des Tarifvertrags gelten gem. § 4 Abs. 5 TVG nur noch als dispositives Recht im Wege der Nachwirkung weiter. Neubegründete Arbeitsverhältnisse und Arbeitsverhältnisse, bei welchen der Arbeitnehmer erst nach der Einführung von Arbeitnehmerüberlassung als Hauptzweck des Unternehmens der Gewerkschaft beitritt, werden von der Tarifwirkung in keiner Weise erfaßt.

In Bezug auf das Vorliegen bzw. Nichtvorliegen der Tatbestandsvoraussetzungen von § 4 Abs. 1 TVG unterscheiden sich die bloße Betriebszweckänderung und die darüber hinausgehende Verlagerung des Betriebszwecks mithin nicht. In beiden Fällen entfällt aufgrund des Verlassens des fachlichen Geltungsbereichs die zwingende Wirkung des Tarifvertrags. Wegen des Unterschiedes hinsichtlich der Fortführung des Betriebszwecks durch ein verbundenes Unternehmen ist jedoch problematisch, ob die Gleichbehandlung der Sachverhalte in rechtlicher Hinsicht gerechtfertigt ist. Da bei der Betriebszweckverlagerung im Gegensatz zur bloßen Betriebszweckänderung der ursprüngliche Betriebszweck mittelbar aufrecht erhalten wird, stellt sich die Frage, ob auch die zwingende Tarifnormwirkung bestehen bleiben muß.

3. Rechtsprechung des BAG

Das BAG[227] hatte in der Vergangenheit einen derart gelagerten Fall der Unternehmensumstrukturierung zu entscheiden. Die Betriebszweckverlagerung

224 Vgl. für die Auslegung von Gesetzen *Canaris*, Die Feststellung von Lücken im Gesetz, S. 25.

225 Die Wortlautgrenze könnte nur mit einer analogen Anwendung der Geltungsbereichsvorschrift überwunden werden. Bei der Analogie steht der Sinn und Zweck einer Vorschrift i.V.m. dem Gleichheitssatz im Vordergrund, so daß die analoge Anwendung einer Vorschrift nicht durch deren Wortlaut begrenzt wird. Ob eine entsprechende Anwendung der Geltungsbereichsnorm möglich ist, wird im weiteren Verlauf der Arbeit untersucht.

226 Auf Konzernebene könnte eine Einbeziehung der Verleihunternehmen allerdings in der Weise erfolgen, wenn die Tarifparteien den Geltungsbereich ihrer tariflichen Regelungen auf Konzerne bestimmter Wirtschaftszweige erstrecken. Liegt der Schwerpunkt des Konzerns in diesem Wirtschaftszweig, würde das die Arbeitnehmerüberlassung betreibende Konzernunternehmen unter den Geltungsbereich des entsprechenden Tarifvertrags fallen. Eine „Flucht" aus dem Geltungsbereich durch Verlagerung des Betriebszwecks wäre also in diesem Fall nicht möglich. Vgl. *Buchner*, AR-Blattei SD 1550.4, Rdnr. 100.

erfolgte innerhalb einer GmbH & Co.KG. Die KG war ursprünglich im Bereich des Elektrohandwerks tätig und Mitglied der Elektro-Innung. Später trat sie aus ihrem Arbeitgeberverband, der Elektro-Innung aus. Ab diesem Zeitpunkt änderte die KG zudem ihren Betriebszweck. Dieser lag nunmehr in der Arbeitnehmerüberlassung. Die Leistungen auf dem Gebiet des Elektrohandwerks erbrachte ab sofort die Komplementär-GmbH. Dabei beschäftigte die GmbH selbst keine Arbeitnehmer, sondern entlieh alle Arbeitnehmer bei der KG oder anderen Verleihunternehmen. Die von der Komplementär-GmbH im Elektrobereich erzielten Umsätze wurden weiterhin der KG zugeordnet.

Das BAG verneinte die zwingende Wirkung des vor der Betriebszweckänderung geltenden Tarifvertrags wegen fehlender Tarifgebundenheit der KG. Zwar unterläge die KG bei Verbandsaustritt grundsätzlich der verlängerten Tarifgebundenheit gem. § 3 Abs. 3 TVG. Die Regelung des § 3 Abs. 3 TVG finde aber keine Anwendung, da die Arbeitsverhältnisse nicht mehr vom Geltungsbereich des Tarifvertrags erfaßt werden.

Auf der Grundlage einer auf die bloße Betriebszweckänderung begrenzten Betrachtungsweise hat das BAG zu Recht die zwingende Geltung des bisher anwendbaren Tarifvertrags verneint. Bei Unterscheidung zwischen potentieller und aktueller Tarifgebundenheit entfällt in dem vom BAG entschiedenen Fall jedoch nicht die Tarifgebundenheit nach § 3 Abs. 3 TVG, sondern die zweite Tatbestandsvoraussetzung des § 4 Abs. 1 TVG. Diese Unterscheidung hat aber auf das Ergebnis hinsichtlich der Anwendbarkeit des Tarifvertrags keine Auswirkungen.[228] Nach beiden Ansichten entfällt durch das Verlassen des Geltungsbereichs die zwingende Wirkung des Tarifvertrags gem. § 4 Abs. 1 TVG mit der Folge, daß der Tarifvertrag nur noch nachwirkt. Ein zusätzlich zur Verlagerung des Betriebszwecks gegebener Verbandsaustritt hat mithin keinen gesonderten Einfluß auf den Verlust der zwingenden Wirkung des Tarifvertrags. Insofern besteht kein Unterschied zur allgemeinen Problematik der Flucht aus dem fachlichen Geltungsbereich des Tarifvertrags mittels Einführung von Arbeitnehmerüberlassung.

4. Erfordernis einer Korrektur auf der Rechtsfolgenseite

Das BAG geht jedoch nicht darauf ein, ob die KG durch die Umstrukturierung ihres Unternehmens ihren bisherigen Betriebszweck möglicherweise mittelbar aufrecht erhalten hat und damit die zwingende Wirkung des Tarifvertrags weiterhin geboten gewesen wäre. Anlaß dazu gaben die Gewinnabschöpfung

---

227 Urteil vom 10.12.1997 – 4 AZR 24/96 – = SAE 1999, 176 ff.

228 Vgl. hierzu Punkt C III 2.

durch die KG bei der GmbH, das in der Regel zwischen einer KG und ihrer Komplementär-GmbH existierende Abhängigkeitsverhältnis und, daß die KG ihre Arbeitnehmer ausschließlich an die Komplementär-GmbH verliehen hat.

Besteht eine wirtschaftliche Verbindung zwischen dem Verleihunternehmen und den Entleihunternehmen, nimmt das Verleihunternehmen grundsätzlich Einfluß auf die Unternehmensleitung der Entleihunternehmen. Erhält das Verleihunternehmen darüber hinaus die von den Entleihunternehmen im ursprünglichen Wirtschaftsbereich des Verleihunternehmens erzielten Gewinne, ändert sich für das Verleihunternehmen hinsichtlich der Tätigkeit in seinem ursprünglichen Betriebszweck nichts. Es bstimmt nach wie vor die Tätigkeit im entsprechenden Wirtschaftsbereich und erlangt die mit dieser Tätigkeit erzielten Gewinne. Das Verleihunternehmen führt seinen ursprünglichen Betriebszweck also mittelbar weiter.

Dessenungeachtet wird aber durch die Betriebszweckverlagerung die zwingende Wirkung des Tarifvertrags, die ohne Betriebszweckänderung bzw. -verlagerung bestehen bliebe, ausgehebelt. Damit entsteht bei der Verlagerung des Betriebszwecks im Vergleich zur bloßen Änderung des Betriebszwecks ein Wertungswiderspruch hinsichtlich der zwingenden Tarifnormwirkung. Obwohl der Betriebszweck mittelbar aufrecht erhalten wird, entfällt, wie bei vollständiger Aufgabe des Betriebszwecks im Wege der bloßen Betriebszweckänderung, die zwingende Tarifnormwirkung. Dieser Verlust der zwingenden Wirkung des Tarifvertrags entspricht nicht dem durch das TVG verfolgten Regelungsziel. Soweit der ursprüngliche Betriebszweck mittelbar fortgeführt wird, muß auch die zwingende Wirkung des Tarifvertrags erhalten bleiben. Anderenfalls könnte der Arbeitgeber mit der Umstrukturierung seines Unternehmens, ohne den bisherigen Betriebszweck aufzugeben, einseitig die zwingende Wirkung des Tarifvertrags beseitigen. Die einseitige Beendigung der Tarifwirkung soll für die Arbeitsvertragsparteien aber gerade nicht möglich sein (vgl. § 3 Abs. 3 TVG). Die Normen des Tarifvertrags sollen unabhängig vom Willen der Arbeitsvertragsparteien für alle Arbeitsverhältnisse zwingend gelten, bei denen die Voraussetzungen dafür vorliegen. Insbesondere soll sich der Arbeitgeber der zwingenden Wirkung des Tarifvertrags vor dem regelmäßigen Ablauf der aktuellen Tarifgebundenheit nicht entziehen können. Eine vorzeitige Beendigung der zwingenden Tarifwirkung wird nur zugelassen, wenn die Voraussetzungen von § 4 Abs. 1 TVG nicht mehr vorliegen.

Die Betriebszweckverlagerung führt zwar dazu, daß der dann gegebene Sachverhalt nicht mehr unter den Tatbestand von § 4 Abs. 1 TVG zu subsumieren ist. Es fehlt am Unterfallen unter den fachlichen Geltungsbereich. Wenn der Betriebszweck mittelbar fortgeführt wird, bleiben jedoch die Voraussetzungen für das Unterfallen unter den fachlichen Geltungsbereich und damit für die zwingende Geltung des Tarifvertrags wertungsmäßig erhalten. Demzufolge sollte dem Arbeitgeber auch in diesem Fall die Möglichkeit der einseitigen Beendigung der zwingenden Tarifnormwirkung verwehrt werden. Daher ist unter Anwendung allgemeiner Rechtsprinzipien ein Ausgleich hinsichtlich des fehlenden Tatbestandsmerkmals des Unterfallens unter den fachlichen Geltungsbereich des Tarifvertrags zu schaffen. Auf diese Weise kann der bestehende Wertungswiderspruch in Bezug auf die zwingende Wirkung Tarifnormen aufgelöst werden.[229]

II. Einführung von Arbeitnehmerüberlassung als Voraussetzung der Tarifflucht

Das Problem der „Tarifflucht" ergibt sich aber nur, wenn sich durch den Einsatz der Arbeitnehmer in den wirtschaftlich verbundenen Unternehmen der Betriebszweck des die Arbeitnehmer entsendenden Unternehmens tatsächlich ändert. Nur unter dieser Voraussetzung kann der ursprünglich verfolgte Betriebszweck auf andere Unternehmen verlagert werden. Anderenfalls verbleibt der Betriebszweck bei dem die Arbeitnehmer entsendenden Unternehmen selbst. Dann wird auch die zwingende Wirkung des bis dahin anwendbaren Tarifvertrags nicht beendet. Mithin ist vorab zu klären, unter welchen Voraussetzungen der alte Betriebszweck durch den der Arbeitnehmerüberlassung abgelöst wird.

229 Das Problem der Tarifflucht stellt sich nicht nur in Deutschland. Je nach Ausgestaltung des Tarifvertragssystems ergeben sich verschiedene Möglichkeiten, der Anwendung des geltenden Tarifvertrags vorzeitig zu entgehen. In den USA z.B. werden Tarifverträge häufig nicht für das ganze Unternehmen, sondern lediglich für einzelne Betriebe oder Betriebsstätten abgeschlossen. Verlagert der Arbeitgeber die Arbeit auf einen anderen neu gegründeten Betrieb, kann er dadurch die Geltung des Tarifvertrags nachträglich umgehen. Diesem Vorgehen wird von der Rechtsprechung entgegengewirkt. Besteht zwischen den Betrieben eine vollständige funktionelle Integration, gilt der Tarifvertrag auch für den neu gegründeten Betrieb. Das hat der Court of Appeals for the 2nd Circuit (NLRB v. Coca Cola Bottling Comany of Buffalo, 162 LRRM 2321 v. 3.9.1999) für den Fall entschieden, daß der neu gegründete Betrieb im engen Zusammenhang mit dem bestehenden Betrieb arbeitet, ein wechselseitiger Austausch des Personals stattfindet und die Funktionen identisch sind. Diese Rechtsprechung kann jedoch auf den Tatbestand der Verlagerung des Betriebszwecks mittels Einführung von Arbeitnehmerüberlassung nicht übertragen werden. Zwar können in Bezug auf die Umgehung der Geltung des Tarifvertrags Parallelen hinsichtlich einer tarifvertraglichen Identität der Unternehmen gezogen werden. Der entscheidende Unterschied liegt aber darin, daß bei der Verlagerung des Betriebszwecks die Arbeitnehmerüberlassung zwischengeschaltet ist. Der Betriebszweck ist im Verleihunternehmen und in den Entleihunternehmen unterschielich. Daher werden schon deshalb die Voraussetzungen für die Geltung des Tarifvertrags bei der Verlagerung des Betriebzwecks andere sein, als in dem vom Court of Appeals for the 2nd Circuit entschiedenen Fall.

1. Arbeitnehmerüberlassung als Hauptzweck

Die Zuordnung zum fachlichen Geltungsbereich richtet sich nach der das Unternehmen kennzeichnenden Geschäftstätigkeit.[230] Daher ist es erforderlich, daß der ursprünglich verfolgte Betriebszweck soweit aufgegeben wird, daß der neue Betriebszweck das Unternehmensgepräge überwiegend[231] gestaltet. Die Überlassung der Arbeitnehmer an die wirtschaftlich verbundenen Unternehmen muß also der vom Verleihunternehmen verfolgte Hauptzweck werden.

2. Mitbestimmungsrechte des Betriebsrats

Ob die Arbeitnehmerüberlassung Hauptzweck des Unternehmens wird, unterliegt allein der Entscheidungsmacht der Unternehmensleitung des Verleihunternehmens. Insbesondere sind der Einführung der Arbeitnehmer-überlassung durch die gesetzlich festgelegten Mitbestimmungsrechte des Betriebsrats[232] keine Grenzen gesetzt.

In der Unternehmensumgestaltung durch Einführung von Arbeitnehmerüberlassung liegt eine Betriebszweckänderung[233] im Sinne von § 111 Nr. 4 BetrVG. Daher sind zum einen Mitbestimmungsrechte eines bestehenden Betriebsrats in Bezug auf die Einführung der Arbeitnehmer-überlassung als Hauptzweck des Unternehmens zu berücksichtigen. Mitbestimmungsrechte bestehen diesbezüglich aber nur, soweit es um die Sozialplanmitbestimmung geht.[234] Die Umstellung des Gegenstands der Betriebstätigkeit bedarf keiner Zustimmung des Betriebsrats. Der Unternehmer muß den Betriebsrat gem. § 111 BetrVG lediglich über die geplante Betriebsänderung rechtzeitig und umfassend unterrichten und die geplante Betriebsänderung mit dem Betriebsrat beraten. Ziel der Beteiligung des Betriebsrats ist das Zustandekommen eines Interessenausgleichs. Erreichen Unternehmer und Betriebsrat hierüber keine Einigung, kann der Unternehmer die geplante Betriebsänderung trotzdem durchführen. Der Betriebsrat kann die Betriebsänderung mithin nicht verhin-

---

230 *Gamillscheg*, Kollektives Arbeitsrecht I, § 17 III 1 a), S. 741.

231 Vgl. BAG AP Nr. 3, 10 zu § 1 TVG Tarifverträge: Bau; AP Nr. 21 zu § 4 TVG Geltungsbereich.

232 Zur Rechtsprechung des BAG bzgl. der Mitbestimmung bei Betriebsänderungen nach §§ 111 ff. BetrVG vgl. *Steffan*, NZA 2000, 337 ff.

233 Zu den Voraussetzungen einer Betriebszweckänderung vgl. *Fitting/Kaiser/Heither/Engels*, BetrVG, § 111, Rdnr. 93.

234 *Richardi*, BetrVG, § 111, Rdnr. 141.

dern. Ihm kommt insoweit nur ein Mitwirkungsrecht zu.[235] Selbst die Verletzung dieses Beteiligungsrechts des Betriebsrats durch den Unternehmer hat keinen Einfluß auf die Wirksamkeit der Betriebsänderung. Dem einzelnen Arbeitnehmer steht dann aber unter Umständen ein Anspruch auf Nachteilsausgleich gem. § 113 Abs. 3 BetrVG zu.

Darüber hinaus bestehen gem. §§ 95, 99 BetrVG Mitbestimmungsrechte des Betriebsrats hinsichtlich der personellen Einzelmaßnahmen. Die Umwandlung eines Stammarbeitsverhältnisses in ein Leiharbeitsverhältnis ist eine Versetzung im Sinne von § 95 Abs. 3 S. 1 BetrVG.[236] Sie unterliegt daher regelmäßig der Mitbestimmung des Betriebsrats des Verleihunternehmens gem. § 99 BetrVG. Zu beachten ist, daß das Mitbestimmungsrecht nach § 99 BetrVG aber nicht mehr bei der Zuweisung zu den wechselnden Arbeitsstellen ausgelöst wird. Insoweit mangelt es am Tatbestand der Versetzung. Gem. § 95 Abs. 3 S. 2 BetrVG gilt die Bestimmung des jeweiligen Arbeitsplatzes nicht als Versetzung, wenn die Arbeitnehmer nach der Eigenart ihres Arbeitsverhältnisses üblicherweise nicht ständig an einem bestimmten Arbeitsplatz beschäftigt werden. Diese Voraussetzung ist bei Leiharbeitsverhältnissen gegeben. Leiharbeitnehmer werden üblicherweise an ständig wechselnden Arbeitsplätzen eingesetzt.

Neben dem Mitbestimmungsrecht des Betriebsrats des Verleihunternehmens gem. § 99 BetrVG besteht zusätzlich ein Mitbestimmungsrecht des Betriebsrats des Entleihunternehmens nach § 14 Abs. 3 AÜG i.V.m. § 99 BetrVG.

Die Mitbestimmungsrechte hinsichtlich der personellen Einzelmaßnahmen befähigen einen Betriebsrat aber ebenfalls nicht dazu, die Einführung rechtmäßiger Arbeitnehmerüberlassung zu unterbinden. Denn der Betriebsrat kann die Zustimmung zu der geplanten personellen Maßnahme nur verweigern, wenn die in § 99 Abs. 2 BetrVG aufgeführten Gründe vorliegen. Andernfalls wird das Arbeitsgericht die erforderliche Zustimmung auf Antrag des Arbeitgebers ersetzen.

3. Arbeitnehmerüberlassung im Sinne des AÜG

Damit der Hauptzweck eines Unternehmens in der Arbeitnehmerüberlassung liegt, ist darüber hinaus erforderlich, daß die Entsendung der Arbeitnehmer eine Arbeitnehmerüberlassung im Sinne des AÜG darstellt. Denn nur beim Vorliegen der Voraussetzungen der Arbeitnehmerüberlassung bildet die Entsen-

---

[235] *Richardi*, BetrVG, § 112, Rdnr. 3.

[236] *Schüren*, AÜG, § 14, Rdnr. 273.

dung der Arbeitnehmer einen eigenen, nicht vom entsprechenden Einsatzbereich der Arbeitnehmer abhängigen Betriebszweck. Nur in diesem Fall wird mit der Entsendung der Arbeitnehmer nicht mehr der bisher bestehende Betriebszweck gefördert, sondern wandelt sich der Betriebszweck in die Erbringung einer Dienstleistung. Zur Abgrenzung ist es erforderlich, auf die einzelnen Voraussetzungen der Arbeitnehmerüberlassung näher einzugehen. Insbesondere müssen die Besonderheiten miteinander wirtschaftlich verbundener Unternehmen berücksichtigt werden.
Besitzt der Arbeitgeber nicht die erforderliche Erlaubnis zur Arbeitnehmerüberlassung, greift zudem die Vorschrift des § 10 AÜG ein. Danach wird das Bestehen eines Arbeitsverhältnisses zwischen Entleiher und Leiharbeitnehmer fingiert. Das Arbeitsverhältnis zum Verleihunternehmen ist dann gem. § 9 Nr. 1 AÜG unwirksam. Bei fehlender Erlaubnis zur Arbeitnehmerüberlassung besteht also zwischen Verleiher und Leiharbeit-nehmer kein Arbeitsverhältnis mehr, dessen Inhalt durch den ursprünglich anwendbaren Tarifvertrag geregelt werden könnte. Folglich stellt sich auch hier das Problem der „Flucht" aus dem fachlichen Geltungsbereich nicht mehr. Daher ist außerdem zu klären, wann die Arbeitnehmerüberlassung erlaubnispflichtig ist.

a) Allgemeine Voraussetzungen der Arbeitnehmerüberlassung

Arbeitnehmerüberlassung liegt vor, wenn ein Arbeitgeber (Verleiher) seine Arbeitnehmer einem Dritten (Entleiher) aufgrund eines Überlassungsvertrags[237] überläßt und der Dritte die Arbeitnehmer in seinem Betrieb nach seinen Weisungen einsetzt. Dabei wird der Verleiher durch die Zurverfügungstellung seiner Arbeitnehmer nicht in dem Wirtschaftsbereich tätig, in welchem die Leiharbeitnehmer letztlich eingesetzt werden. Vielmehr erbringt er eine Dienstleistung an den Entleiher. Hat demnach ein Arbeitgeber seine Arbeitnehmer ursprünglich selbst in einem von der Arbeitnehmerüberlassung verschiedenen Wirtschaftsbereich beschäftigt und verleiht er sie nunmehr überwiegend an Dritte, so ändert er dadurch den Betriebszweck seines Unternehmens.

Zu beachten ist, daß nicht jeder drittbezogene Personaleinsatz eine Arbeitnehmerüberlassung darstellt[238] und zu einer Betriebszweckänderung führen kann. Insoweit ist die Arbeitnehmerüberlassung von Dienst- und Werkverträgen und sonstigen Verträgen der Arbeitsleistung an Dritte abzugrenzen.[239] Der Abschluß und die Durchführung dieser Verträge erfolgt im Rah

237 BAG, SAE 1999, 81, 82.

238 BAGE 77, 102, 111; 80, 46, 52; vgl. auch *Stoffels*, ZfA 1999, S. 49 ff.

239 BAGE 72, 255, 265; 67, 124, 137; BAG, NZA 2001, 259, 260; Zu den Abgrenzungskriterien der gewerbsmäßigen Arbeitnehmerüberlassung zum sonstigen drittbezogenen

men des vorhandenen Betriebszwecks. Der Arbeitgeber geht mit Hilfe dieser Verträge seinem bestehenden Betriebszweck nach. Er setzt seine Arbeitnehmer im anderen Unternehmen zur Verfolgung seines eigenen (nicht in der Arbeitnehmerüberlassung liegenden) Betriebszwecks ein. Auch wenn die Arbeitnehmer ausschließlich aufgrund derartiger Verträge in anderen Unternehmen beschäftigt werden, kann dieser Umstand demzufolge, im Unterschied zur Arbeitnehmerüberlassung, keine Änderung des Betriebszwecks bedingen.

b) Gewerbsmäßigkeit der Arbeitnehmerüberlassung

Eine Änderung des Betriebszwecks durch die Einführung von Arbeitnehmerüberlassung ist nicht davon abhängig, ob die Arbeitnehmerüberlassung gewerbsmäßig im Sinne des AÜG betrieben wird.

Gewerbsmäßigkeit ist gegeben, wenn es sich um eine selbständige Tätigkeit des verleihenden Unternehmens handelt, die Verleihertätigkeit eine auf Dauer angelegte Tätigkeit ist und der Verleiher mit Gewinnerzielungsabsicht handelt.[240] Damit die Voraussetzungen einer Betriebszweck-änderung vorliegen, darf jedoch lediglich das Merkmal der Gewinnerzielungsabsicht fehlen. Selbständigkeit und Dauerhaftigkeit der Tätigkeit müssen gegeben sein. Dies ergibt sich unter näherer Betrachtung der Tatbestandsmerkmale der Gewerbsmäßigkeit.[241]

aa) Selbständige Tätigkeit

Selbständigkeit der Tätigkeit bedeutet, daß der Verleiher für eigene Rechnung und im eigenen Namen handeln muß.[242] Das Vorliegen dieses Tatbestands-

---

Personaleinsatz vgl. *Schaub*, NZA 1985, Beil. Nr. 3, S. 1 ff.; *Marschner*, NZA 1995, 668 ff. j.m.w.N.; vgl. ferner *Ritzberger-Moser/Strasser*, Abgrenzung der Arbeitnehmerüberlassung vom drittbezogenen Personaleinsatz aufgrund eines Werkvertrags, 1992; *Rosenstein*, Die Abgrenzung der Arbeitnehmerüberlassung vom Fremdfirmeneinsatz aufgrund Werkvertrags; *Hamann*, Erkennungsmerkmale der illegalen Arbeitnehmerüberlassung in Form von Scheindienst- und Scheinwerkverträgen.

240 *Ulber*, AÜG, § 1, Rdnr. 149, 151, 154; zu den Voraussetzungen der gewerbsmäßigen Arbeitnehmerüberlassung vgl. auch *Ritzberger-Moser/Strasser*, Abgrenzung der Arbeitnehmerüberlassung vom drittbezogenen Personaleinsatz aufgrund eines Werkvertrags, § 2 B I, S. 20 ff.

241 Der Begriff der Gewerbsmäßigkeit ist nach h.M. in Rechtsprechung und Literatur im gewerberechtlichen Sinne zu verstehen. Vgl. nur *Ulber*, AÜG, § 1, Rdnr. 148 m.w.N.

242 *Schüren*, AÜG, § 1, Rdnr. 286 ff.; a.A.: *Ulber*, AÜG, § 1, Rdnr. 149. Nach seiner Ansicht

merkmals ist für eine Betriebszweckänderung durch die Betreibung von Arbeitnehmerüberlassung insofern von Bedeutung, als ein in fremden Namen handelnder Arbeitgeber keine Arbeitnehmerüberlassung betreibt. Jener handelt nur als Vertreter des Arbeitnehmerüberlassung betreibenden Arbeitgebers. Eine Betriebszweckänderung ist daher nur gegeben, wenn von einer selbständigen Tätigkeit des Verleihers auszugehen ist.

bb) Dauerhaftigkeit

Das Merkmal der Dauerhaftigkeit ist weit auszulegen.[243] Dauerhaft ist die Überlassung immer, wenn sie nicht nur gelegentlich, zufällig oder auf vorübergehende Zeit erfolgt.[244] Für das Vorliegen einer Betriebszweckänderung muß auch diese Voraussetzung der Gewerbsmäßigkeit erfüllt sein. Denn nur durch die überwiegende und dauerhafte Überlassung von Arbeitnehmern wird die Arbeitnehmerüberlassung zum Hauptzweck des Unternehmens. Bei der nur gelegentlichen Entsendung von Arbeitnehmern, auch wenn diese zeitweise überwiegend erfolgt, fehlt es an der Aufgabe des bisherigen Betriebszwecks, denn die Arbeitnehmer werden auf absehbare Zeit wieder im eigenen Betrieb eingesetzt.

cc) Gewinnerzielungsabsicht

Dritte Voraussetzung für die Gewerbsmäßigkeit der Arbeitnehmerüberlassung ist die Absicht des Verleihers, durch die Überlassung seiner Arbeitnehmer an Dritte Gewinne zu erzielen.[245] Die Gewinnerzielungsabsicht ist jedoch für das Vorliegen einer Betriebszweckänderung nicht erforderlich. Arbeitnehmerüber-

---

ist es nicht erforderlich, daß der Verleiher im eigenen Namen handelt. Dem kann nur insoweit zugestimmt werden, als abstrakt auf die Selbständigkeit einer Tätigkeit Bezug genommen wird. Derjenige, der in fremden Namen aber auf eigene Rechnung handelt, führt eine selbständige Tätigkeit durch. Er betreibt aber nicht selbständig Arbeitnehmerüberlassung. Arbeitnehmerüberlassung kann nur der Arbeitgeber der zu überlassenden Arbeitnehmer betreiben.

243 *Ulber*, AÜG, § 1, Rdnr. 151.

244 *Schüren*, AÜG, § 1, Rdnr. 299. Zur Frage der Wiederholungsabsicht vgl. *Schüren*, AÜG, § 1, Rdnr. 300, *Ulber*, AÜG, § 1, Rdnr. 151 j.m.w.N. und *Schaub*, NZA 1985, Beil. Nr. 3, S. 1, 2.

245 Vgl. *Schaub*, NZA 1985, Beil. Nr. 3, S. 1, 2; *Schüren*, AÜG, § 1, Rdnr. 309; *Ulber*, AÜG, § 1, Rdnr. 154; *Niebler/Biebl/Ulrich*, Arbeitnehmerüberlassungsgesetz, 2.4.2.1.1., Rdnr. 101 ff., S. 47 f.

lassung kann „überwiegend" betrieben werden, auch wenn damit keine Gewinne erzielt werden sollen. Sie erfolgt in diesen Fällen *nur* nicht gewerbsmäßig. Im Hinblick auf die Gewinnabschöpfung durch das Verleihunternehmen ergibt sich jedoch die Frage, ob eine Gewinnerzielungsabsicht und damit die Gewerbsmäßigkeit der Arbeitnehmerüberlassung immer anzunehmen ist, wenn zwischen dem Verleih- und den Entleihunternehmen Gewinnabführungsverträge bestehen. Eine Gewinnerzielungsabsicht liegt bereits vor, wenn der Verleiher mit der Überlassung seiner Arbeitnehmer zumindest die Erreichung mittelbarer Vorteile anstrebt.[246] Hierfür genügt z.B. die Absicht, durch die Überlassung von Arbeitnehmern Verluste innerhalb des eigenen Unternehmens zu minimieren.[247]

Für die Bejahung eines, wenn auch nur mittelbaren, wirtschaftlichen Vorteils ist es jedoch nicht ausreichend, wenn neben den aufgrund der Gewinnabführungsverträge erzielten Einnahmen keine weiteren aus der Arbeitnehmerüberlassung herrührenden wirtschaftlichen Gewinne erlangt werden sollen.[248] Der wirtschaftliche Vorteil, der aufgrund der Gewinnabführungsverträge erzielt wird, steht mit der Arbeitnehmerüberlassung in keinem kausalen Zusammenhang. Sinn der Einbeziehung der mittelbaren Vorteile beim Tatbestandsmerkmal der Gewinnerzielungsabsicht ist die Vermeidung der Umgehung der Anwendbarkeit des AÜG, indem durch bestimmte Unternehmenskonstruktionen nur indirekt Gewinne erzielt werden. Dieser Sinn wird aber bei der Erzielung wirtschaftlicher Vorteile durch Gewinnabführungsverträge nicht tangiert. Das berechtigte Verleihunternehmen würde den Gewinn auch ohne Arbeitnehmerüberlassung vom verpflichteten Entleihunternehmen abschöpfen.[249] Daher ist von dem Abschluß von Gewinnabführungsverträgen nicht auf das Vorliegen einer Gewinnerzielungsabsicht zu schließen.

dd) Erlaubnispflicht

Wird die Arbeitnehmerüberlassung gewerbsmäßig, d.h. mit Gewinnerzielungsabsicht betrieben, ist die Erlaubnis[250] der Bundesanstalt für Arbeit nach §§ 1

[246] *Schüren*, AÜG, § 1, Rdnr. 315.

[247] *Schüren*, AÜG, § 1, Rdnr. 314; *Ulber*, AÜG, § 1, Rdnr. 154.

[248] Es kommt nicht darauf an, daß etwaige wirtschaftliche Vorteile tatsächlich erlangt werden. Maßgebend ist lediglich die Absicht des Verleihers, Gewinne zu erzielen. (*Ulber*, AÜG, § 1, Rdnr. 154.)

[249] LAG Köln, NZA-RR 1997, 244, 245.

[250] Für die Erlaubnispflicht kommt es nicht darauf an, daß die Arbeitnehmerüberlassung den Hauptzweck des Unternehmens darstellt. (*Ritzberger-Moser/Strasser*, Abgrenzung der Arbeitnehmerüberlassung vom drittbezogenen Personaleinsatz aufgrund eines Werkvertrags, § 2 B I, S. 23.)

Abs. 1 S. 1, 17 AÜG erforderlich. Die Einholung dieser Erlaubnis ist an keine besonderen Voraussetzungen geknüpft. Sie ist zu erteilen, wenn keine Versagungsgründe gegeben sind. Insbesondere muß der Unternehmer die für die Ausübung der Arbeitnehmerüberlassung erforderliche Zuverlässigkeit besitzen. Diese Voraussetzungen werden im Regelfall gegeben sein, so daß die Erlaubnis zur Arbeitnehmerüberlassung ohne Schwierigkeiten zu erlangen ist.

Unterläßt der Arbeitgeber die Einholung der erforderlichen Erlaubnis, betreibt er illegale[251] Arbeitnehmerüberlassung, die in mehrfacher Hinsicht durch das Gesetz reglementiert wird. Bedeutsam für den Tatbestand der Betriebszweckverlagerung ist dabei die Vorschrift des § 10 Abs. 1 S. 1 TVG. Bei fehlender Erlaubnis zur gewerbsmäßigen Arbeitnehmerüberlassung wird zu den in § 10 AÜG[252] festgelegten Bedingungen ein Arbeitsverhältnis zwischen Leiharbeitnehmer und Entleiher[253] fingiert.[254] Die Verträge zwischen Verleiher und Entleiher und zwischen Verleiher und Leiharbeitnehmer sind gem. § 9 AÜG unwirksam. Es besteht also kein Arbeitsverhältnis zum Verleihunternehmen mehr. Mithin stellt sich dann die Frage nach einer Korrektur der Rechtsfolge hinsichtlich der Beendigung der zwingenden Tarifwirkung gem. § 4 Abs. 1 TVG nicht mehr.

Da aber auch die nichtgewerbsmäßige Arbeitnehmerüberlassung Betriebszweck eines Unternehmens sein kann, ist es möglich, daß eine Betriebsumstrukturierung durch die Einführung von Arbeitnehmerüberlassung durchgeführt wird, ohne daß dafür eine Erlaubnis nach dem Arbeitnehmerüberlassungs

---

251 Zum Begriff der illegalen Arbeitnehmerüberlassung vgl. *Ritzberger-Moser*, Abgrenzung der Arbeitnehmerüberlassung vom drittbezogenen Personaleinsatz aufgrund eines Werkvertrags, § 2 B III, S. 31 ff.

252 Zur Fiktionswirkung nach § 10 AÜG vgl. *Ritzberger-Moser/Strasser*, Abgrenzung der Arbeitnehmerüberlassung vom drittbezogenen Personaleinsatz aufgrund eines Werkvertrages, § 1 C, S. 10 f. Hier wird ein kurzer Überblick zum Für und Wider dieser Vorschrift m.j.w.N. gegeben.

253 Nach der Entscheidung des LAG Hessen vom 06.03.2001, NZA-RR 2002, 73 ff., ist § 10 Abs. 1 S. 1 AÜG verfassungskonform dahingehend auszulegen, daß dem Arbeitnehmer ein Widerspruchsrecht gegen die Fiktion eines Arbeitsverhältnisses mit dem Entleiher zusteht.

254 Wird die Einholung der erforderlichen Erlaubnis in der Absicht unterlassen, Arbeitsverträge von einem Konzernunternehmen auf ein anderes Konzernunternehmen überzuleiten, so ist die Anwendung des § 10 AÜG problematisch. Das ArbG Köln, DB 1996, 1342, 1343, will dem Arbeitnehmer in diesen Fällen ein Widerspruchsrecht gegen den Übergang des Arbeitsverhältnisses zugestehen, denn ansonsten würde sich der Schutzzweck der Norm in sein Gegenteil verkehren. *Wrede*, DB 1996, 1343 f. und *Liebscher*, BB 1996, 801, 802, stimmen diesem Ergebnis zu.

gesetz eingeholt werden müßte. § 10 AÜG greift in diesem Fall nicht ein.

c) Beachtung der Höchstüberlassungszeit[255]

Bei der Überlassung von Arbeitnehmern ist von den Unternehmen des weiteren die vom AÜG festgelegte Höchstüberlassungszeit[256] zu beachten. Gem. § 1 Abs. 2, 2. Alt. AÜG darf die Dauer der Überlassung im Einzelfall bei der nichtgewerbsmäßigen Arbeitnehmerüberlassung 12 und gem. § 3 Abs. 1 Nr. 6 AÜG bei der gewerbsmäßigen Arbeitnehmerüberlassung 24 Monate[257] nicht übersteigen. D.h. der Arbeitgeber darf einem Entleiher denselben Leiharbeitnehmer nicht länger als 12 bzw. 24 aufeinanderfolgende Monate überlassen. Wird gegen diese zeitliche Beschränkung der Überlassung verstoßen, so ist dem Verleiher die Verlängerung der Erlaubnis zur Arbeitnehmerüberlassung zu versagen, § 3 Abs. 1 Nr. 6 AÜG. Auch kann die schon erteilte Erlaubnis gem. § 5 Abs. 1 Nr. 3 AÜG für die Zukunft widerrufen werden. Überläßt der Arbeitgeber seine Arbeitnehmer trotz der dann fehlenden Erlaubnis weiterhin an andere Unternehmen, greift wiederum die Fiktionswirkung des § 10 Abs. 1 S. 1 AÜG ein.

Weitere Folge der Überschreitung der festgelegten zeitlichen Grenze für die Überlassung der Arbeitnehmer ist das Eingreifen der in § 1 Abs. 2 AÜG aufgestellten Vermutungsregelung. Danach wird bei einem Verstoß gegen die

---

255 Zu der ab dem 01.01.2003 geltenden Rechtslage vgl. Anhang.

256 Zum Zweck der Höchstüberlassungsdauer vgl. BAG, BB 1989, 910 f.

257 Die Höchstüberlassungszeit wurde von anfangs 3 Monaten durch das Arbeitsförderungs-Reformgesetz von 1997 (BGBBl. I 1997 S. 594) zuletzt auf 12 Monate erhöht. Die erneute Verlängerung entspricht zwar den Anforderungen der Wirtschaft, ihre Auswirkungen auf die Situation der Leiharbeitnehmer im Hinblick auf ihren Sozialschutz sind jedoch eher negativ zu beurteilen. Durch die Verlängerung der Höchstüberlassungs-zeit wird keine nennenswerte Schaffung von neuen Arbeitsplätzen zu erwarten sein. Es ist vielmehr davon auszugehen, daß dadurch eine Verlagerung von vorhandenen Arbeitsplätzen hin zu gewerbsmäßigen Verleihern bewirkt wird. Die Arbeitnehmer verlieren so nicht nur ihren tariflichen Schutz, sondern erfahren auch eine Einschränkung ihrer betrieblichen Mitbestimmungsrechte. (*Feuerborn/Hamann*, BB 1997, 2530; vgl. auch *Düwell*, BB 1997, 46, 48.) So führt z.B. *Groeger*, DB 1998, 470, 473, im Hinblick auf die Reform des AÜG aus, daß eine „Flucht in die Arbeitnehmerüberlassung“ für Konzernunternehmen nicht außerhalb realistischer Überlegungen liegen dürfte und ein Mißbrauch der Möglichkeiten im Einzelfall einer sorgfältigen Prüfung bedarf. Mit Inkrafttreten des Job-AQTIV-Gesetzes am 01.01.2002 wurde die Höchstüberlassungsdauer für die gewerbsmäßige Arbeitnehmerüberlassung auf 24 Monate erweitert. Vgl. hierzu *Düwell*, BB 2002, 98 ff.

zulässige Überlassungsdauer vermutet[258], daß der Überlassende Arbeitsvermittlung betreibt. Dies gilt für die gewerbsmäßige (erlaubte oder unerlaubte) wie auch für die nichtgewerbsmäßige Arbeitnehmerüberlassung.[259]
Bedeutung erlangt diese Vermutungsregelung für den Tatbestand der Betriebszweckverlagerung insofern, als ein Streit darüber besteht, ob bei der vermuteten Arbeitsvermittlung nach § 1 Abs. 2 AÜG ebenso wie bei unerlaubter Arbeitnehmerüberlassung[260] ein Arbeitsvertrag zwischen Leihar-beitnehmer und Entleiher fingiert werden kann.[261] Wird das Zustandekommen eines Arbeitsverhältnisses des Leiharbeitnehmers mit dem Entleiher bejaht, bestünde schon mit dem Zeitpunkt der Überschreitung der Höchstüberlassungs-zeit kein Arbeitsverhältnis mit dem Verleiher mehr. Auf die Beibehaltung der zwingenden Wirkung des Tarifvertrags käme es mithin schon ab diesem Zeitpunkt nicht mehr an. Das BAG[262] hat aber nunmehr zu Recht entschieden, daß zwischen Leiharbeitnehmer und Entleiher kein Arbeitsverhältnis mehr entsteht. Es wird zutreffend festgestellt, daß es dafür nach der Streichung des § 13 AÜG an einer gesetzlichen Grundlage fehle. Die Fiktion eines Arbeitsverhältnisses lasse sich weder mit § 1 Abs. 2 AÜG allein noch mit einer entsprechenden Anwendung des § 10 Abs. 1 AÜG begründen. Die Fiktionswirkung des § 10 Abs. 1 S. 1 AÜG kann also erst zu dem Zeitpunkt eingreifen, an dem der Verleiher seine Arbeitnehmer ohne wirksame Erlaubnis verleiht. Es muß ihm also entweder die schon erteilte Erlaubnis für die Zukunft entzogen oder ihre Verlängerung versagt worden sein.

---

258 Zur Widerlegung der Vermutung insgesamt vgl. *Schüren*, AÜG, § 1, Rdnr. 573 ff. Bei Überschreitung der Höchstüberlassungszeit kann die Vermutung nur bei der nichtgewerbsmäßigen Arbeitnehmerüberlassung widerlegt werden (BAG, NZA 1991, 269; darauf eingehend vgl. *Niebler/Biebl/Ulrich*, Arbeitnehmerüberlassungsgesetz, 2.4.3.4.2., Rdnr. 163, S. 60); bei der gewerbsmäßigen Arbeitnehmerüberlassung ist die gesetzliche Vermutung der Arbeitsvermittlung nach dem BAG (NZA 1989, 812) nicht möglich. Begründet wird dies mit dem Sozialschutz der Arbeitnehmer.

259 *Ulber*, AÜG, § 1, Rdnr. 201; *Niebler/Biebl/Ulrich*, Arbeitnehmerüberlassungsgesetz, 2.4.3.4.1., Rdnr. 145, S. 57.

260 Zum Konkurrenzverhältnis beim Zusammentreffen von vermuteter Arbeitsvermittlung und unerlaubter Arbeitnehmerüberlassung vgl. *Düwell* in: Kasseler Handbuch zum Arbeitsrecht II, 4.5 C IV 3, Rdnr. 309 f., S. 623 f. Hierbei ist umstritten, ob sich die Fiktion des Arbeitsverhältnisses zwischen Entleiher und Leiharbeitnehmer aus § 10 AÜG oder aufgrund der Vermutungsregelung des § 1 Abs. 2 AÜG ergibt.

261 Gegen die Fiktion eines Arbeitsverhältnisses zwischen Leiharbeitnehmer und Entleiher sprechen sich z.B. *Groeger*, DB 1998, 470, 471 und *Wank*, in: Erfurter Kommentar zum Arbeitsrecht, § 13 AÜG, Rdnr. 3, aus. *Hamann*, BB 1999, 1654 ff., *Düwell*, in: Kasseler Handbuch zum Arbeitsrecht II, 4.5 IV 4, Rdnr. 314, S. 624 und *Ulber*, AÜG, § 13, Rdnr. 2 ff., hingegen befürworten die Fiktionswirkung auch für den Fall der vermuteten Arbeitsvermittlung.

262 NZA 2000, 1160 ff.

d) Konzerninterne Arbeitnehmerüberlassung

Wenn das Verleihunternehmen in der Lage ist, den von den Entleihunternehmen erwirtschafteten Gewinn abzuschöpfen, wird regelmäßig ein Abhängigkeitstatbestand im Sinne von § 17 AktG gegeben sein. Anderenfalls bestünde für die Entleihunternehmen keine Veranlassung, ihren Gewinn an das Verleihunternehmen abzuführen. Von einem abhängigen Unternehmen wird gem. § 18 Abs. 1 S. 3 AktG vermutet, daß es mit dem herrschenden Unternehmen einen Konzern bildet. Dementsprechend ist weiterhin davon auszugehen, daß zwischen dem Verleih- und den Entleihunternehmen in der Regel ein Konzernverhältnis bestehen wird. Somit sind für den Tatbestand der Betriebszweckverlagerung außerdem die Voraussetzungen der konzerninternen Arbeitnehmerüberlassung von Bedeutung.

Die Überlassung von Arbeitnehmern ist innerhalb eines Konzerns[263] möglich. Sie kann zwischen zwei abhängigen Konzernunternehmen wie zwischen dem herrschenden Unternehmen und einem abhängigen Konzernunternehmen erfolgen. Dabei ist es ohne Bedeutung, welche Konzernstruktur gegeben ist und ob die Konzernunternehmen dem gleichen Wirtschaftszweig angehören.[264] Aber auch hier ist danach zu unterscheiden, ob Arbeitnehmerüberlassung oder ein sonstiger drittbezogener Personaleinsatz, der regelmäßig zu keiner Betriebszweckänderung führen kann, vorliegt. Darüber hinaus liegt keine Arbeitnehmerüberlassung vor, wenn die Entsendung der Arbeitnehmer in einen Gemeinschaftsbetrieb[265] der Konzernunternehmen erfolgt oder der „Entleiher"[266] über keine eigene vom „Verleiher" unabhängige Betriebsorganisation verfügt.[267]

---

263 Zu den Voraussetzungen konzerninterner Arbeitnehmerüberlassung vgl. BAG, SAE 1999, 81 ff. m.Anm. Windbichler. Zum Konzernvorbehalt (§ 1 Abs. 3 Nr. 2 AÜG) vgl. *Niebler/Biebl/Ulrich*, Arbeitnehmerüberlassungsgesetz, 2.4.5.2., Rdnr. 191 ff., S. 66 f.; *Liebscher*, BB 1996, 801 f. Die Ausnahmeregelung von § 1 Abs. 3 Nr. 2 AÜG gilt für die Fälle, in denen die Arbeitnehmerüberlassung nur vorübergehend und damit nicht gewerbsmäßig erfolgt. Hier sind die Vorschriften des AÜG nicht anwendbar. Da eine Betriebszweckänderung nur gegeben sein wird, wenn die Arbeitnehmerüberlassung dauerhaft erfolgt, ist die Regelung des § 1 Abs. 3 Nr. 2 AÜG für die hier zu behandelnde Problematik ohne Bedeutung, so daß nicht näher darauf eingegangen wird.

264 *Hantl-Unthan*, AR-Blattei, SD 1840, Rdnr. 30; *Schüren*, AÜG, § 1, Rdnr. 739; *Schaub*, Arbeitsrechts-Handbuch, § 120 I 2 c), Rdnr. 10, S. 1239.

265 Zu den Voraussetzungen des Bestehens eines gemeinsamen Betriebs vgl. *Wiese*, FS Gaul, S. 561 ff.; *Fromen*, FS Gaul, S. 151 ff.; *Windbichler*, Arbeitsrecht im Konzern, S. 286 ff.

266 Ein Leiharbeitsverhältnis liegt hier gerade nicht vor.

267 BAG, SAE 1999, 81 ff. = NZA 1998, 876 ff.; vgl. auch *Gaul*, BB 1996, 1224.

aa) Entsendung der Arbeitnehmer in einen Gemeinschaftsbetrieb

Bei der Entsendung von Arbeitnehmern in einen von den Konzernunternehmen gebildeten Gemeinschaftsbetrieb[268] liegt keine Arbeitnehmerüberlassung vor, weil die Arbeitnehmer an keinen „Dritten“ überlassen werden. Entleiher kann lediglich derjenige sein, der selbst auch Verleiher sein kann[269]; d.h. er muß selbst Arbeitgeber sein können. Als Arbeitgeber kommt wiederum nur eine natürliche oder eine juristische Person in Betracht.[270] Ein von den Konzernunternehmen gebildeter Gemeinschaftsbetrieb ist aber weder das eine noch das andere. Obwohl die beteiligten, rechtlich selbständigen Unternehmen den gemeinsamen Betrieb leiten und beherrschen, ist dieser selbst rechtlich unselbständig und kann nicht als Entleiher[271] der Arbeitnehmer fungieren. Die rechtliche Unselbständigkeit des Gemeinschaftsbetriebs basiert darauf, daß die Bildung eines gemeinsamen Betriebs eine Leitungsvereinbarung[272] zwischen den beteiligten Unternehmen voraussetzt. Die Unternehmen verfolgen damit einen gemeinsamen Zweck und bilden so in der Regel eine Gesellschaft bürgerlichen Rechts gem. §§ 705 ff. BGB.[273] Da aber eine GbR keine juristische Person ist[274], scheidet sie selbst als möglicher Entleiher aus.[275] Wird ein Betrieb in der Organisationsform einer GbR betrieben, so sind vielmehr die einzelnen Gesellschafter Arbeitgeber.[276] Gesellschafter der GbR sind hier jedoch die den gemeinsamen Betrieb führenden Konzernunternehmen und diese können ihre Arbeitnehmer nicht an sich selbst verleihen. An diesem Ergebnis ändert sich auch nichts dadurch, daß der BGH[277] nunmehr die Rechts- und Parteifähigkeit der GbR anerkannt hat. Weil Arbeitgeber und Gesellschafter der GbR identisch sind, werden die Arbeitnehmer durch die Beschäftigung im Gemeinschafts-

---

268 Aber auch bei der gemeinschaftlichen Betriebsführung ist eine Tarifumgehung nicht ausgeschlossen. *Windbichler*, Arbeitsrecht im Konzern, § 11 II 1, S. 447; *Hadding*, Anm. zu BAG AP Nr. 14 zu § 1 TVG Tarifverträge: Bau.

269 *Schüren*, AÜG, § 1, Rdnr. 43.

270 *Preis* in: Erfurter Kommentar zum Arbeitsrecht, § 611 BGB, Rdnr. 222.

271 Zum Entleiherbegriff vgl. *Bauer*, BB 1990, 1265 ff. und Erwiderung von *Schubel*, BB 1990, 2118, jeweils m.w.N.

272 BAG, DB 1987, 1539; 89, 127; vgl. auch *Gaul*, BB 1996, 1224; *Richardi* in: Münchener Handbuch zum Arbeitsrecht I, § 30 VI 1 c), Rdnr. 39 f., S. 419.

273 *Schüren*, AÜG, § 1, Rdnr. 738.

274 *Ulmer* in: Münch-Komm, § 705 BGB, Rdnr. 8.

275 *Schüren*, AÜG, § 1, Rdnr. 43.

276 *Preis* in: Erfurter Kommentar zum Arbeitsrecht, § 611 BGB, Rdnr. 222; vgl. auch *Gaul*, BB 1996, 1224.

277 NJW 2001, 1056 ff.

betrieb keiner fremden Leitung unterstellt. Sie fördern keinen fremden Betriebszweck, sondern immer noch den Betriebszweck des eigenen Arbeitgebers als Gesellschafter der GbR. Daher kann auch *Ulber*[278] zugestimmt werden, wenn er ausführt, daß bei einem Gemeinschaftsbetrieb eine Arbeitnehmerüberlassung schon begrifflich ausscheidet. Die Arbeitnehmer werden im gemeinsamen Betrieb (durch ihren Vertragsarbeitgeber) *eingesetzt* und *nicht* an diesen (den gemeinsamen Betrieb) *überlassen.* Durch die Entsendung der Arbeitnehmer an einen Gemeinschaftsbetrieb kann sich der Betriebszweck des entsendenden Unternehmens mithin nicht ändern.

bb) Entsendung der Arbeitnehmer an ein selbständiges Konzernunternehmen mit keiner vom „überlassenden" Konzernunternehmen unabhängigen Betriebsorganisation

Die Voraussetzungen für das Vorliegen von Arbeitnehmerüberlassung fehlen auch in den Fällen, in denen die Arbeitnehmer zwar der Weisungsbefugnis eines selbständigen Konzernunternehmens unterstellt werden, dieses Konzernunternehmen aber keine vom entsendenden Unternehmen selbständige Betriebsorganisation besitzt.[279] Eine *Überlassung* von Arbeitnehmern ist nur gegeben, wenn der Dritte die ihm zur Verfügung gestellten Arbeitskräfte nach seinen Vorstellungen und betrieblichen Erfordernissen in seinem Betrieb wie eigene Arbeitnehmer einsetzt.[280] Setzt der Dritte die seinen Weisungen unterstellten Arbeitnehmer im Betrieb des die Arbeitnehmer „entsendenden" Unternehmens ein, so fördert er damit nicht seinen eigenen, sondern vielmehr den Betriebszweck des Vertragsarbeitgebers des Arbeitnehmers. Denn die Arbeitnehmer erfüllen dann ausschließlich Pflichten, die ihrem Arbeitgeber gegenüber anderen Arbeitgebern obliegen.[281] Der Arbeitnehmer wird in diesen Fällen nicht *überlassen.* Er wird nur den Weisungen eines anderen Arbeitgebers unterstellt. Der Vertragsarbeitgeber der „entsendeten" Arbeitnehmer überträgt also lediglich die Weisungsbefugnis auf einen Dritten. Damit ändert sich der Betriebszweck seines Unternehmens jedoch nicht.

Diese Rechtsfolge kann auch nicht durch die Vereinbarung eines § 12 AÜG entsprechenden Arbeitnehmerüberlassungsvertrags beeinflußt werden. Liegen die tatsächlichen Voraussetzungen einer wirksamen Arbeitnehmerüberlassung nicht vor, können sie nicht durch vertragliche Bestimmung ersetzt

278 AÜG, § 1, Rdnr. 252.

279 BAG, SAE 1999, 81 ff.

280 BAGE 67, 124, 137; 72, 255, 265.

281 BAG AP Nr. 16 zu § 1 AÜG.

werden. Diesbezüglich führt das BAG[282] zutreffend aus, daß über die rechtliche Einordnung eines Vertrags nur der Geschäftsinhalt entscheidet. Die von den Parteien gewünschte Rechtsfolge oder eine Bezeichnung, die dem tatsächlichen Geschäftsinhalt nicht entspricht, bleiben unberücksichtigt.

III. „Flucht“ aus dem räumlichen Geltungsbereich

Grundsätzlich kann sich das Problem der „Tarifflucht“ auch stellen, wenn der Arbeitgeber, statt den Betriebszweck des Unternehmens zu verlagern, den räumlichen Geltungsbereich des Tarifvertrags verläßt. Das Erfordernis einer Korrektur der Rechtsfolge bzgl. der Aufhebung der zwingenden Wirkung des Tarifvertrags gem. § 4 Abs. 1 TVG ergibt sich bei dieser Fallkonstellation jedoch nicht. Zwar entfällt beim Hinauswandern des Betriebs aus dem räumlichen Geltungsbereich ebenfalls die zweite Tatbestandsvoraussetzung von § 4 Abs. 1 TVG, so daß der Tarifvertrag nur noch nachwirkt. Im Gegensatz zur Verlagerung des Betriebszwecks mittels Einführung von Arbeitnehmerüberlassung folgt daraus jedoch kein Wertungswiderspruch hinsichtlich der Beendigung der zwingenden Geltung des Tarifvertrags. Der Unternehmensstandort im bisherigen räumlichen Geltungsbereich wird vollständig aufgegeben und ein neuer Standort außerhalb des räumlichen Geltungsbereichs des Tarifvertrags gewählt. An diesem Standort werden nunmehr auch die Arbeitnehmer beschäftigt. Für eine weitere zwingende Geltung des Tarifvertrags außerhalb seines räumlichen Geltungsbereichs besteht damit kein Grund.

Däubler[283] hingegen will in diesem Fall § 3 Abs. 3 TVG[284] analog anwenden. § 3 Abs. 3 TVG beinhalte den allgemeinen Grundsatz, daß Veränderungen auf der Arbeitgeberseite nicht zu einer Verschlechterung der Arbeitnehmerrechte führen dürfen. Ein ersatzloser Wegfall der Tarifgeltung würde gegen diesen Grundsatz verstoßen. Dabei verkennt *Däubler* jedoch, daß mit dem Verlust des Unterfallens unter den Geltungsbereich die Legitimationsgrundlage für die Tarifnormwirkung entfällt. Die Tarifparteien haben nur für einen bestimmten Bereich die Geltung des Tarifvertrags vereinbart. Daher kann der Tarifvertrag für einen anderen Geltungsbereich, ohne einen ergänzenden Legitimationsakt wie z.B. der Allgemeinverbindlicherklärung, keine zwingende

---

282 BAGE 67, 124, 135.

283 Tarifvertragsrecht, F I 1 c), Rdnr. 264, S. 167.

284 *Däubler* sieht das Unterfallen unter den Geltungsbereich als Voraussetzung der Tarifgebundenheit nach § 3 TVG.

Wirkung entfalten.[285] Der Unterschied zum Hinauswandern aus dem fachlichen Geltungsbereich mittels Betriebszweck-verlagerung liegt darin, daß beim „Hinauswandern" des Betriebs aus dem räumlichen Geltungsbereich der Anwendungsbereich des Tarifvertrags tatsächlich verlassen wird. Bei der Verlagerung des Betriebszwecks durch Einführung von Arbeitnehmerüberlassung unterfallen die Arbeitsverhältnisse zwar ebenfalls nicht mehr dem (fachlichen) Geltungsbereich des bis dahin geltenden Tarifvertrags. Der den fachlichen Geltungsbereich bestimmende ursprüngliche Produktionszweck wird aber mit Hilfe wirtschaftlich verbundener Unternehmen fortgeführt. Gerade hierin liegt die Frage nach dem Erfordernis der Aufrechterhaltung der zwingenden Wirkung des Tarifvertrags mittels Anwendung allgemeiner Rechtsgrundsätze begründet.

IV. „Flucht" aus dem fachlichen und räumlichen Geltungsbereich

Die Verlagerung des Betriebszwecks auf ein nicht im räumlichen Geltungsbereich des bisher geltenden Tarifvertrags befindliches Unternehmen führt ebenfalls zu keinem Wertungswiderspruch hinsichtlich der zwingenden Tarifwirkung. Auch wenn das Fehlen der Voraussetzungen für das Unterfallen unter den fachlichen Geltungsbereich des Tarifvertrags mittels allgemeiner Rechtsgrundsätze ausgeglichen werden kann, hat das keinen Einfluß auf den fehlenden räumlichen Geltungsbereich. Hier wirkt der Tarifvertrag mangels Unterfallens unter den einschlägigen räumlichen Geltungsbereich nicht mehr zwingend.

Für das Unterfallen unter den räumlichen Geltungsbereich ist ausschlaggebend, an welchem Ort die Arbeitnehmer ihre Tätigkeit schwerpunktmäßig ausüben; an welchem Ort die Betriebsstätte liegt. Auf den Sitz des Unternehmens kommt es hingegen nicht an.[286] Wenn das Verleihunternehmen mithin selbst seinen Betriebszweck außerhalb des räumlichen Geltungsbereichs fortführen würde, d.h. wenn es eine eigene Betriebsstätte außerhalb des räumlichen Geltungsbereichs hätte, in der es die Arbeitnehmer beschäftigt, führte dies ebenfalls zum Verlust der zwingenden Wirkung des bisher geltenden Tarifvertrags. Der Tarifvertrag würde also unabhängig von einer Betriebszweckänderung bzw. -verlagerung nur noch nachwirken.

[285] Ebenfalls für bloße Nachwirkung des Tarifvertrags im Fall des Verlassens des räumlichen Geltungsbereichs: *Kempen* in: Kempen/Zachert, TVG, § 3, Rdnr. 26; *Oetker* in: Wiedemann, TVG, § 3, Rdnr. 51, j.m.w.N.

[286] *Wank* in: Wiedemann, TVG, § 4, Rdnr. 124.

E. Erfordernis der Aufrechterhaltung der zwingenden Wirkung des Tarifvertrags

Bei einer Änderung des Betriebszwecks durch die Einführung von Arbeitnehmerüberlassung unter gleichzeitiger Verschiebung des ursprünglichen Betriebszwecks auf wirtschaftlich verbundene Unternehmen entsteht im Vergleich zu den Fällen der vollständigen Aufgabe des bisherigen Betriebszwecks ein Wertungswiderspruch hinsichtlich der zwingenden Wirkung des Tarifvertrags.[287]

Wird der Betriebszweck vollständig aufgegeben, ist der Verlust der zwingenden Wirkung gerechtfertigt. Da das Unternehmen dann nicht mehr im Geltungsbereich des entsprechenden Tarifvertrags tätig ist, mangelt es für die zwingende Wirkung der Tarifvertragsnormen an einer ausreichenden Legitimation durch die Tarifvertragsparteien. Für den neuen Betriebszweck haben sie die Geltung des Tarifvertrags nicht vereinbart.

Bei der über die bloße Betriebszweckänderung hinausgehenden Verlagerung des Betriebszwecks ist es hingegen so, daß der ursprüngliche Betriebszweck unter Zuhilfenahme anderer Unternehmen mittelbar aufrecht erhalten wird. Da aber der Betriebszweck entscheidend ist für das Unterfallen unter den fachlichen Geltungsbereich des Tarifvertrags und damit auch für die zwingende Wirkung des Tarifvertrags, kann der Fall der Verlagerung des Betriebszwecks hinsichtlich der Aufgabe der zwingenden Tarifnormwirkung nicht genauso behandelt werden, wie der der vollständigen Aufgabe des Betriebszwecks. Ob und wie der dann in Bezug auf den Verlust der zwingenden Tarifnormwirkung bestehende Wertungswiderspruch aufgelöst werden kann, ist unter Anwendung der allgemein geltenden Rechtsgrundsätze und -prinzipien zu ermitteln.

I. Betriebsübergang

Wenn nur ein Entleihunternehmen an Stelle des Verleihunternehmens in dem ursprünglich von diesem ausgeübten Produktionsbereich tätig ist und im Wege der Verschiebung des Betriebszwecks zudem die betriebliche Organisation vom Verleihunternehmen auf das Entleihunternehmen übergeht, ist zunächst ein Betriebsübergang in Betracht zu ziehen.[288] Insoweit stellt sich die Frage, ob die Arbeitnehmer dann nicht schon durch die Regelungen in § 613a BGB ausrei-

---

[287] Vgl. Punkt D I 4.

[288] Zum Betriebsübergang als Folge der Unternehmensumstrukturierung vgl. *Wellenhofer-Klein*, ZfA 1999, 239, 252 ff.

chend vor dem Abbau tariflicher Reglungen geschützt sind.

Der Anwendung von § 613a BGB steht das bei der Betriebszweckverlagerung zwischen Ver- und Entleihunternehmen in der Regel existierende Konzernverhältnis nicht entgegen. Ein Betriebsübergang kann zwischen den Gesellschaften des selben Konzerns erfolgen.[289] Fraglich ist aber, ob sich Betriebsübergang und wirksam vereinbarte Arbeitnehmerüberlassung ausschliessen. Rechtsfolge des Betriebsübergangs ist grundsätzlich, daß die mit dem Verleihunternehmen bestehenden Arbeitsverhältnisse auf das Entleihunternehmen übergehen.[290] Es besteht aber die Möglichkeit, daß das Verleihunternehmen, trotz des Vorliegens der Voraussetzungen für einen Betriebsübergang, weiterhin Arbeitgeber der von ihr an das Entleihunternehmen entsendeten Arbeitnehmer bleibt. Dann kann das Verleihunternehmen auch die Arbeitnehmerüberlassung in gleichem Ausmaß weiterbetreiben. Das ergibt sich aus dem den Arbeitnehmern beim Betriebsübergang zustehenden Widerspruchsrecht, § 613a Abs. 5 BGB. Durch die Ausübung ihres Widerspruchsrechts verhindern die Arbeitnehmer den Übergang ihrer Arbeitsverhältnisse auf den neuen Betriebsinhaber.[291] Das Arbeitsverhältnis zum bisherigen Arbeitgeber bleibt dann bestehen. Auf Wunsch[292] der Leiharbeitnehmer können also die Arbeitsverhältnisse zum Verleihunternehmen aufrechterhalten werden. Damit muß dem Verleihunternehmen aber auch weiterhin die Praktizierung rechtswirksamer zulässiger Arbeitnehmerüber-lassung gestattet sein.[293] Mithin bleibt es im Fall des Widerspruchs der Leiharbeitnehmer gegen den Übergang ihrer Arbeitsverhältnisse auf das Entleihunternehmen beim Tatbestand der Arbeitnehmerüberlassung, ohne daß die Rechtsfolge des § 613a BGB eintritt.

Zudem ist es möglich, daß das Entleihunternehmen von vornherein eine eigene Betriebsorganisation hat. Wird dann ein Großteil der Arbeitnehmer des Verleihunternehmens im Entleihunternehmen beschäftigt, ist fraglich, ob darin

---

289 *Schaub*, Arbeitsrechts-Handbuch, § 118 II 6 e), Rdnr. 47, S. 1217 f.; vgl. hierzu auch EuGH, Urteil vom 02.12.1999, Az C-234/98; *Belling/Collas*, NJW 1991, 1919 ff.

290 Vgl. hierzu *Wilhelm/Lindemann*, Unternehmenshandbuch Arbeitsrecht, Kap. 5 B II 1, Rdnr. 5.9, S. 256 f.

291 *Richardi/Annuß* in: Staudinger, § 613a BGB, Rdnr. 34, 117; vgl. hierzu auch *Willemsen/Lembke*, NJW 2002, 1159 ff.; *Worzalla*, NZA 2002, 353, 356 f.

292 Zu den Gründen, weshalb Arbeitnehmer z.B. bei der Muttergesellschaft verbleiben vgl. *Lambrich/Trappehl*, Tarifflucht, S. 158.

293 LAG Köln, NZA-RR 1997, 244 f. Vgl. hierzu auch *Däubler*, ZTR 1994, 448, 455. Er führt aus, daß bei einem Widerspruch der Arbeitnehmer gegen den Übergang ihrer Arbeitsverhältnisse zwar der Ausspruch einer betriebsbedingten Kündigung in Betracht kommt. Es dürfte jedoch das der Kündigung vorgehende mildere Mittel sein, die in Betracht kommenden Beschäftigten dem Tochterunternehmen als (echte) Leiharbeitnehmer zur Verfügung zu stellen.

ein Betriebsübergang zu sehen ist. Das ist jeweils vom Einzelfall abhängig. Wenn das Verleihunternehmen seine Arbeitnehmer an mehrere mit dem Verleihunternehmen wirtschaftlich verbundene Entleihunternehmen überläßt, werden die Voraussetzungen eines Betriebsübergangs in der Regel noch seltener vorliegen. Hier ist fraglich, inwieweit die betriebliche Organisation auf mehrere Unternehmen übergehen kann. Die Regelung von § 613a BGB wird demzufolge überwiegend schon mangels Anwendbarkeit hinsichtlich des Tatbestands der „Tarifvermeidung" keine Abhilfe schaffen.

Aber auch eine entsprechende Anwendung der Regelungen des § 613a BGB kommt im Fall der Betriebszweckverlagerung nicht in Betracht. Einerseits ist dem BAG darin zuzustimmen, daß § 613a BGB außerhalb des rechtsgeschäftlichen Übergangs von Unternehmen, so bei Verschmelzung oder Umstrukturierung, nicht analogiefähig ist.[294] Darüber hinaus wäre die analoge Anwendung von § 613a BGB nicht geeignet, die negativen Auswirkungen der Beendigung der unmittelbaren und zwingenden Wirkung des Tarifvertrags in den Fällen auszugleichen, bei welchen es an der potentiellen Tarifgebundenheit der Entleihunternehmen fehlt. Soweit der neue Arbeitgeber nicht auch dem tarifschließenden Verband angehört, transformiert § 613a BGB die Rechtsnormen des vor Betriebsübergang den Inhalt der Arbeitsverhältnisse bestimmenden Tarifvertrags zu einzelvertraglichen Vereinbarungen zwischen dem Arbeitnehmer und seinem neuen Arbeitgeber.[295] Zwar ist diese Regelung für die Arbeitnehmer, auf deren Arbeitsverhältnisse der Tarifvertrag vor Betriebszweckänderung Anwendung fand, günstiger als die Geltung des § 4 Abs. 5 TVG. Für den Inhalt dieser Arbeitsverhältnisse besteht gem. § 613a Abs. 1 S. 2 BGB eine einjährige Änderungssperre.[296] Innerhalb des ersten Jahres dürfen die zum Inhalt des Arbeitsverhältnisses gewordenen Rechtsnormen des Tarifvertrags nicht zu Lasten des Arbeitnehmers abgeändert werden. Dieses Verbot gilt für die Regelung von § 4 Abs. 5 TVG hingegen nicht. Mit Beginn des Nachwirkungszeitraums wird die Geltung des Tarifvertrags durch jede, egal ob für den Arbeitnehmer positiv oder negativ wirkende andere Abmachung beendet.

§ 4 Abs. 5 TVG kommt bei der Verlagerung des Betriebszwecks jedoch nur deshalb zur Anwendung, weil die unmittelbare und zwingende Wirkung des Tarifvertrags durch die Betriebszweckänderung beseitigt wurde. Gegenüber der Tarifwirkung nach § 4 Abs. 1 TVG, die ohne Betriebszweckänderung bestehen würde, kann § 613a BGB keinen Ausgleich schaffen. Die beiderseitige (aktuelle) Tarifgebundenheit gem. § 4 Abs. 1 TVG bietet für die Arbeitnehmer

---

[294] BAG AP Nr. 14 zu § 3 TVG Verbandszugehörigkeit.

[295] *Kempen*, BB 1991, 2006, 2007, 2009 f.

[296] Vgl. *Preis* in: Erfurter Kommentar zum Arbeitsrecht, § 613a BGB, Rdnr. 95; *Bauer*, NZA 1999, 957, 961; *Pogge*, FS Stege, S. 126 f.

hinsichtlich der tariflich festgelegten Mindestarbeitsbedingungen mehr Schutz als die einjährige Veränderungssperre nach § 613a BGB.[297]

Außerdem erreicht man über § 613a BGB bei fehlender potentieller Tarifgebundenheit der Entleihunternehmen keine Lösung der Problematik, daß durch die Verlagerung des Betriebszwecks die danach neu begründeten Arbeitsverhältnisse bzw. die Arbeitsverhältnisse, bei denen der Arbeitnehmer erst später der Gewerkschaft beigetreten ist, von der Tarifgeltung nach § 4 Abs. 1 TVG wie auch nach § 4 Abs. 5 TVG ausgeschlossen werden. Wenn vor Betriebszweckänderung kein Tarifvertrag auf die Arbeitsverhältnisse eingewirkt hat, können seine Rechtsnormen auch nicht Inhalt der Arbeitsverhältnisse gem. § 613a BGB werden.[298]

Letztlich würde die notwendig werdende Klärung haftungsrechtlicher Fragen große Probleme aufwerfen.[299] Würde § 613a BGB analog angewandt werden, stünde den Arbeitnehmern unter Umständen ein finanzschwacher Arbeitgeber gegenüber, gegen den zukünftig erwachsende Ansprüche praktisch nicht durchsetzbar sind. Daher ist die analoge Anwendung des § 613a BGB auch insofern nicht geeignet, die für die Arbeitnehmer negativen Folgen der Betriebszweckverlagerung auszugleichen.

II. Einwirkungspflicht

Wegen des zwischen dem Verleih- und den Entleihunternehmen regelmäßig bestehenden Konzernverhältnisses, ist weiterhin an eine Einbeziehung der Rechtsprechung zur konzerninternen Einwirkungspflicht zu denken. Das BAG[300] hat eine Einwirkungspflicht des Mutterunternehmens auf das Tochterunternehmen bzgl. der Anwendung des im Mutterunternehmen geltenden Tarifvertrags auf die im Tochterunternehmen bestehenden Arbeitsverhältnisse bejaht, wenn die rechtliche Verselbständigung des Tochterunternehmens nur aus Gründen des internationalen Rechts erfolgt ist und das Tochterunternehmen tatsächlich wie eine unselbständige Unternehmensabteilung beherrscht wird. *Rieble*[301] hingegen spricht sich gegen eine solche Einwirkungspflicht aus. Er

---

297 BAG AP Nr. 51 zu § 613a BGB.

298 Vgl. auch *Däubler*, ZTR 1994, 448, 454.

299 Vgl. hierzu *Belling/Collas*, NJW 1991, 1919 ff.; zur Haftung des Betriebsinhabers und des Betriebsveräußerers vgl. außerdem *Wilhelm/Lindemann*, Unternehmenshandbuch Arbeitsrecht, Kap. 5 II, Rdnr. 5.12 ff., S. 258 ff.

300 NZA 1992, 321, 323.

301 SAE 1995, 77, 80.

sieht in dem der Entscheidung des BAG zugrundeliegenden Sachverhalt nur einen besonders gelagerten Ausnahmefall, der unter den gegebenen Umständen eine Einwirkungspflicht rechtfertigt. Grundsätzlich ist er aber der Auffassung, daß es eine konzernrechtliche Einwirkungspflicht der tarifgebundenen Mutter dahin, daß ihr Tochterunternehmen Tarifverträge anwendet, an die es normativ gar nicht gebunden ist, nicht geben kann. Ob eine solche Einwirkungspflicht zu bejahen ist, kann hier jedoch dahinstehen. Eine Einwirkungspflicht des (herrschenden) Verleihunternehmens auf die (abhängigen) Entleihunternehmen würde nichts nützen, da die Arbeitsverhältnisse mit dem Verleihunternehmen selbst bestehen. Umgekehrt kann es aber auch keine Einwirkungspflicht der Entleihunternehmen auf das Verleihunternehmen geben, weil diese regelmäßig dem Verleihunternehmen untergeordnet sind und diesem gegenüber daher keine Weisungen erteilen oder sonst auf dessen Geschäfte Einfluß nehmen können. Folglich können zur Lösung des Wertungswiderspruchs hinsichtlich der zwingenden Tarifgeltung bei der Betriebszweckverlagerung keine Parallelen zur Einwirkungspflicht gezogen werden.

III. Zurechnung

1. Allgemeines

Bevor die analoge Anwendung tarifrechtlicher Vorschriften ins Blickfeld der Untersuchungen rückt, stellt sich die Frage, ob der bestehende Wertungswiderspruch[302] hinsichtlich des Verlustes der zwingenden Tarifnormwirkung durch Zurechnung bestimmter Eigenschaften oder objektiver Sachverhalte des Verleihunternehmens zu den Entleihunternehmen bzw. umgekehrt aufgelöst werden kann. Denn werden die Tatbestandsvoraussetzungen von § 4 Abs. 1 TVG aufgrund des Zurechnungsprinzips erfüllt, ist das Rechtsinstitut der Analogie nicht mehr erforderlich.[303]

a) Zurechnung als selbständiges Rechtsinstitut

Die Zurechnung ist als selbständiger Begriff ein allgemein anerkanntes Rechtsinstitut.[304] Sie erfolgt, wenn eine bestimmte Rechtsfolge ausgelöst werden soll,

---

302 Vgl. hierzu Punkt D I 4.

303 Vgl. *Bork*, ZGR 1994, 237, 241.

304 *Ders.*, ZGR 1994, 237.

das Rechtssubjekt selbst aber nicht alle für den Eintritt der Rechtsfolge festgelegten Tatbestandsvoraussetzungen verwirklicht. Um diese fehlenden Tatbestandsvoraussetzungen zu vervollständigen, können der betreffenden Rechtsperson bestimmte subjektive[305] als auch objektive[306] Sachverhalte, die sie selbst nicht erfüllt, welche aber bei einer anderen mit ihr verbundenen Person vorliegen, zugerechnet werden.[307]

Dabei stellt sich gerade im Konzernarbeitsrecht die Frage, inwieweit einem Konzernunternehmen zugeordnete Personen und Umstände bei der rechtlichen Einordnung anderer Konzernunternehmen Berücksichtigung finden können.[308] *Bork*[309] geht z.B. davon aus, daß – je nach Zielrichtung der Norm, deren Rechtsfolge eintreten soll – eine Zurechnung immer dann in Betracht komme, wenn ein Konzernunternehmen im konkreten Einzelfall ein anderes für seine Zwecke einsetzt, es seinen Interessen unterordnet. Mit diesem Ansatz ließen sich nach *Bork* auch die Fälle lösen, in denen versucht wird, eine Norm durch Einschaltung eines Tochterunternehmens zu umgehen. Dabei räumt er gleichzeitig ein, daß eine bloße Konzernierung nicht ausreiche, sondern die Möglichkeit der Zurechnung von verschiedenen im Einzelfall zu prüfenden Voraussetzungen abhängig sei.

b) Voraussetzungen der Zurechnung

Die Zurechnung ist, wie *Belling*[310] zutreffend ausführt, ein notwendiges Korrektiv erlaubter Arbeitsteilung und nützlicher Funktionsaufspaltung. Zu ihrer rechtlichen Legitimation erfordert sie das Vorliegen eines Zurechnungszwecks und eines Zurechnungsgrundes.[311] Dabei müssen beide Voraussetzungen nebeneinander gegeben sein.[312]

---

305 Z.B. Kenntnisse oder Eigenschaften.

306 Z.B. Marktanteile oder Vermögen.

307 *Wiedemann*, Die Unternehmensgruppe im Privatrecht, B II 2 a), S. 23.

308 *Hanau*, ZGR 1984, 468.

309 ZGR 1994, 237, 262.

310 *Belling*, SAE 1999, 181, 187.

311 *Belling*, SAE 1999, 181, 187.

312 *Hanau*, ZGR 1984, 468, 471; *Bork*, ZGR 1994, 237, 239.

aa) Zurechnungszweck

Der Zurechnungszweck liegt darin, durch die Zuordnung bestimmter tatbestandlicher Verhältnisse den Anwendungsbereich für eine bestimmte Norm zu sichern.[313] Die Rechtsfolge der Norm soll eintreten, auch wenn das Rechtssubjekt selbst nicht alle Tatbestandsvoraussetzungen erfüllt.

bb) Zurechnungsgrund

Obwohl ein Zurechnungszweck oftmals gegeben sein wird, darf die Zurechnung doch nicht willkürlich erfolgen. Der Gesetzgeber hat mit guter Begründung bestimmte Rechtsfolgen an bestimmte Voraussetzungen geknüpft. Wenn davon abgesehen werden soll, bedarf es einer besonderen Begründung, eines vernünftigen Zusammenhangs, dem Gesetzgeber hierin nicht mehr zu folgen.[314]

Dies gilt insbesondere für die Zurechnung innerhalb der Konzernunternehmen. Die rechtliche Selbständigkeit der Konzerne ist weitgehend anerkannt.[315] Da ihre unternehmerische Organisationsautonomie gesetzlich gewährleistet ist, bedarf die Durchbrechung dieses Trennungsprinzips[316] eines speziellen Grundes. Es steht lediglich dem Gesetzgeber selbst frei, die Selbständigkeit der einzelnen Unternehmen zu beseitigen oder durch die Schaffung von Zurechnungsnormen teilweise aufzuheben.[317]

c) Das „Wie“ der Zurechnung

Die Frage nach dem „Wie“ der Zurechnung muß ebenfalls unter diesen Gesichtspunkten betrachtet werden. Zweckmäßigkeit, Billigkeit und Gerechtigkeit der Zurechnung[318] sind bei der Beurteilung der wirtschaftlichen Lage der Konzernunternehmen zu berücksichtigen. Deshalb ist eine gesellschaftsspezifische Betrachtungsweise erforderlich. Dabei muß im Rahmen der jeweiligen Anwendungsnorm über die Zurechnung und ihre Voraussetzungen entschieden werden.[319] Bei einer Statuierung genereller Voraussetzungen und

---

313 *Bork*, ZGR 1994, 237, 239.

314 *Binder*, Philosophie des Rechts, 4. Kap. § 25, 1 III, S. 723.

315 *Lutter/Timm*, ZGR 1983, 275, 277 f.

316 D.h. die Durchbrechung der Trennung zwischen den einzelnen selbständigen Konzernunternehmen durch die Zurechnung bestimmter Sachverhalte.

317 *Lutter/Timm*, ZGR 1983, 275, 278; siehe auch *Hanau*, ZGR 1984, 468, 471.

318 Siehe hierzu *Binder*, Philosophie des Rechts, 4. Kap. § 25, 1 III, S. 273.

319 *Wiedemann*, Die Unternehmensgruppe im Privatrecht, B II 2 c), S. 28.

einer einheitlichen Sichtweise würde in nicht vertretbarem Maße die gesetzlich gewährleistete vermögensrechtliche Separierung der Konzernunternehmen ganz oder teilweise aufgehoben werden.[320]

2. Zurechnung der Arbeitgebereigenschaft

In Betracht zu ziehen ist einmal, den Entleihunternehmen die Arbeitgebereigenschaft des Verleihunternehmens zuzurechnen. Dabei hat die Zurechnung keinen Einfluß auf die tatsächliche Arbeitgeberstellung des Verleihunternehmens. Die Zurechnung erfolgt nur hinsichtlich der Anwendbarkeit des Tarifvertrags. Vertragspartner der Leiharbeitnehmer bleibt das Verleihunter-nehmen.

a) Zurechnungszweck

Da die Entleihunternehmen unter den Geltungsbereich des Tarifvertrags fallen, wäre durch die Zurechnung der Arbeitgebereigenschaft nicht nur die erste Voraussetzung des § 4 Abs. 1 TVG, die beiderseitige Tarifgebundenheit von Arbeitgeber und Arbeitnehmer, sondern auch dessen zweite Voraussetzung, das Unterfallen unter den Geltungsbereich des Tarifvertrags, gegeben. Der Tarifvertrag würde unmittelbar und zwingend gelten und damit auch die neu begründeten Arbeitsverhältnisse bzw. auch die Arbeitsverhältnisse erfassen, bei welchen der Arbeitnehmer erst nach der Einführung der Arbeitnehmerüberlassung der Gewerkschaft beitritt. Ein Zurechnungszweck ist daher gegeben.

Hinsichtlich des Umfangs der Zurechnung der Arbeitgebereigenschaft ist jedoch zu differenzieren. Es kommt darauf an, ob die Entleihunternehmen in Bezug auf den anzuwendenden Tarifvertrag potentiell tarifgebunden sind oder ob sie nicht bzw. in einem anderen, nicht tarifschließenden Verband, organisiert sind.

aa) Zurechnung bei tarifgebundenen Entleihunternehmen

Sind die Entleihunternehmen Mitglied im tarifschließenden Verband, kann nur die Arbeitgebereigenschaft an sich und nicht einschließlich der potentiellen Tarifgebundenheit des Verleihunternehmens (§ 3 Abs. 1 TVG) zugerechnet werden. In diesem Fall sind die Entleihunternehmen selbst aufgrund eigener Mitgliedschaft im Verband potentiell tarifgebunden (§ 3 Abs. 1 TVG). Eine Eigen-

---

[320] *Lutter/Timm*, ZGR 1983, 275, 279.

schaft die schon besteht, kann und braucht nicht nochmals zugerechnet werden.

Zudem ist es möglich, daß sich die potentielle Tarifgebundenheit der Entleihunternehmen aus § 3 Abs. 1 TVG und die des Verleihunternehmens aus § 3 Abs. 3 TVG ergibt. Wird die Arbeitgebereigenschaft des Verleihunternehmens in diesem Fall uneingeschränkt zugerechnet, wären die Arbeitnehmer bei der Verlagerung des Betriebszwecks besser gestellt als bei bloßem Verbandsaustritt des Arbeitgebers. Wegen der Tarifgebundenheit der Entleihunternehmen nach § 3 Abs. 1 TVG würden auch die den geltenden Tarifvertrag ablösenden Tarifverträge den Inhalt der Arbeitsverhältnisse unmittelbar und zwingend regeln. Bei Geltung des § 3 Abs. 3 TVG würden neu abgeschlossene Tarifverträge nur bewirken, daß der bisher geltende Tarifvertrag in das Nachwirkungsstadium übertritt. Um diese Besserstellung zu vermeiden, müßten die betroffenen Arbeitsverhältnisse so behandelt werden, als wären die Entleihunternehmen ebenfalls aus dem Verband ausgetreten, oder die Zurechnung darf nur so lange erfolgen, wie die potentielle Tarifgebundenheit des Verleihunternehmens nach § 3 Abs. 3 TVG besteht. Dann stünden die Arbeitnehmer genauso, als wäre der Verbandsaustritt ihres tatsächlichen Arbeitgebers, des Verleihunternehmens, ohne Verlagerung des Betriebszwecks erfolgt.

Ob die Arbeitgebereigenschaft nur für den Zeitraum zugerechnet werden kann, wie die potentielle Tarifgebundenheit des Verleihunternehmens besteht, ist jedoch erst eine Frage des Zurechnungsgrundes. Die Zurechnung erfolgt so lange, wie ein Zurechnungsgrund besteht. Ist ein Zurechnungsgrund über den Zeitraum der potentiellen Tarifgebundenheit des Verleihunternehmens nach § 3 Abs. 3 TVG hinaus gegeben, kann die Arbeitgebereigenschaft des Verleihunternehmens auch danach noch den Entleihunternehmen zugerechnet werden.

bb) Zurechnung bei nicht tarifgebundenen Entleihunternehmen

Sind die Entleihunternehmen nicht tarifgebunden, nützt die Zurechnung der „bloßen" Arbeitgebereigenschaft nichts. Hier würde es an der potentiellen Tarifgebundenheit des „Arbeitgebers" (der Entleihunternehmen) fehlen, so daß der Tarifvertrag auch mit Zurechnung der Arbeitgebereigenschaft nicht zwingend auf die Arbeitsverhältnisse einwirken würde. In diesem Fall wäre es erforderlich, neben der Arbeitgebereigenschaft die potentielle Tarifgebundenheit des Verleihunternehmens nach § 3 Abs. 3 TVG ebenfalls mit zuzurechnen.

b) Zurechnungsgrund

Problematisch ist, ob unter Zugrundelegung der zuvor aufgeführten Kriterien auch der erforderliche Grund für die Zurechnung gegeben ist.

aa) Wertungen des AÜG

Ein Zurechnungsgrund könnte sich zum einen aus den Vorschriften des AÜG ergeben. Grundsätzlich ist nach den Regelungen im AÜG das Bestehen eines Doppelarbeitsverhältnisses ausgeschlossen.[321] Ein solches würde mit der Zurechnung der Arbeitgebereigenschaft zwar nicht bewirkt werden. Die Zurechnung verstieße aber gegen das nach dem AÜG bestehende Prinzip der strikten Trennung zwischen dem Arbeitsverhältnis des verliehenen Arbeitnehmers mit dem verleihenden Arbeitgeber und dem Verhältnis des verliehenen Arbeitnehmers mit dem entleihenden Arbeitgeber. Diesbezüglich wird jedoch eine Ausnahme gemacht, wenn das Arbeitsverhältnis mit dem überlassenden Arbeitgeber nach § 9 AÜG wegen illegaler Arbeitnehmerüberlassung unwirksam ist. Dann wird gem. § 10 Abs. 1 AÜG ein Arbeitsverhältnis mit dem Entleiher fingiert. Wäre nach dem Sinn dieser Vorschrift und den darin zum Ausdruck kommenden Wertungen eine Ausnahme zum Trennungsprinzip auch für den Fall der Verlagerung des Betriebszwecks gerechtfertigt, könnte darin der für die Zurechnung erforderliche Grund liegen.

§ 10 AÜG schützt die Interessen der illegal Verliehenen und dient somit in erster Linie der sozialen Absicherung des Arbeitnehmers. Ohne die gesetzlich festgelegte Fiktion hätten die Leiharbeitnehmer weder gegen den Verleiher noch gegen den Entleiher arbeitsvertragliche Ansprüche. Darüber hinaus wird der Entleiher, der von einem illegal tätigen Verleiher einen Arbeitnehmer ausleiht, durch die Fiktion des Arbeitsverhältnisses sehr weitreichend verpflichtet. Demzufolge dient § 10 AÜG auch der Prävention gegenüber illegalen Verleihern und ihren Kunden.[322] Demgegenüber schützt das AÜG die Arbeitnehmer aber nicht vor der Aushöhlung ihrer Arbeitsverhältnisse.[323] Der Inhalt und die Dauer des fingierten Arbeitsverhältnisses bestimmen sich gem. § 10 AÜG nach den für den Betrieb des Entleihers geltenden Vorschriften und sonstigen Regelungen. Das, was zwischen Leiharbeitnehmer und Verleiher vereinbart war, ist dabei unerheblich. Unberücksichtigt bleibt auch, ob etwaige nachwirkende Tarifnormen den Inhalt des Arbeitsverhältnisses, wenn es wirksam gewesen wäre, geregelt hätten. Mit § 10 AÜG wird also das Bestehen eines Arbeitsverhältnisses an sich, nicht aber der Erhalt von Arbeitsbedin-gungen gesichert.

Die Sicherung der Arbeitsverhältnisse steht im Fall der Betriebszweckverlagerung jedoch nicht in Frage. Hier wird lediglich die Geltung des Tarifvertrags ausgehebelt. Das Arbeitsverhältnis selbst ist in seinem Bestand dadurch nicht gefährdet. Eine Zurechnung der Arbeitgebereigenschaft würde

---

321 *Schüren*, AÜG, Einl. Rdnr. 77.

322 *Schüren*, AÜG, § 10, Rdnr. 2, 10.

323 *Belling*, SAE 2099, 181, 187.

nur dem Erhalt der unmittelbaren und zwingenden Wirkung des Tarifvertrags dienen. Demnach ist die Zurechnung der Arbeitgebereigenschaft mit den Wertungen des AÜG nicht zu vereinbaren. Es ist daher nicht gerechtfertigt, insoweit eine Ausnahme vom Trennungsprinzip zu machen. Folglich ergibt sich aus den Vorschriften des AÜG kein Grund für die Zurechnung der Arbeitgebereigenschaft.

bb) Wertungen des MitbestG

Ein Zurechnungsgrund könnte weiterhin aus dem Rechtsgedanken von § 5 Abs. 1 MitbestG folgen. Das MitbestG regelt die Mitbestimmung der Arbeitnehmer in Unternehmen mit mehr als 2000 Arbeitnehmern. Dabei sind für die Ermittlung der erforderlichen Zahl der im Unternehmen beschäftigten Arbeitnehmer grundsätzlich nur die eigenen Arbeitnehmer des jeweiligen Unternehmens maßgebend. Ist das betreffende Unternehmen jedoch herrschendes Unternehmen eines Konzerns, gelten gem. § 5 Abs. 1 MitbestG die Arbeitnehmer der anderen Konzernunternehmen als Arbeitnehmer des herrschenden Unternehmens. Soweit bei der Betriebszweckverlagerung ein Konzernverhältnis gegeben ist, wird das Verleihunternehmen gegenüber den Entleihunternehmen die herrschende Stellung einnehmen. Daher ist zu überlegen, ob wegen des herrschenden Einflusses des Verleihunternehmens umgekehrt auch die Arbeitgebereigenschaft des herrschenden den abhängigen Unternehmen zugerechnet werden kann. D.h. die Arbeitnehmer des herrschenden Unternehmens würden hinsichtlich der Anwendung der Tarifnormen als Arbeitnehmer der abhängigen Unternehmen gelten. Aber auch der Sinn der Regelung von § 5 Abs. 1 MitbestG bildet keinen Zurechnungsgrund in Bezug auf die zwingende Geltung der Tarifnormen. Die Mitbestimmung dient der Durchsetzung von Arbeitnehmerinteressen im Unternehmen. Aufgrund von Unternehmensverbindungen werden vielfach Entscheidungsprozesse auf andere Unternehmen verlagert. Damit die Beteiligung der Arbeitnehmer in diesen Fällen nicht leerläuft, erfolgt die entsprechende Zurechnung der Arbeitnehmer gem. § 5 Abs. 1 MitbestG.[324] Dadurch wird aber nicht der Erhalt der Arbeitsbedingungen gesichert. Den Arbeitnehmern bleibt nur ihr Mitbestimmungsrecht erhalten. Mit der Ausübung ihres Mitbestimmungsrechts können sie zwar auf für sie günstige Unternehmensentscheidungen hinwirken. § 5 Abs. 1 MitbestG gewährleistet jedoch nicht die Beibehaltung der Arbeitsbedingungen.

---

[324] *Oetker* in: Erfurter Kommentar zum Arbeitsrecht, § 5 MibestG, Rdnr. 1.

Folglich besteht für eine Zurechnung der Arbeitgebereigenschaft kein Zurechnungsgrund.

3. Zurechnung des Betriebszwecks

Weiterhin kommt in Betracht, dem Verleihunternehmen den Betriebszweck der Entleihunternehmen zuzurechnen. Dann fiele das Verleihunternehmen weiterhin unter den fachlichen Anwendungsbereich des bisher geltenden Tarifvertrags und die Voraussetzungen von § 4 Abs. 1 TVG wären erfüllt. Problematisch ist dabei wiederum die Frage nach dem Zurechnungsgrund.

a) Zurechnungsgrund: enge wirtschaftliche Verbindung

Der Zurechnungsgrund könnte zum einen in einer engen wirtschaftlichen Verbindung der Unternehmen zu sehen sein. Eine enge wirtschaftliche Verbindung kann vorliegen, wenn ein Beherrschungsvertrag bzw. ein faktisches Abhängigkeitsverhältnis und/oder ein Gewinnabführungsvertrag zwischen Verleih- und Entleihunternehmen besteht. Welchen Grad die Verbindung der Unternehmen auf wirtschaftlicher Ebene dabei erreichen muß, kann jedoch dahinstehen. Allein unter dem Gesichtspunkt, daß die Leitungsmacht dem Verleihunternehmen obliegt und die Gewinne an dieses abgeführt werden, kann eine Zurechnung nicht gerechtfertigt werden.[325] Das liefe auf eine Einheitsbetrachtung hinaus, die im Hinblick auf die gesetzlich vorgesehene Möglichkeit der wirtschaftlichen Verbindung der Konzernunternehmen abzulehnen ist.[326] Die Übernahme der Leitungsmacht und die Gewinnverlagerung auf die Konzernspitze sind als Gestaltungsformen der Beziehungen zwischen den Konzernunternehmen rechtlich anerkannt und die mit ihrer Verwendung entstehenden Rechtsfolgen ebenfalls gesetzlich geregelt (vgl. §§ 291 ff. AktG). So trifft das herrschende Konzernunternehmen als Ausgleich die Pflicht, etwa eintretende Verluste der Tochterunternehmen zu tragen (§ 302 AktG).[327] Die Zurechnung von Sachverhalten ist als Rechtsfolge dagegen nicht gesetzlich vorgesehen. Ein Ausgleich der durch die Unternehmensverträge entstehenden Verschiebungen bzgl. des Gewinns und der Leitungsmacht wäre daher durch die Zurechnung des Betriebszwecks nur gerechtfertigt, wenn diese Art des Ausgleichs mit dem durch den Gesetzgeber vorgesehenen Ausgleich vergleichbar ist. Eine

---

325 *Windbichler*, Arbeitsrecht im Konzern, § 11 II 3, S. 450.

326 *Bork*, ZGR 1994, 237, 263; *Lutter/Timm*, ZGR 1983, 275, 278 f.

327 *Lutter/Timm*, ZGR 1983, 275, 279.

Vergleichbarkeit hinsichtlich der Rechtsfolge ist jedoch nicht gegeben. Die Zurechnung des Betriebszwecks würde die grundsätzlich bestehende wirtschaftliche Trennung der Konzernunternehmen mehr beeinträchtigen als die Verlustübernahme durch das herrschende Unternehmen. Wenn dem Verleihunternehmen der Betriebszweck der Entleihunternehmen zugerechnet wird, käme es dem Tatbestand gleich, als würde das Verleihunternehmen den Betriebszweck selbst verfolgen. Die Trennung der Unternehmen bestünde nur noch „auf dem Papier". Tatsächlich würden die Unternehmen zumindest bzgl. der Erfassung vom Geltungsbereich des Tarifvertrags wie ein Unternehmen behandelt werden. Mit den Regelungen in den §§ 302 ff. AktG ist ein so weitreichender Einschnitt in die Unternehmensstruktur aber nicht vereinbar. Eine enge wirtschaftliche Verbindung reicht als Grund für die Zurechnung des Betriebszwecks mithin nicht aus.

b) Zurechnungsgrund: Versorgung des Verleihunternehmens mit Arbeit

Wenn die Entleihunternehmen sämtliche Leiharbeitnehmer des Verleihunternehmens bei sich beschäftigen – unabhängig davon, ob sie sich zusätzlich weitere Leiharbeitnehmer bei anderen Unternehmen entleihen –, könnte ein Zurechnungsgrund auch darin liegen, daß die Entleihunternehmen das Verleihunternehmen mit Arbeit versorgen. Nach dem AÜG besteht jedoch keine Beschränkung dahingehend, daß nur eine bestimmte Anzahl von Leiharbeitnehmern bei einem Verleihunternehmen entliehen werden darf. Es ist lediglich eine zeitliche Grenze für die Verleihdauer der einzelnen Arbeitnehmer gesetzt. Werden sämtliche Arbeitnehmer des Verleihbetriebs von wirtschaftlich verbundenen Unternehmen oder auch nur von einem wirtschaftlich verbundenen Unternehmen entliehen, liegt darin kein Grund, dem Verleiher den Betriebszweck des Entleihers zuzurechnen.

c) Zurechnungsgrund: Erhalt des Betriebszwecks im Interesse des Verleihunternehmens

Ein Zurechnungsgrund ergibt sich auch nicht daraus, daß die Entleihunternehmen den ursprünglichen Betriebszweck des Verleihunternehmens in dessen Interesse fortführen. Ein beherrschtes Konzernunternehmen wird aufgrund des bestehenden Abhängigkeitsverhältnisses seinen Betriebszweck immer im Interesse des herrschenden Unternehmens führen. Es liegt gerade im Wesen der Konzernunternehmen, daß sie sich durch ihre Betriebszwecke ergänzen und dadurch miteinander wirtschaftlich kooperieren können.

d) Zurechnungsgrund: kumulatives Vorliegen dieser möglichen Zurechnungsgründe

Auch das kumulative Vorliegen von enger wirtschaftlicher Verbindung, Versorgung des Verleihunternehmens mit Arbeit und Erhalt des ursprünglichen Betriebszwecks im Interesse des Verleihunternehmens kann eine Zurechnung des Betriebszwecks der Entleihunternehmen nicht begründen. Diese Strukturformen der Konzernunternehmen werden durch die gesetzlich gewährleistete Selbständigkeit der Unternehmen ermöglicht. Daher ergibt sich auch bei deren gleichzeitigem Vorliegen keine andere Betrachtungsweise.

Ob die Beendigung der zwingenden Tarifwirkung beim gleichzeitigen Vorliegen dieser Tatbestände mit dem Sinn und Zweck des § 4 Abs. 1 TVG zu vereinbaren ist, ist eine von der Problematik der Zurechnung zu trennende Frage. Insoweit ist das Rechtsinstitut der Analogie heranzuziehen. Dieses ist jedoch erst zu berücksichtigen, wenn feststeht, daß die zwingende Wirkung des Tarifvertrags nicht mit Hilfe der Zurechnung aufrecht erhalten werden kann.

e) Zurechnungsgrund: analoge Anwendung von § 166 BGB

In seiner Anmerkung zu dem vom BAG[328] entschiedenen Fall der Betriebszweckverlagerung innerhalb einer GmbH & Co.KG erwägt *Belling*[329], der KG den Betriebszweck der GmbH aufgrund einer analogen Anwendung von § 166 BGB zuzurechnen. Diese Überlegung beruht darauf, daß die GmbH als Komplementärin gem. § 170 HGB organschaftliche Vertreterin der KG ist. Wegen des zwischen Verleih- und Entleihunternehmen regelmäßig bestehenden Abhängigkeitsverhältnisses und der damit verbundenen Entscheidungsgewalt des Verleihunternehmens in den Entleihunternehmen, kann die analoge Anwendung von § 166 BGB aber auch zwischen Unternehmen anderer Gesellschaftsformen als Zurechnungsgrund in Betracht kommen. Daher ist die Frage, ob § 166 BGB analog einen Zurechnungsgrund für den Betriebszweck innerhalb der GmbH & Co.KG bildet, für andere Unternehmensverbindungen von Bedeutung. Wie *Belling*[330] jedoch zutreffend feststellt, fehlt es an der für eine Analogie erforderlichen Vergleichbarkeit der Zurechnungssachverhalte.

Gem. § 166 Abs. 1 BGB können Willensmängel des Vertreters bei Abgabe seiner in Vertretung getätigten Willenserklärungen und das Kennen oder Kennenmüssen gewisser Umstände durch den Vertreter dem Vertretenen zugerechnet werden. Daraus ergibt sich, daß von der Zurechnung nach

---

[328] BAG, SAE 1999, 179 ff.

[329] SAE 1999, 181, 188.

[330] SAE 1999, 181, 188.

§ 166 BGB nur die für die Willensbildung des Vertreters erheblichen subjektiven Umstände erfaßt werden. Daher ist die Zurechnung des Betriebszwecks als objektiv vorliegender Umstand von der direkten Anwendung von § 166 BGB ausgeschlossen. Um dem Verleihunternehmen in entsprechender Anwendung von § 166 BGB den Betriebszweck der Entleihunternehmen zurechnen zu können, müßte die Interessenlage bzgl. der Zurechnung der genannten subjektiven Umstände mit der Interessenlage bei Zurechnung objektiver Sachverhalte vergleichbar sein.

Die Ähnlichkeit der Interessenlagen ist an Hand des Sinn und Zwecks von § 166 BGB zu beurteilen. Dessen Regelungsinhalt beruht auf dem der Stellvertretung zugrunde liegenden Repräsentationsprinzip.[331] Danach kommt es bzgl. der in Vertretung vorgenommenen rechtlich erheblichen Handlungen grundsätzlich auf die Person des Vertreters an. Beim Vertretenen sollen nur die Rechtsfolgen eintreten. Das hat seinen Grund darin, weil der Wille zur Abgabe einer gem. § 164 BGB für und gegen den Vertretenen wirkenden Erklärung beim Vertreter gebildet wird. Daher muß es bezüglich der Willensbildung und -erklärung des Vertreters auch auf seine Kenntnis bzw. seine Willensmängel ankommen.

Eine Zurechnung des Betriebszwecks läßt sich mit dem Repräsentationsprinzip nicht begründen. Der Willensbildungsprozeß wird durch das „bloße" Vorliegen eines objektiven Sachverhalts in keiner Weise beeinflußt; er kann nur durch die Kenntnis vom Vorliegen des Sachverhalts beeinflußt werden. Demzufolge entspricht nur die Zurechnung der Kenntnis vom Vorliegen eines objektiven Sachverhalts dem Sinn und Zweck des § 166 BGB, nicht aber die Zurechnung des objektiv gegebenen Sachverhalts selbst. Da die Zurechnungstatbestände bzgl. der subjektiven und objektiven Umstände somit nicht vergleichbar sind, fehlt die Grundlage für eine analoge Anwendung von § 166 BGB.

Außerdem erfolgt die Zurechnung der in § 166 BGB genannten subjektiven Umstände nicht allgemein, sondern nur bzgl. konkreter tatsächlich abgegebener und/oder entgegengenommener Willenserklärungen des Vertreters. Bei einer Zurechnung des Betriebszwecks hingegen würde die Zurechnung unabhängig von der Abgabe und/oder Entgegennahme einer Vertretererklärung[332] erfolgen; also nur aufgrund der Tatsache, daß überhaupt ein Vertreter bestellt ist. Damit würde § 166 BGB zu einer allgemeinen Zurechnungsnorm erweitert werden, was mit der ratio legis ebenfalls nicht zu vereinbaren ist. Eine so

---

331 *Schilken* in: Staudinger, § 166 BGB, Rdnr. 1.

332 Als Vertretererklärung kommt nicht etwa die Willenserklärung der Entleihunternehmen bzgl. des Abschlusses der Verleihverträge mit den einzelnen Arbeitnehmern in Betracht. Die Entleihunternehmen handeln insoweit nicht als Vertreter des Verleihunternehmens, sondern für sich selbst.

weitreichende Analogie ist ungerechtfertigt und durch die Rechtsordnung nicht gedeckt.

Weitere Gründe für eine Zurechnung des Betriebszwecks kommen nicht in Betracht. Allenfalls ist noch an einen Zurechnungsgrund aufgrund Rechtsmißbrauchs zu denken. Es wird jedoch unterschiedlich beurteilt, ob der Rechtsmißbrauch ein eigenständiges Rechtsinstitut darstellt. Wohl eher ist er als Oberbegriff für die im Rahmen von § 242 BGB zu behandelnden weiteren Rechtsprinzipien anzusehen. Diese Entscheidung kann aber dahinstehen, weil der Rechtsmißbrauch als allgemeines Rechtsprinzip erst in Betracht kommt, wenn alle anderen spezielleren Rechtsprinzipien wie z.B. die Analogie versagen.[333]

4. Zurechnung der Tarifbindung der Entleihunternehmen

Die Zurechnung der Tarifbindung der Entleihunternehmen käme naturgemäß nur in Betracht, wenn diese selbst tarifgebunden sind. Folglich könnten damit von vorn herein nicht alle Fälle der Beendigung der zwingenden Tarifnormwirkung durch Verlagerung des Betriebszwecks erfaßt werden. Darüber hinaus ist die Zurechnung der Tarifgebundenheit entweder nicht geeignet, die Anwendbarkeit des Tarifvertrags zu begründen oder sie ist wegen Fehlens eines Zurechnungsgrundes nicht möglich.

a) Zurechnung der Tarifgebundenheit ohne Unterscheidung zwischen potentieller und aktueller Tarifgebundenheit

Die h.M.[334] trifft keine Unterscheidung zwischen aktueller und potentieller Tarifgebundenheit. Nach dieser Ansicht sind die Verbandsmitglieder gem. § 3 TVG nur tarifgebunden, wenn ihre Arbeitsverhältnisse auch vom Geltungsbereich des entsprechenden Tarifvertrags erfaßt werden. Demzufolge beinhaltet die Zurechnung der Tarifgebundenheit gem. § 3 TVG hiernach zwei

333 Vgl. nur *Rebe*, JA 1977, 6, 7; *Siebert*, Verwirkung und Unzulässigkeit der Rechtsausübung, § 9 I, S. 152.

334 BAG AP Nr. 13, 14, 21 zu § 3 TVG; *Gamillscheg*, Kollektives Arbeitsrecht I, § 17 I 1 b), S. 712; *Schaub* in: Erfurter Kommentar zum Arbeitsrecht, § 3 TVG, Rdnr. 29, 31; *Hromadka/Maschmann/Wallner*, Der Tarifwechsel, C § 5 I 1 c) cc), Rdnr. 234, S. 91; *Löwisch* in: Münchener Handbuch zum Arbeitsrecht III, § 260 I 1 a), Rdnr. 1, S. 319; *Dörner* in: Kasseler Handbuch zum Arbeitsrecht II, 6.1.D. II 1 b), Rdnr. 126, S. 979; *Oetker* in: Wiedemann, TVG, § 3, Rdnr. 52; *Wilhelm/Lindemann*, Unternehmenshandbuch Arbeitsrecht, Kap. 6 B I 1, Rdnr. 6.3, S. 273; *Bieback*, DB 1989, 477, 478; *Herschel*, ZfA 1973, 183, 192.

Komponenten. Das ist zum einen die Zurechnung der Mitgliedschaft im Verband. Außerdem wird, unter Zugrundelegung der herrschenden Auffassung, mit der Zurechnung der Tarifgebundenheit nach § 3 TVG zusätzlich das Tatbestandsmerkmal des Unterfallens unter den Geltungsbereich zugerechnet. Bezogen auf den fachlichen Geltungsbereich wird also auch der Betriebszweck des jeweiligen Unternehmens zugerechnet.

Problematisch ist, ob hinsichtlich beider Komponenten ein Grund gegeben ist, dem Verleihunternehmen die Tarifgebundenheit des Entleihunternehmens zuzurechnen. Existieren mehrere Entleihunternehmen stellt sich zudem die Frage, ob eine Zurechnung erfolgen kann, wenn nur ein Entleihunternehmen Mitglied im tarifschließenden Verband ist.

In seiner Entscheidung vom 10.12.1997[335] prüft das BAG, ob sich eine Tarifbindung der KG aus der Verbandsmitgliedschaft ihrer Komplementär-GmbH ergibt. Nach seinen Ausführungen könne sich der hierfür erforderliche Zurechnungsgrund aus einer Interessenverbindung zwischen der KG und ihrer Komplementärin ergeben. Insoweit besteht kein Unterschied zu Unternehmensverbindungen anderer Gesellschaftsformen. Der Zurechnungsgrund der Interessenverbindung kann auch bei anderen Organisationsformen vorliegen. Die Darlegungen des BAG sind daher nicht nur für die GmbH & Co.KG, sondern auch für Betriebszweckverlagerungen zwischen Unternehmens-verbindungen anderer Gesellschaftsformen relevant.

In der genannten Entscheidung stützt das BAG[336] seine Ausführungen zur Interessenverbindung auf die zur Thematik der Zurechnung der Tarifgebundenheit innerhalb der GmbH & Co.KG bereits ergangenen Entscheidungen[337]. Danach ist bei einer Mitgliedschaft der Komplementär-GmbH in einer tariffähigen Arbeitgeberorganisation davon auszugehen, daß die KG selbst Mitglied der Organisation und damit tarifgebunden ist, wenn die Komplementär-GmbH ihre Mitgliedschaft im Interesse der KG begründet hat. Eine derartige Interessenverbindung sei in dem nunmehr zu entscheidenden Fall jedoch nicht gegeben. Zum einen habe die GmbH ihre Mitgliedschaft im Verband nicht deshalb erworben, damit die KG selbst im entsprechenden Wirtschaftszweig tätig werden kann. Die KG will gerade nicht in ihrem bisherigen Wirtschaftsbereich tätig werden, sondern sie will Arbeitnehmerüberlassung betreiben.[338] Darüber

[335] SAE 1999, 176, 180 f.

[336] SAE 1999, 176 ff.

[337] BAGE 3, 358; BAG AP Nr. 1 zu § 1 TVG Tarifverträge: Elektrohandwerk.

[338] Der Unterschied zu den bereits ergangenen Entscheidungen des BAG liegt darin, daß die Komplementär-GmbH in diesen Fällen keine eigene Tätigkeit ausführte, wofür sie die Mitgliedschaft im Verband benötigt hätte. Sie erwab die Mitgliedschaft ausschließlich für

hinaus sei die GmbH auch nicht deshalb Verbandsmitglied geworden, um der KG die Möglichkeit zu eröffnen, ihre Zeitarbeitnehmer bei der GmbH für handwerkliche Tätigkeiten einzusetzen. Da die GmbH in großem Umfang auch von anderen Verleihunternehmen Arbeitnehmer entleihe, habe sie ein überwiegend eigenes Interesse an der Mitgliedschaft, so daß eine Zurechnung der Mitgliedschaft zur KG aus diesem Grund nicht möglich sei.

Diese Ausführungen können auf die Betriebszweckverlagerung mittels Einführung von Arbeitnehmerüberlassung im allgemeinen zwar im Ergebnis, jedoch weder in dogmatischer Hinsicht noch in der Begründung übertragen werden. In dogmatischer Hinsicht ergeben sich folgende Bedenken. Soweit das BAG in der betreffenden Entscheidung von einer „Zurechnung der Mitgliedschaft" spricht, wäre das für eine Begründung der Anwendbarkeit des geltenden Tarifvertrags nicht ausreichend. Nach dieser Formulierung wird nur die Mitgliedschaft selbst, nicht aber der Betriebszweck zugerechnet. Selbst wenn also die Komplementär-GmbH ihre Verbandsmitgliedschaft im Interesse der KG begründet hätte und somit anzunehmen wäre, daß die KG selbst Mitglied der Arbeitgeberorganisation ist, fehlt es bei der KG am Unterfallen unter den fachlichen Geltungsbereich. Auch bei Zurechnung der Mitgliedschaft würde der Tarifvertrag mangels einschlägigem Geltungsbereich nur gem. § 4 Abs. 5 TVG nachwirken.

Daß das BAG lediglich auf die Mitgliedschaft selbst eingeht, hat seinen Grund in der Bezugnahme auf die zur Frage der Zurechenbarkeit der Verbandsmitgliedschaft der Komplementär-GmbH zur KG bereits vorher ergangenen Entscheidungen[339]. In diesen Fällen war tatsächlich nur die Zurechnung der Mitgliedschaft erforderlich. KG und Komplementär-GmbH lagen jeweils beide immer im Geltungsbereich des für ihren Betrieb bzw. ihr Unternehmen einschlägigen Tarifvertrags. Hinsichtlich der Anwendbarkeit dieses Tarifvertrags auf die mit der KG bestehenden Arbeitsverhältnisse hat es lediglich an deren Mitgliedschaft im Verband gefehlt. Dieses Defizit konnte mit Hilfe der Zurechnung der Mitgliedschaft der GmbH ausgeglichen werden. Wegen des bei der Einführung von Arbeitnehmerüberlassung aber nunmehr fehlenden Unterfallens der KG unter den fachlichen Geltungsbereich des Tarifvertrags hätte das BAG nicht auf die „bloße" Mitgliedschaft, sondern auf die Tarifgebundenheit der Komplementär-GmbH insgesamt Bezug nehmen müssen. Damit wäre auch die Zurechnung des Betriebszwecks, d.h. das Unterfallen unter den Geltungsbereich erfaßt.

---

die Tätigkeit der KG. Aus diesem Grund war eine Zurechnung der Mitgliedschaft gerechtfertigt. Das ist jedoch bei der Verlagerung des Betriebszwecks durch Einführung von Arbeitnehmerüberlassung nicht gegeben.

339 BAGE 3, 358; BAG AP Nr. 1 zu § 1 TVG Tarifverträge: Elektrohandwerk.

Anhand der Ausführungen des BAG zur Zurechnung der Verbandsmitgliedschaft der Komplementär-GmbH zeigt sich sehr deutlich, daß die Unterscheidung zwischen potentieller und aktueller Tarifgebundenheit der Dogmatik des TVG eher entspricht, als die Voraussetzungen, die § 4 Abs. 1 TVG aufstellt, schon als Voraussetzungen der Tarifgebundenheit nach § 3 TVG anzusehen. Durch die Vermischung der Tatbestandsmerkmale von § 3 und von § 4 TVG kommt in den Ausführungen des BAG nicht klar zum Ausdruck, welche Tatbestandsmerkmale im einzelnen zugerechnet werden sollen. Mangels Unterscheidung zwischen potentieller und aktueller Tarifgebundenheit verwehrt sich das BAG mithin eine exakte und differenzierte Betrachtung der Voraussetzungen für die Tarifgeltung.

Aber auch die Begründung des BAG für die Ablehnung des Vorliegens einer Interessenverbindung kann nicht überzeugen. Das Vorliegen einer Interessenverbindung kann nicht schon deshalb verneint werden, weil die Entleihunternehmen auch ein eigenes Interesse an der Begründung der Verbandsmitgliedschaft haben. Erwirbt das Entleihunternehmen die Verbandsmitgliedschaft gleichzeitig im eigenen Interesse, ist das neben dem Eigeninteresse bestehende Fremdinteresse mit dem Fremdinteresse, welches gegeben ist, wenn das Entleihunternehmen seine Verbandsmitgliedschaft ausschließlich im Interesse des Verleihunternehmens begründet, qualitativ gleichwertig. Es ist daher problematisch, ob es für die Zurechnung der Tarifgebundenheit darauf ankommen kann, daß kein Eigeninteresse der Entleihunternehmen an der Begründung ihrer Mitgliedschaft gegeben ist. Zudem ist fraglich, wo die Grenze zum überwiegenden Eigeninteresse zu ziehen ist. Was soll gelten, wenn Eigen- und Fremdinteresse gleichrangig sind? Insofern ist es insofern nicht von vornherein ausgeschlossen, daß eine Interessenverbindung zwischen Ver- und Entleihunternehmen besteht, wenn die Entleihunternehmen neben anderen Arbeitnehmern alle Arbeitnehmer des Verleihunternehmens entleihen.

Letztlich kommt es auf die Beantwortung der Frage nach dem Vorliegen einer Interessenverbindung jedoch nicht an. Der Zurechnungsgrund der Interessenverbindung allein reicht für die neben der Zurechnung der Mitgliedschaft zusätzlich erforderliche Zurechnung des Unterfallens unter den Geltungsbereich nicht aus. Das Entleihunternehmen wird eigenständig im ursprünglichen Produktionsbereich tätig. Daß es hierbei das Interesse des Verleihunternehmens verfolgt, ist im Wesen der Unternehmensverbindung begründet. Soweit ein Abhängigkeitsverhältnis besteht, wird das beherrschte Unternehmen immer im Interesse des herrschenden Unternehmens handeln. Der Erwerb der Verbandsmitgliedschaft und die Verfolgung des Betriebszwecks im Interesse des herrschenden Unternehmens sind somit kein Grund für eine Zurechnung der Tarifgebundenheit.

Ein weiterer Grund, dem Verleihunternehmen die Tarifgebundenheit der Entleihunternehmen zuzurechnen, ist nicht ersichtlich. Insbesondere kann dieser nicht in einer engen wirtschaftlichen Verbindung von Verleih- und Entleihunternehmen gesehen werden. Hier gelten die zur Zurechnung des Betriebszwecks erfolgten Ausführungen.

b) Zurechnung der Tarifgebundenheit bei Unterscheidung zwischen potentieller und aktueller Tarifgebundenheit

Auch bei einer Unterscheidung zwischen potentieller und aktueller Tarifgebundenheit gelangt man hinsichtlich der Frage der Zurechnung zu keinem anderen Ergebnis.

aa) Zurechnung der potentiellen Tarifgebundenheit (§ 3 TVG)

Eine Zurechnung der potentiellen Tarifgebundenheit der Entleihunternehmen ist für die Zeit des nachwirkenden Tarifvertrags nicht erforderlich. Das Verleihunternehmen ist insoweit selbst entweder gem. § 3 Abs. 1 TVG oder, im Fall des Verbandsaustritts, gem. § 3 Abs. 3 TVG potentiell tarifgebunden. Erst nach dem zeitlichen Ablauf des nachwirkenden Tarifvertrags käme eine Zurechnung der potentiellen Tarifgebundenheit des Entleihunternehmens (§ 3 Abs. 1 TVG) in Betracht. Wie jedoch bereits ausgeführt wurde, reicht die Zurechnung der potentiellen Tarifgebundenheit, d.h. der Mitgliedschaft im Verband für die Begründung der Anwendbarkeit des Tarifvertrags nicht aus. Damit wird nicht das fehlende Tatbestandsmerkmal von § 4 Abs. 1 TVG, das Unterfallen unter den (fachlichen) Geltungsbereich, ausgeglichen.

bb) Zurechnung der aktuellen Tarifgebundenheit (§ 4 TVG)

Exakt betrachtet ist die Zurechnung einer aktuellen Tarifgebundenheit nicht möglich. Da das Entleihunternehmen gegenüber den Leiharbeitnehmern keine Arbeitgeberfunktion inne hat, ist es auch nicht aktuell an den geltenden Tarifvertrag gebunden. Hierfür fehlt es an der in § 4 Abs. 1 TVG vorausgesetzten beiderseitigen Tarifgebundenheit. Es besteht mithin keine aktuelle Tarifgebundenheit des Entleihunternehmens, die dem Verleihunter-nehmen zugerechnet werden könnte. Die Zurechnung der aktuellen Tarifgebundenheit könnte also nur unter der Prämisse erfolgen, daß die Voraussetzungen des § 4 Abs. 1 TVG gegeben sein müssen, wenn die Entleihunternehmen Arbeitgeber der Leiharbeitnehmer wären.

Bezüglich der aktuellen Tarifgebundenheit mangelt es dem Verleihunternehmen jedoch nur am Unterfallen unter den Anwendungsbereich des bisher geltenden Tarifvertrags. Dem Verleihunternehmen müßte demnach nur der

Betriebszweck der Entleihunternehmen zugerechnet werden. Da aber die Interessenverbindung zwar als Grund für die Zurechnung der Verbandsmitgliedschaft nicht aber als Grund für die Zurechnung des Unterfallens unter den Geltungsbereichs, d.h. des Betriebszwecks, ausreicht und auch kein anderer Zurechnungsgrund besteht[340], ist die Zurechnung der aktuellen Tarifgebundenheit ebenfalls nicht möglich.

Insgesamt bleibt demnach festzuhalten, daß die Aufrechterhaltung der zwingenden Wirkung des Tarifvertrags gem. § 4 Abs. 1 TVG mit Hilfe des Rechtsprinzips der Zurechnung nicht begründet werden kann.

IV. Analogie

Der infolge der Betriebszweckverlagerung entstehende Wertungswiderspruch bezüglich der Beendigung der zwingenden Tarifwirkung kann durch die Zurechnung bestimmter objektiver oder subjektiver Sachverhalte nicht aufgelöst werden. Damit eröffnet sich der Weg zum Rechtsinstitut der Analogie. Fraglich ist, ob mit Hilfe dieses Rechtsprinzips das fehlende Tatbestandsmerkmal des § 4 Abs. 1 TVG, das Unterfallen unter den Geltungsbereich, zu ersetzen ist.

Die unmittelbare und zwingende Wirkung des Tarifvertrags kann nur aufrecht erhalten werden, wenn eine Norm, die in der Lage ist, das Defizit des „fehlenden Geltungsbereichs" auszugleichen, analog angewandt werden kann. Als eine solche Vorschrift kommt zum einen die Norm des entsprechenden Tarifvertrags in Betracht, die den Umfang des fachlichen Geltungsbereichs des Tarifvertrags festlegt. Könnte dies Norm analog angewandt werden, unterfiele das Verleihunternehmen weiterhin dem fachlichen Geltungsbereich des Tarifvertrags und die Voraussetzungen von § 4 Abs. 1 TVG wären erfüllt. Als Ausgleichsnorm ist aber auch § 4 Abs. 1 TVG selbst geeignet. Bei analoger Anwendung von § 4 Abs. 1 TVG bliebe ebenfalls die zwingende Wirkung des Tarifvertrags erhalten. So wird z.B. die analoge Anwendung von § 4 Abs. 1 TVG auch bei der Ausgliederung von Betriebsteilen diskutiert.[341] Im Vergleich zu den Betrieben, die nicht „outsourcen" können, erfordert der Gleichbehandlungsgrundsatz unter Umständen die entsprechende Anwendung von § 4 Abs. 1 TVG.

[340] Vgl. Ausführungen zur Zurechnung des Betriebszwecks.

[341] *Schaub*, BB 1998, 2106, 2107.

Belling[342] erwägt in seiner Anmerkung zum Urteil des BAG vom 10.12.1997[343] eine analoge Anwendung von § 3 Abs. 3 TVG. Dieser Überlegung liegt seine in Übereinstimmung mit dem BAG vertretene Auffassung vom Verhältnis von § 3 und § 4 TVG zugrunde. Hiernach erfolgt keine Unterscheidung zwischen potentieller und aktueller Tarifgebundenheit. Eine Tarifgebundenheit nach § 3 TVG besteht nur, wenn die Arbeitsverhältnisse auch vom Geltungsbereich des Tarifvertrags erfaßt werden. Wird unter dieser Prämisse § 3 Abs. 3 TVG analog auf das Verleihunternehmen angewandt, heißt das zugleich, daß damit das fehlende Tatbestandsmerkmal des Unterfallens unter den Geltungsbereich ersetzt wird. Insofern ist es konsequent, eine entsprechende Anwendung von § 3 Abs. 3 TVG für den Fall der Verlagerung des Betriebeszwecks in Betracht zu ziehen.

Bei Unterscheidung zwischen potentieller und aktueller Tarifgebundenheit scheidet die analoge Anwendung von § 3 Abs. 3 TVG von vornherein aus. Die potentielle Tarifgebundenheit nach § 3 TVG wird durch die Betriebszweckverlagerung nicht beeinträchtigt. Das Verleihunternehmen ist auch bei Verlassen des fachlichen Geltungsbereichs gem. § 3 Abs. 1 TVG oder, bei Verbandsaustritt, gem. § 3 Abs. 3 TVG potentiell tarifgebunden. Das Erfordernis des Unterfallens unter den Geltungsbereich kann mit der Vorschrift des § 3 Abs. 3 TVG mithin nicht ersetzt werden. Dafür sind die „Geltungsbereichsvorschriften" zuständig.

Mit beiden Auffassungen würde aber letztlich das gleiche Ergebnis erzielt werden. Die unmittelbare und zwingende Wirkung des Tarifvertrags bliebe jeweils so lange erhalten, wie sie ohne Verlagerung des Betriebszwecks bestände. Das fehlende Tatbestandsmerkmal des Unterfallens unter den Geltungsbereich wird jeweils nur über die entsprechende Anwendung einer anderen Norm ersetzt. Die Unterscheidung zwischen potentieller und aktueller Tarifgebundenheit entspricht jedoch eher der Dogmatik des TVG. So führt z.B. auch das BAG[344] aus, daß § 3 Abs. 3 TVG lediglich die fehlende Mitgliedschaft ersetzt, die weiteren Voraussetzungen für die Anwendbarkeit des Tarifvertrags von seiner Fiktionswirkung aber nicht erfaßt werden.

---

[342] SAE 1999, 181, 188 f.; Zur Thematik der analogen Anwendung von § 3 Abs. 3 TVG bei Verlassen des Geltungsbereichs der Tarifvertrags vgl. auch *Konzen*, ZfA 1975, 401, 412 f.

[343] SAE 1999, 176 ff.

[344] Vgl. nur SAE 1999, 176, 178.

1. Gesetzesumgehung als selbständiges Rechtsinstitut

Bevor auf die Voraussetzungen der Analogie eingegangen wird, stellt sich jedoch vorab zusätzlich die Frage nach dem Verhältnis zwischen Analogie und Gesetzesumgehung. In der Verlagerung des Betriebszwecks mit der Folge, daß das Verleihunternehmen aus dem fachlichen Geltungsbereich des Tarifvertrags herausfällt, kann eine unzulässige Umgehung der Geltungsbereichsnorm des Tarifvertrags bzw. von § 4 Abs. 1 TVG liegen. D.h. der Tatbestand der jeweiligen Norm wird zwar nicht erfüllt, der Sachverhalt fällt aber nach den der Norm zugrundeliegenden Wertungen unter ihren Anwendungsbereich. Rechtsfolge einer unzulässigen Gesetzesumgehung ist, daß die umgangene Norm trotz des Nichtvorliegens ihrer Voraussetzungen Anwendung findet. Wird die Gesetzesumgehung dabei als eigenständiges Rechtsinstitut angesehen, kann der Tatbestand der Betriebszweckverlagerung unter Umständen nicht „nur" die analoge, sondern die direkte Anwendung der entsprechenden Geltungsbereichsnorm erfordern. Obwohl die Tatbestandsvoraussetzungen nicht gegeben sind, kann demnach also die direkte Anwendung der Geltungsbereichsnorm des Tarifvertrags bzw. von § 4 Abs. 1 TVG geboten sein. Es ist jedoch umstritten, ob die Gesetzesumgehung als ein selbständiges Rechtsinstitut anzusehen ist oder, ob es sich lediglich um eine Frage der Gesetzesauslegung oder Gesetzesanalogie handelt.[345]

Ihren Ursprung hat die Lehre von der Gesetzesumgehung im römischen Recht. In einem Bestandteil des corpus iuris civilis, den Digesten des Justinian, findet sich folgende Definition der Gesetzesumgehung[346]: Gegen das Gesetz verstößt, wer tut, was das Gesetz verbietet; das Gesetz umgeht, wer ohne Verstoß gegen den Wortlaut des Gesetzes den Sinn des Gesetzes hintergeht. Die Entwicklung der Lehre von der Gesetzesumgehung geht darauf zurück, daß sich im römischen Recht bei der Auslegung von Gesetzen zunächst noch streng am Wortlaut orientiert wurde. Diese wortlautgetreue Auslegung bewirkte, daß viele Sachverhalte, sei es gewollt oder ungewollt, von der Geltung einer Norm nicht erfasst wurden, obwohl es ihr Sinn und Zweck erfordert hätte. Hieraus folgte die Notwendigkeit für die Lehre von der Gesetzesumgehung.[347]

Später setzte sich eine freiere Gesetzesauffassung durch. Man erkannte, daß die sprachliche Fassung der Gesetze allein eine Umgehung ihrer nicht auszuschließen vermochte. Die Auslegung erfolgte nun auch nach dem Sinn und Zweck des Gesetzes.[348] Durch diese Art der Gesetzesinterpretation wurde

---

[345] *Honsell*, FS Max Kaser, S. 111; *Sack* in: Staudinger, § 134 BGB, Rdnr. 149 ff.

[346] *Flume*, BGB AT, § 17, 5, S. 350.

[347] *Honsell*, FS Max Kaser, S. 113.

[348] *Honsell*, FS Max Kaser, S. 121.

nicht mehr vornehmlich am Wortlaut des Gesetzes gehaftet. Vielmehr erfolgte die Subsumtion der Sachverhalte nunmehr unter Beachtung der Wertungen und Prinzipien der zur Anwendung in Frage stehenden Gesetzesnormen. Damit stellte sich ein großer Teil der Sachverhalte, der nicht vom Wortlaut der Norm erfaßt wurde, aber aufgrund der erweiterten Auslegung[349] unter ihren Anwendungsbereich fiel, nicht mehr als „Umgehung" dar. Für die übrigen Fälle wurde die Figur der Gesetzesumgehung in diesem Zuge zunächst jedoch nicht aufgegeben.[350]

Heute ist der überwiegende Teil der Lehre[351] der Auffassung, daß es im geltenden Recht keines selbständigen Instituts der Gesetzesumgehung bedarf. Dem ist zuzustimmen. Ist eine unzulässige Tatbestandsvermeidung[352] gegeben, wird der Sinn und Zweck der „umgangenen" Norm i.V.m. dem Gleichheits-

---

[349] Erweiterte Auslegung ist hier insofern zu verstehen, als nunmehr auch auf den Sinn und Zweck der Gesetzesnormen abgestellt wurde.

[350] *Honsell*, FS Max Kaser, S. 122.

[351] *Flume*, BGB AT, Bd. 2, § 17, 5, S. 350; *Medicus*, BGB AT, § 44 I, Rdnr. 660, S. 249; *Richardi*, Anm. BAG AP Nr. 74 zu § 620 BGB Befristeter Arbeitsvertrag; *Belling*, SAE 1999, 181, 186; *Hefermehl* in: Soergel, § 134 BGB, Rdnr. 37; *Dilcher* in: Staudinger, § 117 BGB, Rdnr. 36; *Teichmann*, Die Gesetzesumgehung, S. 78 ff.; *Schellhammer*, Zivilrecht nach Anspruchsgrundlagen, 41. Teil, 3. Kap., 4, Rdnr. 2348, S. 957; *Behrends*, Die fraus legis, S. 10 f.; *Herschel*, Anm. BAG AP Nr. 4 zu § 620 BGB Bedingung; *Bickel*, Anm. BAG, AP Nr. 8 zu § 620 BGB Bedingung; *ders.*, SAE 1976, 115; *Schröder, J.*, Gesetzesauslegung und Gesetzesumgehung, S. 12; *Rehbinder*, Konzernaußenrecht und allgemeines Privatrecht, S. 113; *Schröder, U.*, Altersbedingte Kündigungen und Altersgrenzen im Individualarbeitsrecht, 4. Teil § 10 III 2 a), S. 158; *Koller*, Anm. BAG AP Nr. 47 zu § 620 BGB Befristeter Arbeitsvertrag; *Blomeyer*, RdA 1967, 406, 407 ff.; *Schmalz*, Methodenlehre für das juristische Studium, 6. Teil 5.2, Rdnr. 312, S. 134; *Westerhoff*, Gesetzesumgehung und Gesetzeserschleichung, S. 64; *König*, Der Bestandsschutz befristeter Arbeitsverhältnisse mit wissenschaftlichen Mitarbeitern im Hochschulbereich, S. 118; einschränkend *Schurig*, FS Ferid, S. 400.; a.A.: *Mayer-Maly*, FS Hefermehl, S. 103, 108 f. und in: MüKo, §134 BGB, Rdnr. 11 f.; *Sack* in: Staudinger, § 134 BGB, Rdnr. 151; *Brox* in: Erman, § 134 BGB, Rdnr. 18; *Kraft*, Anm. BAG AP Nr. 50 zu § 620 BGB Befristeter Arbeitsvertrag, lehnt die „Gesetzesumgehung" nur bzgl. der Rechtsprechung zum befristeten Arbeitsvertrag ab. BGHZ 13, 129, 134; 48, 40, 49; 55, 228, 233; BAGE 1, 128, 133; 1, 136, 139; 39, 67, 70; BAG, NJW 1983, 645 f.; 91, 1060 f.; BAG, NZA 1999, 422 ff. Zur Rechtsprechung des BAG vgl. außerdem *Bickel*, Jus 87, 861 ff.; Darstellung ohne wertende Stellungnahme bei *Schmidt* in: Staudinger, § 242 BGB, Rdnr. 244.

[352] Eine zulässige Tatbestandsvermeidung wird von *Schurig*, FS Ferid, S. 400, treffend als erlaubte Tatbestandsplanung bezeichnet.

satz[353] ergeben, daß die Norm analog angewandt werden muß. Das Rechtsinstitut der Analogie erfaßt damit schon alle Fälle unzulässiger Tatbestandsvermeidung. Daher stellt sich die Frage der Gesetzesumgehung in Form eines selbständigen Rechtsinstituts nur scheinbar.[354] Ein selbständiger Umgehungstatbestand ist nicht gegeben.[355]

Der Aussage, daß die Frage der Gesetzesumgehung lediglich eine Frage der Gesetzesauslegung bzw. Gesetzesanalogie sei[356], ist bzgl. der „Gesetzesauslegung" jedoch nur insoweit zuzustimmen, als die sinngemäße Auslegung i.V.m. dem Gleichheitssatz zur Begründung einer analogen Anwendung der Vorschrift gemeint ist. Denn ergibt die „normale" Auslegung der Vorschrift, worunter auch die teleologische Auslegung fällt, daß der Sachverhalt von ihr erfaßt wird, liegt keine „Umgehung", keine „Vermeidung des Tatbestands" der Norm vor. Erst wenn nach der Auslegung (wörtliche, historische, systematische, teleologische)[357] der Vorschrift feststeht, daß der Sachverhalt ihre Tatbestandsvoraussetzungen nicht erfüllt, stellt sich die Frage, ob eine „Umgehung" ihrer vorliegt. Erst an diesem Punkt ist unter Zugrundelegung des Gleichheitsgrundsatzes zu ermitteln, ob die Norm nach ihren Wertungen und Prinzipien entsprechend angewandt werden muß. Die Gesetzesumgehung ist streng genommen also lediglich eine Frage der Gesetzesanalogie.[358] Sie stellt keine selbständige Rechtsfigur dar, ist aber als eigenständiger Begriff innerhalb der analogen Anwendung von Gesetzesnormen einzuordnen.[359]

Demgegenüber gehen Raisch/Maasch[360] davon aus, daß die Analogie ein Unterfall der systematischen Auslegung sei. Dem kann nicht zugestimmt werden. Einerseits ist schwer nachzuvollziehen, warum die Analogie gerade ein

---

353 *Canaris*, Die Feststellung von Lücken im Gesetz, S. 25; *Bydlinski*, Methodenlehre und Rechtsbegriff, 3. Teil I 2, S. 474; *Larenz*, Methodenlehre der Rechtswissenschaft, Kap. 5, 2 a), S. 374.

354 *Flume*, BGB AT, § 17, 5, S. 350, § 20, 2 b) cc), S. 409; *Schellhammer*, Zivilrecht nach Anspruchsgrundlagen, 41. Teil, 3. Kap., 4, Rdnr. 2348, S. 957; a.A. z.B.: *Mayer-Maly* in: MüKo, § 134 BGB, Rdnr. 11 ff.

355 *Medicus*, BGB AT, § 44 I, Rdnr. 660, S. 249; *Flume*, BGB AT, § 17, 5, S. 350, § 20, 2 b) cc), S. 409.

356 Vgl. *Dilcher* in: Staudinger, § 117 BGB, Rdnr. 36; *Hefermehl* in: Soergel, § 134 BGB, Rdnr. 37; *Rehbinder*, Konzernaußenrecht und allgemeines Privatrecht, S. 113.

357 Zur Entwicklung der Auslegungsmethoden im Zivilrecht vgl. *Obermayer*, NJW 1966, 1885, 1887.

358 So auch *Westerhoff*, Gesetzesumgehung und Gesetzeserschleichung, S. 64.

359 Vgl. nur *Flume*, BGB AT, § 17, 5, S. 350, § 20, 2 b) cc), S. 409.

360 FS Benisch, S. 205, 216 f.

Unterfall der systematischen Auslegung bilden soll. Raisch/Maasch[361] beziehen sich insoweit nicht nur auf die „ratio legis" des Normzusammenhangs, sondern auch auf den Sinn der einzelnen Norm. Die Ermittlung des Sinn und Zwecks einer Norm erfolgt aber durch die teleologische Auslegung, auch wenn zur Ermittlung des Sinn und Zwecks wiederum auf Elemente der anderen Auslegungsmethoden zurückgegriffen wird. Die systematische Auslegung hingegen befaßt sich mit dem Bedeutungszusammenhang des Gesetzes; mit der „sachlichen Übereinstimmung" der Vorschriften.[362] Freilich ist zuzugeben, daß auch bei der Ermittlung des Bedeutungszusammenhangs auf den Sinn der Vorschriften abgestellt wird.[363] Die Zweckbetrachtung geht bei der Analogie jedoch weiter. Bei der Frage nach der analogen Anwendung einer Vorschrift ist unter Einbeziehung der allgemeinen Rechtssätze die sachgemäßeste Auslegung[364] zu ermitteln.

Zudem ist die Analogie kein Unterfall der Auslegung, sondern die (teleologische) Auslegung Grundlage für die Analogie, welche sich aus dem Gleichheitssatz rechtfertigt.[365] Bei der Analogie erfordert nicht der Sinn und Zweck der Norm aus sich heraus, sondern der allgemeine Gleichbehandlungsgrundsatz i.V.m. dem Sinn und Zweck der Norm die Gleichbehandlung ähnlicher Sachverhalte. Daß sich die Analogie aus dem Gleichheitssatz rechtfertigt, halten *Raisch/Maasch*[366] ebenfalls für zutreffend. Sie beziehen in die systematische Auslegung jedoch Art. 3 GG mit ein: „Auch soweit – zutreffend – darauf hingewiesen wird, daß die Analogie sich als Folge des Gleichheitssatzes rechtfertigt, unterstützt dies die hier vertretene These, daß es sich bei der Analogie um einen Fall der systematischen Auslegung handelt, nämlich von den Grundrechten her, in diesem Fall Art. 3 GG."[367] Die Frage nach dem Bedeutungszusammenhang des Normgefüges bezieht sich aber nur auf die Normen des Gesetzes, innerhalb dessen die auszulegende Norm enthalten ist bzw. auf andere Gesetzesnormen, wenn ein Bezug zwischen ihnen herzustellen ist. Art. 3 GG findet in diesem Stadium der Auslegung noch keine Berücksichtigung. Eine Auslegung hat zwar stets „im Lichte der Grundrechte" zu erfolgen. Die Grundrechte werden aber bei der systematischen Auslegung in den „Bedeutungszusammenhang" zunächst nicht mit einbezogen. Der Gleichbe-

---

361 FS Benisch, S. 205, 216 f.

362 *Larenz*, Methodenlehre der Rechtswissenschaft, 4. Kap. 2 b), S. 325.

363 *Larenz*, Methodenlehre der Rechtswissenschaft, 4. Kap. 2 b), S. 327.

364 *Larenz*, Methodenlehre der Rechtswissenschaft, 4. Kap. 2 d), S. 333.

365 *Canaris*, Die Feststellung von Lücken im Gesetz, S. 25.

366 FS Benisch, S. 205, 216 f.

367 FS Benisch, S. 205, 216 f.

handlungsgrundsatz ist nur insoweit zu berücksichtigen, als die durch die systematische Auslegung gewonnene Gesetzesinterpretation nicht gegen Art. 3 GG verstoßen darf. Teleologie und Systematik sind unterschiedliche Auslegungskriterien. Obwohl sie teilweise ineinander übergehen, müssen sie getrennt behandelt werden, um letztlich zwischen Auslegung und Rechtsfortbildung unterscheiden zu können.

Bickel[368] und Wolf/van Gelder[369] hingegen vertreten die Ansicht, daß es eine „Umgehung" an sich nicht geben könne. Wolf/van Gelder[370] argumentieren hierzu wie folgt: Liegt der Tatbestand einer gesetzlichen Vorschrift vor, tritt die Rechtswirkung ein; liegt der Tatbestand nicht vor, tritt die Rechtswirkung nicht ein. Nach ihrer Ansicht gibt es nur diese beiden Möglichkeiten. Für eine „Umgehung" ist danach kein Raum. Diese Ausführungen treffen jedoch nur zu, wenn durch Auslegung zu ermitteln ist, ob der Sachverhalt unter den Tatbestand der betreffenden Norm fällt oder nicht. Soweit es um die analoge Anwendung einer Norm geht, ist die Aussage, daß „eine Umgehung des notwendigen Zusammenhangs" zwischen Tatbestand und Rechtsfolge nicht möglich sei, unzutreffend. Die analoge Anwendung einer Norm begründet sich unter Einbeziehung des Gleichheitssatzes. Eben weil der entsprechende Sachverhalt auch durch Auslegung nicht von der zur Anwendung in Frage stehenden Norm erfaßt wird, der Sinn und Zweck der Norm i.V.m. dem Gleichheitssatz aber eine Anwendung der Vorschrift erforderlich macht, kann eine Umgehung bzgl. des Zusammenhangs zwischen Tatbestand und Rechtsfolge gegeben sein.

Bickel[371] folgert aus den Ausführungen des BAG[372] zur Gesetzesumgehung zudem, daß derjenige dem Inhalt des Gesetzes zuwiderhandele, der in bestimmter Weise dem Zweck des Gesetzes zuwiderhandele. Da aber Inhalt und Zweck des Gesetzes nicht dasselbe seien, sei eine solche Behauptung logisch nicht einwandfrei. Diese Aussage ist ebensowenig überzeugend. Der Zweck des Gesetzes wird durch dessen Inhalt bestimmt. Wird dem Zweck des Gesetzes zuwidergehandelt, so wird demnach auch dem Inhalt des Gesetzes zuwidergehandelt. Folglich ist bei rechtsmißbräuchlicher Zuwiderhandlung gegen den Zweck des Gesetzes der Inhalt des Gesetzes, d.h. das Gesetz selbst entsprechend anzuwenden.

Der Theorienstreit um das Bestehen eines selbständigen Rechtsinstituts der Gesetzesumgehung hat im Ergebnis jedoch keine Auswirkung auf die

---

368 SAE 1976, 115, 116.

369 SAE 1970, 122, 123.

370 SAE 1970, 122, 123.

371 SAE 1976, 115, 116.

372 AP Nr. 16 zu § 620 BGB Befristeter Arbeitsvertrag.

eintretenden Rechtsfolgen.[373] Es muß stets zunächst auf den Sinn des Gesetzes abgestellt werden.[374] Erst danach ist es möglich festzustellen, ob das Gesetz „umgangen“ wird. Liegt tatsächlich eine Umgehung des Gesetzes vor, so daß man über die Anwendung des selbständigen Instituts der Gesetzesumgehung zu dem Ergebnis gelangt, daß trotz des Nichtvorliegens ihrer Voraussetzungen die Norm Anwendung findet, wird die sinngemäße Auslegung der Norm i.V.m. dem Gleichheitssatz ergeben, daß die Umgehung des Tatbestands der Norm die analoge Anwendung ihrer selbst zur Folge hat. Im Falle ihrer Umgehung ist die Norm also entweder direkt oder analog anzuwenden. Hinsichtlich der Rechtsfolge ergeben sich dadurch keine Unterschiede. Die analoge Anwendung der Norm ist gegenüber ihrer direkten Geltung in Bezug auf die Rechtsfolge gleichwertig.

2. Analoge Anwendung von Normen als Folge der „Umgehung“ ihres Tatbestands

a) Befugnis der Gerichte zur Rechtsfortbildung im Wege der Analogie

Die Analogie[375] ist nach h.M.[376] neben Umkehrschluß und teleologischer Reduktion ein Mittel der Rechtsfortbildung. Anderer Ansicht ist dagegen z.B. Rehbinder[377]. Er unterscheidet zwischen Auslegung, Analogie und Rechtsfortbildung. Der Vorzug ist jedoch der h.M. zu geben. Das Rechtsinstitut der Rechtsfortbildung umfaßt auch die Analogie, weil durch die analoge Anwendung einer Vorschrift, der für sie ursprünglich vorgesehene Anwendungsbereich ausgedehnt wird. Das „Recht“ wird insoweit also fortgebildet. Dabei ist unbestritten, daß die Gerichte grundsätzlich zur Rechtsfortbildung befugt sind.[378] Obwohl sie sich durch die erweiterte oder auch aufgrund teleologischer Reduktion durch die eingeschränkte Anwendung bestehender Vorschriften nicht

---

373 *Hirsch*, BGB AT, D I, Rdnr. 769, S. 280.

374 *Medicus*, BGB AT, § 44 I, Rdnr. 660, S. 249.

375 Zur Bedeutung des Wortes „Analogie“ vgl. *Baratta*, FS Wolf, S. 137.

376 Vgl. nur *Larenz*, Methodenlehre der Rechtswissenschaft, Kap. 5, 1, S. 366 ff.; *Wank* in: Wiedemann, TVG, § 1, Rdnr. 817; RdA 1998, 71, 85.

377 Konzernaußenrecht und allgemeines Privatrecht, S. 101 f., 107.

378 Vgl. *Larenz/Canaris*, Methodenlehre der Rechtswissenschaft, Kap. 5, 2 a), S. 191. Zu den Voraussetzungen und Grenzen rechtsfortbildenden Richterrechts vgl. auch *Wagner*, BB 1986, 465 ff.

strikt an die vom Gesetzgeber erlassenen Normen halten, verstoßen sie nicht gegen das Gewaltenteilungsprinzip.

In heutiger Zeit besteht eine sehr diffizile und komplexe Rechtsordnung. Dennoch gibt es Fälle, denen keine subsumtionsfähigen Normen zugänglich sind[379], die aufgrund der Geltung des allgemeinen Gleichheitssatzes aber einer Regelung bedürfen. Das Vorhandensein solcher gesetzlich ungeregelter Fälle resultiert daraus, daß es dem Gesetzgeber nicht möglich ist, im Vorfeld für jeden denkbaren Sachverhalt eine Regelung zu schaffen.[380] Teils werden regelungsbedürftige Sachverhalte übersehen, da auch der Gesetzgeber nicht unfehlbar ist.[381] Zum anderen entstehen durch die gesellschaftliche Entwicklung immer wieder neue Fallkonstellationen, die vorher nicht überblickt werden können. Würden die Gerichte in den Fällen, in denen keine regelnde Norm vorhanden ist, aber für den zu entscheidenden Sachverhalt ein Regelungsbedarf besteht, keine Entscheidung treffen, läge zwar keine Rechtsverweigerung vor. Die Gerichte würden aber in der Regel gegen den Gleichbehandlungsgrundsatz verstoßen.[382] Daher sind sie aufgrund des Gleichbehandlungsgrundsatzes zur Rechtsfortbildung legitimiert, aber auch verpflichtet.[383]

Die Grenze legitimer Rechtsfortbildung bestimmt sich aus dem Gesetz selbst. Die Befugnis der Gerichte zur Rechtsfortbildung besteht nur insoweit, als sich diese noch im Rahmen des gesetzesimmanenten Regelungsbereiches hält.[384] Sie muß mit der Regelungsabsicht, dem Gesetzesplan und dem den Gesetz innewohnenden Regelungszweck vereinbar sein. Anderenfalls läge keine „Fortentwicklung", sondern eine „Neubildung" des Rechts vor, wofür grundsätzlich nur die Legislative zuständig ist, Art. 70 ff. GG. Unter Umständen kann aber eine gesetzesüberschreitende Rechtsfortbildung ebenfalls zulässig sein. Grundlage hierfür können unabwendbare Bedürfnisse des Rechtsverkehrs, die „Natur der Sache", vorrangige rechtsethische Prinzipien oder Verfassungsprinzipien sein.[385] Eine gesetzesüberschreitende Rechtsfortbildung kommt bzgl. des Tatbestands der Betriebszweckverlagerung jedoch nicht in Betracht. Aus diesem Grund wird lediglich auf die Voraussetzungen der gesetzesimmanenten,

---

379 *Schmalz*, Methodenlehre für das juristische Studium, 6. Teil, 6, Rdnr. 313, S. 134.

380 *Caesar*, summum ius, summa iniuria, S. 10.

381 *Schmalz*, Methodenlehre für das juristische Studium, 6. Teil, 6, Rdnr. 313, S. 134.

382 *Larenz/Canaris*, Methodenlehre der Rechtswissenschaft, Kap. 5, 2 a), S. 193; *Röhl*, Allgemeine Rechtslehre, § 79 I, S. 672; *Obermayer*, NJW 1966, 1885, 1889; a.A.: *Dänzer-Vanotti*, FS Everling, S. 211. Er geht davon aus, daß eine Rechtsverweigerung vorläge.

383 Vgl. *Schmalz*, Methodenlehre für das juristische Studium, 6. Teil, 7.2, Rdnr. 318, S. 136.

384 *Canaris*, Die Feststellung von Lücken im Gesetz, S. 33.

385 *Larenz/Wolf*, BGB AT, § 4 V 2, Rdnr. 71, S. 114.

nicht aber auf die Voraussetzungen der gesetzesüberschreitenden Analogie eingegangen.[386]

b) Voraussetzungen der Analogie[387]

Voraussetzung für die analoge Anwendung von Gesetzesnormen ist das Bestehen e iner p lanwidrigen R egelungslücke.[388] Eine planwidrige Regelungslücke ist gegeben, wenn das Gesetz für einen Fall keine Regelung vorsieht, obwohl es nach seiner eigenen Teleologie eine enthalten sollte.[389] Hierbei können mehrere Arten von Lücken auftreten.[390] Unterschieden wird z.B. zwischen echten und unechten und primären und sekundären Lücken. Eine genaue Abgrenzung kann dabei Anhaltspunkte für die Schließung der Lücken liefern.[391] So kann für den Tatbestand der Betriebszweckverlagerung die Abgrenzung für die Frage, ob die analoge Anwendung der Geltungsbereichsnorm des Tarifvertrags bzw. von § 4 Abs. 1 TVG tatsächlich ein geeignetes Mittel zur Lückenschließung ist, von Bedeutung sein.

Außerdem muß die Unvollständigkeit des Gesetzes planwidrig sein, d.h. es darf kein beredtes, kein planmäßiges Schweigen des Gesetzgebers vorliegen. Für das Gesetz gibt es zwei Gründe, warum es (planmäßig) gewollt bestimmte Fälle ungeregelt läßt. Einmal, wenn für diese Fälle überhaupt keine Rechtsfolgen eintreten sollen. Das Gesetz überläßt diese Fälle dann bewußt einem rechtsfreien Raum. Zum anderen ist die Unvollständigkeit planmäßig, wenn sich aus der Verknüpfung einer Rechtsfolge mit einem bestimmten

---

386 Zu den Voraussetzungen und Grenzen der gesetzesüberschreitenden Rechtsfortbildung vgl. *Larenz/Cana-ris*, Methodenlehre der Rechtswissenschaft, Kap. 5, 4 d), S. 245 ff. Zum Verhältnis zwischen Richterrecht und Gesetzesrecht vgl. auch *Christensen*, NJW 1989, 3194 ff.

387 Ein Überblick der bedeutsamsten Theorien, die im Rahmen der klassischen Logik zum Analogieschluß entwickelt wurden, findet sich bei *Klug*, Juristische Logik, III § 9, 2, S. 115 ff.

388 *Canaris*, Die Feststellung von Lücken im Gesetz, S. 25; *Larenz/Canaris*, Methodenlehre der Rechtswissenschaft, Kap. 5, 2 a), S. 191; *Bydlinski*, Methodenlehre und Rechtsbegriff, 3. Buch, 3. Teil I 2, S. 473; *Pawlowski*, Methodenlehre für Juristen, § 11, 1, Rdnr. 455, S. 206; *Schmalz*, Methodenlehre für das juristische Studium, 6. Teil, 7.5, Rdnr. 321 ff., S. 138; *Fromm*, DB 1988, 601; *Wank*, RdA 1987, 150; krit. Argumente aber auch bei: *Pawlowski*, Methodenlehre für Juristen, § 11, 2, Rdnr. 462, S. 208; *Bartholomeyczik*, Die Kunst der Gesetzesauslegung, 10 b) aa), S. 81.

389 *Larenz/Canaris*, Methodenlehre der Rechtswissenschaft, Kap. 5, 2 a), Fn. 21, S. 196.

390 Zu den verschiedenen Lückenarten vgl. *Klug*, FS Nipperdey I, S. 71 ff.

391 *Honsell*, JuS 79, 81, 82.

Tatbestand ergibt, daß die Rechtsfolge für einen anderen (ungeregelten) Fall nicht eintreten soll.[392]

Nach der Lückenfeststellung folgt deren Ausfüllung. Lückenfeststellung und Lückenschließung sind jedoch nicht strikt voneinander zu trennen.[393] Vielmehr stimmen die Denkschritte zur Lückenfeststellung mit denen zur Lückenschließung in weiten Schritten überein.[394] So dient die Analogie, als häufigste Form der Lückenschließung[395], nicht nur der Schließung von Lücken, sondern bereits zu deren Feststellung.[396] Daher wird in den folgenden Ausführungen keine Trennung zwischen Lückenfeststellung und Lückenschließung vollzogen.

Eine ganz wesentliche Bedeutung hat bei der Lückenfeststellung zur Begründung der analogen Anwendung einer Vorschrift der Gleichheitssatz.[397] Die Analogie beruht auf dem sich aus diesem Grundsatz ergebenden Gebot der Gleichbehandlung.[398] Der Gleichheitssatz selbst findet seinen Ursprung in dem in der Rechtsordnung allgemein geltenden Gerechtigkeitsprinzip.[399] Danach ist wesentlich Gleiches gleich und wesentlich Ungleiches im Verhältnis der Ungleichheit ungleich zu behandeln.[400] Bei der Analogie ist also danach zu fragen, ob der ungeregelte Sachverhalt dem geregelten Sachverhalt so weit äh-

---

392 *Canaris*, Die Feststellung von Lücken im Gesetz, S. 39 f.

393 *Schmalz*, Methodenlehre für das juristische Studium, 6. Teil, 7.6, Rdnr. 330, S. 141.

394 *Bydlinski*, Methodenlehre und Rechtsbegriff, 3. Buch, 3. Teil, I 2, S. 474.

395 *Bydlinski*, Methodenlehre und Rechtsbegriff, 3. Buch, 3. Teil, II 1, S. 475; *Larenz/Canaris*, Methodenlehre der Rechtswissenschaft, Kap. 5, 2 b), S. 202.

396 *Canaris*, Die Feststellung von Lücken im Gesetz, S. 71 f.; vgl. auch *Dänzer-Vanotti*, FS Everling, S. 220; krit. dazu *van Gelder/Leinemann*, JZ 1966, 244, 245.

397 Zum Wesen des Gleichheitssatzes vgl. *Coing*, Grundzüge der Rechtsphilosophie, Kap. V, I 3, S. 221; *Fechner*, Rechtsphilosophie, Soziologie und Metaphysik des Rechts, C II 1, S. 77; *Röhl*, Allgemeine Rechtslehre, § 79 I, S. 672; *Henkel*, Einführung in die Rechtsphilosophie, § 32 IV, S. 395 f.

398 *Larenz/Canaris*, Methodenlehre der Rechtswissenschaft, Kap. 5, 2 b), S. 202; *Honsell*, JuS 79, 81, 83; *Schweizer*, DB 1979, 1735; *Diederichsen*, MDR 1964, 889, 891; *Canaris*, Die Feststellung von Lücken im Gesetz, S. 25; *Bydlinski*, Methodenlehre und Rechtsbegriff, 3. Buch, 3. Teil, I 2, S. 474; *Obermayer*, NJW 1966, 1885, 1890.

399 *Fechner*, Rechtsphilosophie, Soziologie und Metaphysik des Rechts, C II 1, S. 77.

400 *Henkel*, Einführung in die Rechtsphilosophie, § 32 IV, S. 395 f.

nelt[401], daß das Gerechtigkeitsprinzip eine Gleichbehandlung der Sachverhalte erfordert. Wann dies der Fall ist, wird von *Larenz/Canaris*[402] ausschöpfend dargelegt. Nach ihren zuzustimmenden Ausführungen sind Sachverhalte einander ähnlich, wenn sie in den wesentlichen Punkten übereinstimmen, sich in anderen Punkten aber unterscheiden. Wenn sie in allen Punkten übereinstimmen würden, wären sie gleich und würden ohne das Erfordernis der Analogie jeweils beide von der in Frage stehenden Norm erfaßt werden. *Larenz/Canaris*[403] führen weiter zutreffend aus, daß die Sachverhalte gerade in den für die rechtliche Bewertung maßgebenden Punkten gleich sein müssen. Dafür müssen zunächst die in der betreffenden gesetzlichen Regelung zum Ausdruck kommenden Wertungen und Prinzipien analysiert werden. Erst dann kann festgestellt werden, ob eine Ähnlichkeit der Sachverhalte besteht und ob diese Ähnlichkeit eine Gleichbehandlung erfordert oder ob die verbleibenden Unterschiede nicht derart gegen die gesetzlichen Wertungen der analog anzuwendenden Norm sprechen, daß sich eine Gleichbehandlung verbietet. Im Ergebnis muß also der Sinn und Zweck der Norm i.V.m. dem Gleichheitssatz eine analoge Anwendung der Norm erfordern.

c) Erforderlichkeit eines Umgehungsvorsatzes

Anhand der Voraussetzungen der Analogie ergibt sich, daß die entsprechende Anwendung einer Vorschrift aufgrund Umgehung ihres Tatbestands, wie alle anderen Fälle der Analogie, keiner speziellen Umgehungsabsicht bedarf. Es kommt lediglich darauf an, daß die Sachverhalte in dem für eine Analogie erforderlichen Maße vergleichbar sind. Dabei können „Absichten" keine entscheidungserhebliche Rolle spielen.[404] So hat auch der Große Senat des Bundesarbeitsgerichts in seinem Beschluß vom 12.10.1960[405] bzgl. der Zulässigkeit von Kettenarbeitsverträgen ausgeführt, daß es auf eine Absicht der Umgehung zwingender Kündigungsschutzvorschriften nicht ankomme, sondern vielmehr die objektive Funktionswidrigkeit des Rechtsgeschäfts entscheidend sei. Gegen diese rein objektive Betrachtungsweise bzgl. der Annahme eines

---

401 Zum Erfordernis der Rechtsähnlichkeit vgl. *Larenz/Canaris*, Methodenlehre der Rechtswissenschaft, Kap. 5, 2 b), S. 202; *Larenz/Wolf*, BGB AT, § 4 V 1 a), Rdnr. 69, S. 114; *Bydlinski*, Methodenlehre und Rechtsbegriff, 3. Buch, 3. Teil, III 1, S. 474 f.; *Schweizer*, DB 1979, 1735; *Diederichsen*, MDR 1964, 889, 891; *Schlüter/Belling*, Anm. BAG, EzA Nr. 33 zu § 242 Gleichbehandlung.

402 Methodenlehre der Rechtswissenschaft, Kap. 5, 2 b), S. 202.

403 Methodenlehre der Rechtswissenschaft, Kap. 5, 2 b), S. 202.

404 Vgl. *Behrends*, Die fraus legis, S. 11.

405 BAGE 10, 65, 70; vgl. auch BGHZ 39, 67, 70; BGH, WM 1990, 222 ff.

unbefristeten Arbeitsvertrags wenden sich mehrere Meinungen in der Literatur.[406] Vordergründig begründen sie ihre ablehnende Haltung mit dem Eingriff in die Vertragsfreiheit des Arbeitgebers.[407] Dies überzeugt weder mit Blick auf die Zulässigkeit von Kettenarbeitsverträgen noch im allgemeinen. Die Gesetzesumgehung ist ein Unterfall der Analogie und kann daher keine weiterreichenden Voraussetzungen erfordern als die Analogie selbst. Zudem kann es bei der Vergleichbarkeit der Sachverhalte hinsichtlich des Sinn und Zwecks der anzuwendenden Vorschrift auf keine Absicht der Umgehung der Norm ankommen. Entweder die Sachverhalte sind objektiv vergleichbar, so daß die Rechtsfolge der analog anzuwendenden Norm nach dem allgemein geltenden Gleichheitssatz auch für den vergleichbaren Sachverhalt gelten muß oder es besteht keine Vergleichbarkeit, so daß eine entsprechende Anwendung der Norm zu versagen ist. Demgegenüber geht *Schurig*[408] davon aus, daß, auch wenn die Umgehungsproblematik als Fall der Auslegung bzw. Analogie betrachtet wird, die subjektiven Elemente nicht unbeachtlich seien. Sie würden vielmehr unter Umständen die gewöhnlichen Grenzen des Anwendungsbereichs einer Norm kraft Auslegung bzw. Analogie erweitern. So definiert er die Merkmale der Umgehung dergestalt, daß sie eine bewußte und zweckbestimmte Vermeidung des Tatbestands einer bindenden Norm voraussetzt.[409] Auf subjektive Elemente kann es jedoch bei der Vergleichbarkeit, soweit sie in der analog anzuwendenden Vorschrift nicht selbst enthalten sind, nicht ankommen. Die Vergleichbarkeit bezieht sich auf die jeweiligen Tatbestandsvoraussetzungen der entsprechenden Norm und die der Norm zugrundeliegenden Wertungen. Wenn im Tatbestand der Norm kein voluntatives Element enthalten ist, kann insoweit auch keine Vergleichbarkeit verlangt werden. Das willentliche „Umgehen" einer Norm ist ein zusätzliches Element, daß auf die Vergleichbarkeit der Sachverhalte keinen Einfluß hat. *Schurig* ist durchaus

---

406 *Hadding*, Anm. zu BAG AP Nr. 14 zu § 1 TVG Tarifverträge: Bau; *Bötticher*, SAE 1961, 128, 130; *v. Hoyningen-Huene*, SAE 1980, 349 ff. *Hueck*, RdA 1953, 85 ff., hält bzgl. der Annahme eines unbefristeten Arbeitsvertrags bei Kettenarbeitsverträgen sogar das Bestehen einer Umgehungsabsicht nicht für ausreichend. Er sieht in dem Abschluß von Kettenarbeitsverhältnissen eine Verletzung der Fürsorgepflicht des Arbeitgebers. *Molitor*, BB 1954, 504 ff., ist ebenfalls der Ansicht, daß zur Umgehungsabsicht mindestens noch ein weiterer Umstand hinzukommen muß, um das Bestehen eines unbefristeten Arbeitsverhältnisses bejahen zu können. Eine Fürsorgepflichtverletzung käme jedoch nicht in Betracht. *Wiedemann*, RdA 1977, 85 ff., wendet sich im Fall der Kettenarbeitsverträge vollständig gegen die Anwendung der Grundsätze der Gesetzesanalogie. *Schurig*, FS Ferid, S. 404, 407, verlangt allgemein als Voraussetzung der Umgehung ein bewußtes und zweckgerichtetes Handeln.

407 Vgl. nur *Bötticher*, SAE 1961, 128, 130.

408 FS Ferid, S. 404.

409 FS Ferid, S. 407.

darin zuzustimmen, daß bei Vorliegen eines Umgehungsvorsatzes die analoge Anwendung der umgangenen Norm noch offensichtlicher geboten ist. Der Anwendungsbereich einer Norm mittels Analogie kann dadurch aber nicht noch mehr erweitert werden, als es schon durch die Analogie geschieht. Er bleibt in seinem Umfang genauso, als würde kein Umgehungsvorsatz gegeben sein. Der allgemein geltende Gleichheitssatz gebietet, wesentlich gleiches gleich zu behandeln. Würde man nach objektiven Gesichtspunkten vergleichbare Sachverhalte wegen fehlender Umgehungsabsicht nicht gleich behandeln, so würde damit gegen den Gleichheitssatz verstoßen werden. Vielmehr ist dem BAG[410] darin zustimmen, daß die Durchsetzung von Sinn und Zweck einer unabdingbar gestalteten Rechtsnorm es gebietet, ihre Umgehung auch dort zu vereiteln, wo es an einer Umgehungsabsicht oder einem Bewußtsein der Umgehung fehlt.

d) Verhältnis der tariflichen zur gesetzlichen Geltungsbereichsnorm in Bezug auf die Frage ihrer analogen Anwendung

Dementsprechend eröffnet sich die Frage, ob im Fall der Betriebzweckverlagerung eine Analogie in Bezug auf die den Geltungsbereich bestimmenden Vorschriften geboten ist. Die Möglichkeit der analogen Anwendung der Geltungsbereichsnorm des Tarifvertrags ist dabei vor der analogen Anwendung von § 4 Abs. 1 TVG zu untersuchen. Mit dem Unterfallen der Arbeitsver-hältnisse unter den Geltungsbereich des Tarifvertrags liegen die Voraus-setzungen von § 4 Abs. 1 TVG vor. Nur wenn die tarifvertragliche Geltungsbereichsnorm die Arbeitsverhältnisse nicht erfaßt, stellt sich die Frage, ob § 4 Abs. 1 TVG trotz des „fehlenden Geltungsbereichs" Anwendung findet.

3. Analoge Anwendung der Geltungsbereichsnorm des Tarifvertrags

Die Analogievoraussetzungen sind für beide Geltungsbereichsnormen getrennt zu erörtern. Eine Vergleichbarkeit hinsichtlich der Geltungsbereichsnorm des Tarifvertrags hat nicht zur Folge, daß damit zugleich eine Vergleichbarkeit hinsichtlich von § 4 Abs. 1 TVG vorliegt. Das folgt nicht schon aus der unterschiedlichen tatbestandlichen Ausrichtung beider Normen. Zwar legt die Geltungsbereichsnorm des Tarifvertrags im Unterschied zu § 4 Abs. 1 TVG fest, unter welchen Voraussetzungen die Arbeitsverhältnisse dem Anwendungsbereich des Tarifvertrags unterfallen, wohingegen § 4 Abs. 1 TVG die Rechtsfolgen des Unterfallens unter den Geltungsbereich regelt. Im Ergebnis geht es

[410] BAGE 10, 65, 70.

jedoch hinsichtlich beider Vorschriften vorwiegend um die Anwendbarkeit des Tarifvertrags. Das spräche dafür, daß sich die Analogievoraussetzungen für beide Vorschriften gleichen. Unterschiedliche Erfordernisse an die Voraussetzungen der Vergleichbarkeit folgen aber daraus, daß es sich bei der tariflichen Geltungsbereichsnorm um eine durch die Tarifvertragsparteien vereinbarte Vorschrift und bei § 4 Abs. 1 TVG um eine Gesetzesnorm handelt. Eine Gleichbehandlung in den Analogievoraussetzungen würde dem besonderen Charakter der Tarifverträge nicht gerecht werden.

Wegen der in Art. 9 Abs. 3 TVG verankerten Tarifautonomie ist jedoch zunächst streitig, ob die Tarifvertragsnormen überhaupt einer analogen Anwendung zugänglich sind.

a) Keine analoge Anwendung von Tarifvertragsnormen

Bei der Rechtsfortbildung im Wege der Analogie dehnen die Gerichte den Anwendungsbereich einer Vorschrift aus. Sie beziehen Sachverhalte ein, die von der direkten Anwendung der Norm ausgenommen sind. Daher stellt sich die Frage, ob sich die Gerichte durch eine analoge Anwendung tarifvertraglicher Vorschriften in unzulässiger Weise an die Stelle der die Kompetenz für diese Entscheidung innehabenden Tarifparteien setzen.

Zum einen kann das in Art. 20 Abs. 2 GG verankerte Demokratieprinzip gegen die Zulässigkeit der Rechtsfortbildung von Tarifvertragsnormen durch die Gerichte sprechen.[411] Nach dem Demokratieprinzip muß sich jede Ordnung eines Lebensbereichs durch Sätze objektiven Rechts auf eine Willensentschließung der vom Volk bestellten Gesetzgebungsorgane zurück-führen lassen, wenn sie nicht autonom erfolgt.[412] Die Tarifvertragsparteien sind gem. Art. 9 Abs. 3 GG berechtigt, Tarifverträge abzuschließen, deren normativer Teil wie ein Gesetz auf die unter seinen Geltungsbereich fallenden Arbeitsverhältnisse einwirkt. Die unmittelbare und zwingende Wirkung der Tarifverträge ist dabei für die aktuell tarifgebundenen Arbeitsvertragsparteien durch deren Mitgliedschaft in den entsprechenden Verbänden legitimiert. Problematisch ist, ob die Gerichte in Bezug auf Entscheidungen über die analoge Anwendbarkeit einer Tarifvertragsnorm ausreichend legitimiert sind. Mit Hilfe der Analogie unterwerfen die Gerichte den der direkten Anwendung einer Tarifnorm nicht unterliegenden Sachverhalt gleichwohl dem Anwendungsbereich dieser Tarifnorm. Damit ziehen sie eigentlich den Tarifparteien obliegende Regelungsfragen an sich. Eine mitgliedschaftliche Legitimation besteht für die Gerichte

[411] *Schaub*, Arbeitsrechts-Handbuch, § 198 III 4 b), Rdnr. 38, S. 1941.

[412] BVerfGE 33, 126, 158.

insoweit nicht. Mithin kann es ihrerseits an einer Legitimation zur Rechtsfortbildung, wird sie als Rechtsetzung betrachtet, in Form der Analogie bei Tarifvertragsnormen fehlen.[413]

Zudem lehnt *Löwisch*[414] eine Fortbildung von Tarifnormen schon wegen der aus der Tarifautonomie folgenden Vertragsfreiheit der Tarifvertragsparteien ab. Die Gerichte seien nicht befugt, ihre Entscheidung über den Willen der Tarifvertragsparteien zu stellen. Es sei immer Sache der Tarifvertragsparteien selbst, einen bestimmten Sachverhalt zu regeln oder nicht, um so den Arbeitsvertragsparteien einen Spielraum zu belassen. Wendet das Gericht eine Tarifvertragsnorm analog an, so greife es in diese Entscheidungsfreiheit und damit in die verfassungsrechtlich gewährleistete Tarifautonomie[415] ein.[416] Das gelte auch, wenn nur eine einzige Möglichkeit für die Schließung einer bestehenden Regelungslücke in Betracht kommt. Auch in diesem Fall würde in die Entscheidungsfreiheit der Tarifparteien eingegriffen werden. Die Verletzung der Tarifautonomie läge darin begründet, daß die Tarifvertragsparteien zwar nicht in ihrer Entscheidung bzgl. der Auswahl der verschiedenen Regelungsmöglichkeiten, aber in der Frage, ob die Norm überhaupt Anwendung finden soll, übergangen würden. Nur wenn die Nichtregelung eine gegen Art. 3 GG verstoßende Diskriminierung darstellt, sei aus Rechtsgründen ausnahmsweise die Erstreckung einer tariflichen Regelung auf einen nicht geregelten Sachverhalt möglich.[417]

b) Schließung von tarifvertraglichen Lücken durch Rechtsfortbildung

Die Rechtsprechung[418] und die h.M. in der Literatur[419] halten eine Rechtsfortbildung von Tarifvertragsnormen grundsätzlich für möglich. Dem ist zuzustim-

---

413 Vgl. hierzu *Liedmeier*, Die Auslegung und Fortbildung arbeitsrechtlicher Kollektivverträge, S. 122 f.; *Schaub*, Arbeitsrechts-Handbuch, § 198 III 4 b), Rdnr. 38, S. 1941.

414 In: Münchener Handbuch zum Arbeitsrecht III, § 258 IV 2, Rdnr. 42 ff., S. 308 f.; *Löwisch/Rieble*, TVG, § 1, Rdnr. 424 ff.

415 Zur Tarifautonomie vgl. allgemein *Dorndorf*, FS Kissel, S. 139 ff.

416 Löwisch in: Münchener Handbuch zum Arbeitsrecht III, § 258 IV 2, Rdnr. 46, S. 309.

417 Löwisch in: Münchener Handbuch zum Arbeitsrecht III, § 258 IV 2, Rdnr. 46, S. 309.

418 Vgl. nur BAG AP Nr. 123 zu § 1 TVG Auslegung; Nr. 6 zu § 1 TVG Tarifverträge: Metallindustrie.

419 *Schaub*, Arbeitsrechts-Handbuch, § 198 III 4, Rdnr. 37 ff., S. 1941 ff.; *Nikisch*, Arbeitsrecht II, § 69 III, S. 219 ff.; *Belling*, SAE 1999, 181, 188; *Liedmeier*, Die Auslegung und Fortbildung arbeitsrechtlicher Kollektivverträge, S. 122 ff.; *Zachert* in: Kempen/Zachert, TVG, Grundlagen, Rdnr. 331 ff.; *Siegers*, DB 1967, 1630, 1636; *Müller*, DB 1960, 148;

men. Insbesondere genießen Tarifnormen wie alle anderen gesetzlichen Normen Umgehungsschutz.[420]

Die Möglichkeit der Rechtsfortbildung von Tarifnormen scheitert nicht an einer fehlenden Legitimation der Gerichte. Für die Rechtsfortbildung von Tarifnormen kann nichts anderes gelten als für die Rechtsfortbildung von Gesetzesnormen.[421] Die Gerichte sind aufgrund des Demokratieprinzips (Art. 20 Abs. 2 GG) lediglich daran gehindert, die von den Tarifvertragsparteien gesetzten Rechtsnormen aus eigener Autorität abzuändern oder zu ergänzen. Ein Weiterdenken der tariflichen Regelung ist hingegen möglich.[422] Dadurch wird kein neues Recht gesetzt, sondern bestehendes Recht unter dem Grundsatz der Gleichbehandlung sinn- und zweckentsprechend angewandt. Zudem erfordert das Rechtsstaatsprinzip eine Regelung der Lebensverhältnisse.[423]

Mit der Rechtsfortbildung von Tarifnormen wird auch nicht per se in die Tarifautonomie eingegriffen. Wie *Nikisch*[424] zutreffend ausführt, ist es nicht zu begründen, eine Rechtsfortbildung von Tarifvertragsnormen, anders als bei Gesetzen oder anderen Verträgen, von vornherein auszuschließen. So sind z.B. bei der „normalen“ Vertragsauslegung noch nie Bedenken gegen eine ergänzende Auslegung abgeleitet worden, obwohl auch die Vertragsfreiheit[425] verfassungsrechtlich geschützt ist.[426] Zwar ist die Tarifautonomie stärker ausgeprägt als die Vertragsfreiheit. Dies führt aber nur dazu, daß der Spielraum für die ergänzende Auslegung ein anderer ist.[427] Insbesondere ist wegen des Kompromißcharakters[428] der Tarifvertragsnormen besondere Vorsicht geboten. Die Rechtsfortbildung von Tarifvertragsnormen kann deshalb jedoch nicht

---

Dütz, FS Molitor, S. 75; *Wank* in: Wiedemann, TVG § 1, Rdnr. 812 ff.; *ders.*, RdA 1998, 71, 84 ff.; *Mayer/Maly*, RdA 1988, 136, 137; *Schlüter/Belling*, Anm. BAG, EzA Nr. 33 zu § 242 BGB Gleichbehandlung.

420 Vgl. BAG AP Nr. 12 zu § 4 TVG Günstigkeitsprinzip; *Wiedemann*, Anm. BAG AP Nr. 12 zu § 4 TVG Günstigkeitsprinzip; *Löwisch* in: Münchener Handbuch zum Arbeitsrecht III, § 246 I 2 b), Rdnr. 19, S. 194 f.

421 Zur richterlichen Gesetzesbindung vgl. *Fenn*, FS Kissel, S. 217 ff.

422 *Schaub*, Arbeitsrechts-Handbuch, § 198 III 4 b), Rdnr. 38, S. 1941; *Liedmeier*, Die Auslegung und Fortbildung arbeitsrechtlicher Kollektivverträge, S. 122 f.

423 *Schaub*, Arbeitsrechts-Handbuch, § 198 III 4 b), Rdnr. 38, S. 1941.

424 Arbeitsrecht II, § 69 III 1, S. 220.

425 *Di Fabio* in: Maunz/Dürig, Art. 2 GG, Rdnr. 101 ff.

426 *Mayer/Maly*, RdA 1988, 136, 138.

427 *Mayer/Maly*, RdA 1988, 136, 138.

428 *Schlüter/Belling*, Anm. BAG, EzA Nr. 33 zu § 242 BGB Gleichbehandlung; *Gröbing*, ZTR 1987, 236, 237; *Wank*, RdA 1998, 71, 85; *Siegers*, DB 1967, 1630, 1634.

insgesamt ausgeschlossen werden. Zudem ist *Liedmeier*[429] darin zuzustimmen, daß, wenn die von den Tarifvertragsparteien getroffenen und im Tarifvertrag zum Ausdruck kommenden Wertungen eine bestimmte Ergänzung der Tarifnormen verlangen, eine entsprechende Fortbildung der Tarifvertragsnormen durch die Gerichte dem durch die Tarifautonomie geschützten Willen der Tarifvertragsparteien besser gerecht wird als ein Verzicht auf sie. Nur so wird dem Rechtsstaatsprinzip genüge getan, denn bei einer ergänzenden Auslegung geht es immer auch um die verfassungsrechtlich gebotene Gleichbehandlung vom im wesentlichen übereinstimmenden Sachverhalten.[430] Eine Rechtsfortbildung wird also immer zugelassen werden müssen, wenn kein Eingriff in die Tarifautonomie vorliegt[431]; wenn der Schutz der Tarifautonomie vielmehr eine Regelung erfordert.

Grundlage einer analogen Anwendung von Tarifvertragsnormen ist entsprechend der Voraussetzungen für die Analogie bei Gesetzesnormen[432] das Vorliegen einer Lücke im tarifvertraglichen Normengefüge. Um die Einhaltung der Tarifautonomie zu gewährleisten, ist jedoch hinsichtlich der Lückenschließung eine differenzierte Betrachtungsweise geboten. Haben die Tarifvertragsparteien bewußt eine regelungsbedürftige Frage offen gelassen, so kann diese bewußte Lücke nicht durch eine ergänzende Auslegung gefüllt werden, weil sonst in die Tarifautonomie der Tarifvertragsparteien eingegriffen wird.[433] Insoweit gelten die gleichen Grundsätze wie für die Rechtsfortbildung von Gesetzesnormen. Die Arbeitsvertragsparteien sind dann auf das Gesetz oder etwaige individualvertragliche Vereinbarungen angewiesen.[434] Unterschiede ergeben sich erst bei der Schließung von unbewußten Lücken. Hier ist der Tarifautonomie dadurch Rechnung zu tragen, daß eine ergänzende Regelung nur erfolgen kann, wenn lediglich eine bestimmte Regelung in Betracht

---

429 Die Auslegung und Fortbildung arbeitsrechtlicher Kollektivverträge, S. 123.

430 *Schaub*, NZA 1994, 597, 601; *ders.*, Arbeitsrechts-Handbuch, § 198 I II 4 c), Rdnr. 39, S. 1942.

431 *Schaub*, Arbeitsrechts-Handbuch, § 198 III 4 f), Rdnr. 42, S. 1943.

432 Vgl. *Canaris*, Die Feststellung von Lücken im Gesetz, S. 25.

433 *Schaub*, NZA 1994, 597, 601; *Nikisch*, Arbeitsrecht II, § 69 III 5, S. 223; *Liedmeier*, Die Auslegung und Fortbildung arbeitsrechtlicher Kollektivverträge, S. 128; *Dütz*, FS Molitor, S. 74 f.; *Siegers*, DB 1967, 1630, 1636; *Müller*, DB 1960, 148; *Wank*, RdA 1998, 71, 85; Insofern ist auch der Ansicht von *Löwisch* in: Münchener Handbuch zum Arbeitsrecht III, § 258 IV 2, Rdnr. 42 ff., S. 308 f., zuzustimmen.

434 *Plüm*, ZTR 1991, 504.

kommt.[435] Stehen mehrere dem Gestaltungsplan des Tarifvertrags gleichermaßen entsprechende Regelungen zur Lückenfüllung zur Auswahl, würden die Gerichte bei einer Rechtsfortbildung das den Tarifvertragsparteien überlassene Auswahlermessen an sich ziehen. Das ist mit Art. 9 Abs. 3 GG nicht zu vereinbaren.[436] Stellt sich hingegen nur eine bestimmte Regelung als zur Schließung der unbewußten Lücke angemessen heraus, ist die entsprechende Tarifnorm analog anzuwenden. Die Ansicht von Löwisch[437], daß auch hier in das Auswahlermessen der Tarifvertragsparteien eingegriffen werde, bildet kein Argument für eine andere Sichtweise. Denn bei einer unbewußten Lücke haben die Tarifvertragsparteien die erforderliche Regelung gerade unbewußt unterlassen. Hätten sie daran gedacht, wäre eine Regelung erfolgt; sie hätten sich bei der „Auswahl" für die positive Regelung, und nicht dafür, daß keine Regelung erfolgt, entschlossen. Daraus ergibt sich, daß die Gerichte insofern die Tarifnormen im Sinne der Tarifvertragsparteien fortbilden und daher nicht in deren Entscheidungshoheit eingreifen. Vielmehr gewährleisten sie damit den Schutz der Tarifautonomie.

Aufgrund des Vertragscharakters der Tarifverträge und der Tarifautonomie der Vertragsparteien sind hinsichtlich der Feststellung und Ausfüllung von Lücken im tarifvertraglichen Normgefüge jedoch weiterhin generelle Unterschiede zur Auslegung und Rechtsfortbildung von Gesetzen zu beachten. Diese Unterschiede schränken die Rechtsfortbildung für Tarifnormen gegenüber gesetzlichen Vorschriften erheblich ein.

c) Feststellung einer unbewußten Lücke

Kontrovers wird insbesondere diskutiert, wie das Vorhandensein einer unbewußten Lücke bei Tarifverträgen zu ermitteln ist. Die unterschiedliche Beurteilung dieser Frage beruht auf der Doppelnatur[438] des Tarifvertrags. Einerseits ist er ein Vertrag, zustande gekommen durch die Einigung der Tarifvertragsparteien. Zum anderen hat der normative Teil des Tarifvertrags Gesetzeswirkung, § 1 Abs. 1 TVG. Diese gesetzlich festgelegte normative Wirkung wirft bei der Beantwortung der Frage nach der Lückenfeststellung große Probleme auf. Aufgrund des vertraglichen Zustandekommens der wie Gesetze wirkenden Vorschriften des normativen Teils des Tarifvertrags ist unklar, ob die Ausle-

---

[435] *Dütz*, FS Molitor, S. 75; *Liedmeier*, Die Auslegung und Fortbildung arbeitsrechtlicher Kollektivverträge, S. 137; a.A.: *Mayer/Maly*, RdA 1988, 136, 137: Die Existenz von Spielraum sei allen Interpretationen eigentümlich.

[436] *Liedmeier*, Die Auslegung und Fortbildung arbeitsrechtlicher Kollektivverträge, S. 137.

[437] *Löwisch* in: Münchener Handbuch zum Arbeitsrecht III, § 258 IV 2, Rdnr. 46, S. 309.

[438] *Schaub*, Arbeitsrechts-Handbuch, § 198 III 1, Rdnr. 16 f., S. 1935 f.

gung nach den für Gesetze oder den für Verträge geltenden Regeln erfolgen muß.

Bzgl. der schuldrechtlichen Bestimmungen des Tarifvertrags, also der Bestimmungen, die die Rechte und Pflichten der Tarifvertragsparteien regeln (§ 1 Abs. 1 TVG), stellt sich diese Frage nicht, da ihnen keine Gesetzeswirkung zukommt. Die Vereinbarungen des schuldrechtlichen Teils sind nach den allgemeinen für Verträge geltenden Vorschriften des bürgerlichen Rechts (§§ 133, 157 BGB) auszulegen.[439] Für die Beantwortung der Frage nach einer analogen Anwendung der Geltungsbereichsnorm des Tarifvertrags ist jedoch die Auslegung des normativen Teils des Tarifvertrags maßgeblich. Weil die Vorschriften über die Festlegung des Geltungsbereichs den Umfang der Wirkungen des normativen Teils bestimmen, gehören sie selbst auch zum normativen Teil des Tarifvertrags.[440]

Eine ausschließlich objektive Auslegung, also eine Auslegung, wie sie für Gesetze erfolgt, läßt den Kompromißcharakter[441] der Tarifvertragsnormen unberücksichtigt.[442] Die Bestimmungen des Tarifvertrags sind das Ergebnis harter Verhandlungen. Sie spiegeln das wider, was die eine Partei mindestens erhofft und die andere äußerstenfalls zugestehen wollte.[443] In bestimmten Regelungsbereichen gehen die Tarifparteien auf die Forderungen der jeweiligen Gegenpartei in größerem Umfang ein, um in anderen Regelungsbereichen wiederum die Gegenpartei zu Zugeständnissen zu bewegen. Ließe man den übereinstimmenden Willen der Tarifvertragsparteien zugunsten einer objektiv ermittelten sachlich angemessenen Sinndeutung außer Acht, würde dadurch das Gleichgewicht des gesamten Vertragswerks erheblich gefährdet werden.[444] Die reine Gesetzesauslegung ist daher mit der in Art. 9 Abs. 3 GG verankerten Tarifautonomie nicht zu vereinbaren.

Die rein subjektive Theorie hingegen, welche die Anwendung der Regeln über die Vertragsauslegung präferiert, trägt der durch § 1 Abs. 1 TVG angeordneten Gesetzeswirkung der normativen Bestimmungen des Tarifvertrags keine Rechnung. Der Grundsatz der Rechtssicherheit und Rechtsklarheit[445] gebietet es, daß den Tarifunterworfenen erkennbar sein muß, was Inhalt der

---

439 *Nikisch*, Arbeitsrecht II, § 69 III 6, S. 224; *Schlüter/Belling*, Anm. BAG, EzA Nr. 33 zu § 242 BGB Gleichbehandlung.

440 *Hueck/Nipperdey*, Lehrbuch des Arbeitsrechts II, § 15 VII 1, S. 300; *Nikisch*, Arbeitsrecht II, § 73 VII 2, S. 307.

441 *Schlüter/Belling*, Anm. BAG, EzA Nr. 33 zu § 242 BGB Gleichbehandlung.

442 *Wank*, RdA 1998, 71, 79.

443 *Nikisch*, Arbeitsrecht II, § 69 III 1, S. 220.

444 *Siegers*, DB 1967, 1630, 1634.

445 BVerfGE 20, 73, 79; 65, 283, 291.

jeweiligen normativen Regelung ist.[446] Diese können nicht wissen, was die Tarifparteien im Einzelfall regeln wollten und es ist ihnen auch nicht zuzumuten, nach dem Willen der Tarifparteien zu forschen. Daher kann der Inhalt der tariflich getroffenen Regelungen des normativen Teils nicht allein aus subjektiven Gesichtspunkten heraus ermittelt werden.

Da beide Theorien in ihrer reinen Anwendung dem Wesen der Tarifnormen nicht gerecht werden, übernehmen die Vertreter der objektiven Theorie[447] wie auch die der subjektiven Theorie[448] zur Auslegung der Tarifvertragsnormen jeweils Elemente der gegenteiligen Auffassung. Die Argumentationen gehen dabei fließend ineinander über, so daß eine graduelle Trennlinie nicht mehr gefunden werden kann.[449] So folgt das BAG weder der streng objektiven noch der streng subjektiven Theorie, sondern vertritt seine selbst entwickelte Andeutungstheorie.[450] Ausgelegt wird über den reinen Wortlaut hinaus nach dem Willen der Tarifvertragsparteien, wobei sich dieser Wille aber im Wortlaut der Norm und in der Systematik des Tarifvertrags niedergeschlagen haben muß.[451] Aus diesen vom BAG für die Auslegung von Tarifverträgen aufgestellten Anforderungen ergibt sich, daß das BAG tendenziell eher dem Willen der Tarifvertragsparteien Rechnung zollt. Hierin kann dem BAG nicht in vollem Umfang zugestimmt werden.

Die Tarifvertragsparteien wissen, daß sie Rechtsnormen setzen.[452] Gem. § 1 Abs. 1 TVG sind sie sogar dazu verpflichtet, ihren Willen in Rechtsnormen niederzulegen.[453] Damit müssen sie sich auch gefallen lassen, wie *Schaub*[454] zutreffend ausführt, daß ihre im normativen Teil des Tarifvertrags niedergelegten Vereinbarungen auch wie Gesetze ausgelegt werden. Aufgrund der Kenntnis von der gesetzesgleichen Wirkung ihrer normativen Vereinbarungen können die Tarifparteien nicht darauf vertrauen, daß bei der Auslegung dieser

---

446 BAG AP Nr. 135 zu § 1 TVG Auslegung; *Neumann*, ArbuR 1985, 320, 321; *Gröbing*, ZTR 1987, 236, 237; *Herschel*, FS Molitor, S. 180; zum Vertrauensschutz vgl. auch *Brötzmann*, Probleme bei der Auslegung von Tarifvertragsnormen, S. 35 f.

447 *Gröbing*, ZTR 1987, 236, 238; *Schaub*, NZA 1994, 597, 598; *Plüm*, ZTR 1991, 504; *Herschel*, FS Molior, S. 180.

448 *Zöllner*, RdA 1964, 443, 449; *Wank*, RdA 1998, 71, 79; *Neumann*, ArbuR 1985, 321, 322; *Rüthers/Heilmann*, JZ 1991, 422, 423; *Buchner*, AR-Blattei SD, 1550.4, Rdnr. 104.

449 Zur Bedeutung des Unterschieds zwischen den Theorien vgl. *Rüthers/Heilmann*, JZ 1991, 422; *Schaub*, NZA 1994, 597; *Gröbing*, ZTR 1987, 236, 237.

450 *Wank*, RdA 1998, 71, 78.

451 Vgl. BAG AP Nr. 4, 135 zu § 1 TVG Auslegung; Nr. 6 zu § 4 TVG Geltungsbereich.

452 *Schaub*, NZA 1994, 597, 598.

453 *Plüm*, ZTR 1991, 504, 505.

454 *Schaub*, NZA 1994, 597, 598.

Vereinbarungen nur nach ihrem Willen gefragt wird. Um dem besonderen Wesen der normativen Bestimmungen von Tarifverträgen gerecht zu werden, sollten die Normen daher zunächst abstrakt aus sich heraus ausgelegt werden. Daneben sollte der Wille der Tarifvertragsparteien ermittelt und beide Auslegungsergebnisse in Einklang gebracht werden. Unter Berücksichtigung der nach dem Grundgesetz garantierten Tarifautonomie kann die objektive Auslegung hier aber nur soweit erfolgen, wie sie mit dem Willen der Tarifvertragsparteien noch vereinbar ist.[455] Ist das nicht der Fall, scheidet die Rechtsfortbildung im Wege der Analogie bezüglich der zur Ausfüllung der bestehenden Regelungslücke an sich geeigneten Tarifnorm aus.

d) Keine analoge Anwendung der Geltungsbereichsnorm bei Umgehung des fachlichen Anwendungsbereichs

Problematisch ist, ob eine analoge Anwendung der Geltungsbereichsnorm des Tarifvertrags bei einer „Umgehung" des fachlichen Anwendungsbereichs unter Zugrundelegung dieser Grundsätze möglich ist. Als Voraussetzung dafür müßte demnach eine Lücke gegeben sein, für die die Tarifvertragsparteien unbewußt keine Regelung getroffen haben und für welche nur eine einzig denkbare Regelungsmöglichkeit besteht, die dem mutmaßlichen Willen der Tarifparteien entspricht.

Eine Lücke im Tarifvertrag stellt sich wie bei Gesetzen oder Verträgen als eine dem Regelungsplan widersprechende Unvollständigkeit dar.[456] Die auf die Tarifvertragsparteien zurückgehenden Wertungen und Prinzipien, die dem jeweiligen Tarifvertrag zugrunde liegen, müssen eine Regelung verlangen, die in diesem Tarifvertrag nicht vorhanden ist.[457]

Unter objektiven Gesichtspunkten betrachtet kann bei der Betriebszweckverlagerung mittels Einführung von Arbeitnehmerüberlassung hinsichtlich des Unterfallens unter den Geltungsbereich eine ausfüllungsbedürftige Lücke gegeben sein. Der Sinn und Zweck der Geltungsbereichsnormen von Tarifverträgen besteht darin, den Anwendungsbereich für den Tarifvertrag festzulegen und all diejenigen Arbeitsverhältnisse der Normwirkung des Tarifvertrags zu unterstellen, für welche die Tarifparteien regelnd tätig werden

---

455 Ähnlich sieht es *Brötzmann*, Probleme bei der Auslegung von Tarifvertragsnormen, S. 34 ff., wenn er ausführt, daß der objektiven Auslegungsmethode zu folgen sei, hinsichtlich des „Willens des Gesetzgebers" bzw. des „Willens der Tarifvertragsparteien" das subjektive Moment aber deutlicher zu berücksichtigen sei als bei der Gesetzesauslegung.

456 *Liedmeier*, Die Auslegung und Fortbildung arbeitsrechtlicher Kollektivverträge, S. 125.

457 *Liedmeier*, Die Auslegung und Fortbildung arbeitsrechtlicher Kollektivverträge, S. 125.

wollten. Wenn sich ein Sachverhalt so darstellt, daß ein Betrieb nicht unter den Geltungsbereich des Tarifvertrags fällt, unter Zugrundelegung des Sinn und Zwecks der Geltungsbereichsnorm i.V.m. dem allgemeinen Gleichheitssatz aber hätte erfaßt werden müssen, fehlt objektiv gesehen eine nach dem Normgefüge des Tarifvertrags erforderliche Regelung für diesen Sachverhalt. Für den Tatbestand der Betriebszweckverlagerung ergibt sich daraus folgendes. Liegt in der Betriebszweckverlagerung eine Umgehung der tarifvertraglichen Geltungsbereichsnorm, erfordert der Gleichheitssatz eine Gleichbehandlung in der Weise, daß auch der Umgehungstatbestand von der Normgeltung erfaßt wird. Ist im Tarifvertrag keine dementsprechende Regelung getroffen, besteht nach den für Gesetze geltenden Auslegungskriterien insoweit eine tarifliche Regelungslücke. Dieses anhand objektiver Kriterien erlangte Ergebnis ist auch mit dem Willen der Tarifvertragsparteien vereinbar. Unter Bezugnahme auf den Sinn und Zweck einer tarifvertraglichen Geltungsbereichsnorm, kann grundsätzlich davon ausgegangen werden, daß die Tarifparteien eine Regelung getroffen hätten, wenn sie an den nicht geregelten Fall der „Umgehung" des Geltungsbereichs gedacht hätten.

Um eine Befugnis zur Lückenschließung zu bejahen, muß es sich weiterhin um eine von den Tarifvertragsparteien unbewußt offen gelassene Regelungsfrage handeln. Anderenfalls würde durch eine etwaige analoge Anwendung der Geltungsbereichsnorm gegen die Tarifautonomie verstoßen werden. Unter Einbeziehung des Willens der Tarifvertragsparteien kann gegen das Vorliegen einer unbewußten Lücke angeführt werden, daß der Gesetzgeber mit der Regelung in § 3 Abs. 3 TVG der „Flucht" aus dem Tarifvertrag aufgrund nachträglicher Beseitigung des Vorliegens der ersten Voraussetzung von § 4 Abs. 1 TVG, der potentiellen Tarifgebundenheit, entgegengewirkt hat. Damit ist es möglich, daß die Tarifvertragsparteien dem Gesetzgeber auch die Regelung für die nachträgliche Beseitigung des Vorliegens der zweiten Voraussetzung von § 4 Abs. 1 TVG mittels „Flucht" aus dem fachlichen Geltungsbereich überlassen wollten. Zu bedenken ist dabei aber, daß die Tarifparteien gar nicht befugt wären, eine § 3 Abs. 3 TVG entsprechende Regelung tarifvertraglich zu vereinbaren. Somit kann nicht ohne weiteres davon ausgegangen werden, daß, nur weil der Gesetzgeber die „Flucht" aus dem Tarifvertrag bzgl. der Mitgliedschaft geregelt hat, die Tarifvertragsparteien dem Gesetzgeber auch die Regelung für den Fall der „Flucht" aus dem Geltungsbereich überlassen wollten. Eine tarifvertragliche Verlängerung der potentiellen Tarifgebundenheit durch Fiktion ihres Fortbestehens bis zum zeitlichen Ende des geltenden Tarifvertrags liegt außerhalb des Kompetenzbereichs der Tarifvertragsparteien.[458] Gem. § 1 Abs. 1 TVG können sie im

---

[458] Vgl. *Hueck/Nipperdey*, Lehrbuch des Arbeitsrechts, § 23 B VIII, S. 495 f.; *Wiedemann*, TVG, § 4, Rdnr. 21. Hiervon zu unterscheiden ist die Frage, ob die Verbände in ihrer

Tarifvertrag nur die Rechte und Pflichten der Tarifvertragsparteien und Rechtsnormen, die den Inhalt, den Abschluß und die Beendigung von Arbeitsverhältnissen sowie betriebliche und betriebsverfassungsrechtliche Fragen ordnen können, regeln. Eine Verlängerung der potentiellen Tarifgebundenheit bzw. die Regelung der Mitgliedschaft selbst ist auf tarifvertraglicher Ebene für die Verbände demnach nicht möglich. Für die Festlegung des Geltungsbereichs hingegen sind sie selbst zuständig. Mithin spräche auch viel dafür, daß sie die Sachverhalte, bei welchen die Erfassung vom Geltungsbereich vermieden wird, ebenfalls selbst regeln wollten, wenn sie an solche Sachverhalte gedacht hätten.

Zweifelhaft ist aber, ob nur eine einzig denkbare Lösungsmöglichkeit besteht, welche die Tarifparteien getroffen hätten, wenn sie an den nicht geregelten Sachverhalt gedacht hätten. Im Fall der „Umgehung“ des Geltungsbereichs entspräche wohl nur eine Lösung dem Gleichheitssatz, nämlich die analoge Anwendung der Geltungsbereichsnorm des Tarifvertrags. Insofern kann davon ausgegangen werden, daß die Tarifvertragsparteien wesentlich gleiches gleich behandeln wollen und für sie daher nur diese eine Lösungsvariante als Regelung für den nicht geregelten Fall der „Umgehung“ des fachlichen Geltungsbereichs in Betracht kommt. Mit dieser Annahme wird jedoch die Vertragsfreiheit der tarifschließenden Parteien und der Kompromißcharakter ihrer Verträge außer Acht gelassen. Es ist lediglich davon auszugehen, daß die Tarifvertragsparteien eine vernünftige, gerechte, zweckentsprechende und praktisch brauchbare Regelung treffen wollten.[459] Daß sie unter allen Umständen den Gleichheitssatz in jedem Fall bis ins letzte verwirklicht sehen wollen, ist unter diesen Gesichtspunkten auszuschließen. Eine angemessene Regelung für

---

Satzung festlegen könnten, daß bei Verbandsaustritt die Mitgliedschaft bis zum zeitlichen Ablauf des aktuell geltenden Tarifvertrags bestehen bleibt. Abgesehen davon, daß auch die Verbände für sich betrachtet wegen der fehlenden Tarifdispositivität von § 3 TVG nicht befugt sind, innerhalb ihrer Satzung oder durch Vereinbarung mit ihren Mitgliedern (vgl. BAG AP Nr. 9 zu § 87 BetrVG 1972 Auszahlung), die Tarifgebundenheit zeitlich einzuengen oder auszudehnen, ist dies für die Frage nach dem Bestehen einer Lücke im Tarifvertrag ohne Bedeutung. Aus der Tatsache, daß eine diesbezügliche satzungsrechtliche Regelung möglich bzw. nicht möglich ist, kann weder auf den Willen zur tariflichen Regelung der Rechtsfolge der „Umgehung“ des Geltungsbereichs noch auf das Vorliegen eines entgegenstehenden Willens geschlossen werden.

Von der Frage der zeitlichen Ausweitung der Tarifgebundenheit ist wiederum die Frage nach der von den Verbandsmitgliedern einzuhaltenden Kündigungsfrist abzugrenzen. Hierbei geht es nicht um die Fiktion der Mitgliedschaft nach Verbandsaustritt, sondern darum, zu welchem Termin das Verbandsmitglied überhaupt aus dem Verband austreten kann. Hierzu vgl. *Pogge*, FS Stege, S. 115.

459 *Nikisch*, Arbeitsrecht II, § 69 III 2, S. 221.

den Fall der „Umgehung“ des Geltungsbereichs läge z.B. auch darin, nur bestimmte Vorschriften des Tarifvertrags für die nunmehr als Leiharbeitnehmer Beschäftigten gelten zu lassen. Damit können die Tarifvertragsparteien die Tatsache berücksichtigen, daß der Betriebszweck der Arbeitnehmerüberlassung neben den durch das Verleihunternehmen ursprünglich verfolgten Betriebszweck getreten ist. Als zweckentsprechende und praktisch brauchbare Regelung kommen somit mehrere Möglichkeiten in Betracht. Würde das Gericht die Geltungsbereichsnorm des Tarifvertrags analog anwenden, setzte es daher seine Auffassung von der rechtlichen Behandlung der „Umgehung“ der Geltungsbereichsnorm an die Stelle der von den Tarifparteien zu treffenden Entscheidung. Folglich würde das Gericht in unzulässiger Weise in die Tarifautonomie der Vertragspartner eingreifen. Auch wenn eine unbewußte tarifliche Regelungslücke bezüglich der Vereinbarungen zum Geltungsbereich besteht, ist diese Lücke daher einer Rechtsfortbildung durch die Gerichte nicht zugänglich. Unabhängig davon, ob überhaupt eine „Umgehung“ der Geltungsbereichsnorm vorliegt und damit das Bestehen einer tariflichen Lücke zu bejahen ist, kann diese Lücke also nicht mittels analoger Anwendung der Geltungsbereichsnorm geschlossen werden.

4. Analoge Anwendung von § 4 Abs. 1 TVG

Da eine analoge Anwendung der Geltungsbereichsnorm des Tarifvertrags bei der Betriebszweckverlagerung mittels Einführung von Arbeitnehmerüberlassung ausscheidet, kommt es darauf an, ob die für eine analoge Anwendung von § 4 Abs. 1 TVG erforderlichen Voraussetzungen gegeben sind. Grundvoraussetzung dafür ist das Vorliegen einer dem Gesetzgeber unbewußten Regelungslücke. Aus der Tatsache, daß bei der „Umgehung“ des fachlichen Anwendungsbereichs eines Tarifvertrags eine, wenn auch nicht ausfüllungsfähige, unbewußte tarifliche Regelungslücke besteht, kann nicht geschlossen werden, daß hinsichtlich des Geltungsbereichs gleichzeitig auch eine gesetzliche Regelungslücke vorhanden ist. Das Vorliegen einer Lücke ist immer an Hand des Sinnes und Zwecks der Norm zu ermitteln, in der eine Lücke vermutet wird. Obwohl die tarifliche wie auch die gesetzliche Vorschrift den Geltungsbereich zum Regelungsgegenstand haben, ist doch zu berücksichtigen, daß der „Normerlaß“ durch verschiedene Institutionen auf verschiedener Ebene erfolgt. Dementsprechend ist also zunächst danach zu fragen, ob der Sinn und Zweck des § 4 Abs. 1 TVG i.V.m. dem Gleichheitssatz eine analoge Anwendung der Norm erfordert.

a) Lückenfeststellung

aa) Ratio legis von § 4 Abs. 1 TVG

Der Sinn und Zweck einer Norm ist im Wege der teleologischen Auslegung zu ermitteln. Dabei ist auf die Elemente der anderen Auslegungsmethoden zurückzugreifen, denn nur so läßt sich die ratio legis umfassend ermitteln.[460] Das ist hier insbesondere von Bedeutung, wenn auf die Schutzfunktion der Tarifnormen bzgl. der Erhaltung der Funktionsfähigkeit des Tarifvertragsystems eingegangen wird. Aus den historischen Auslegungskriterien ergeben sich wichtige Anhaltspunkte zur Erfassung des Sinn und Zwecks von § 4 Abs. 1 TVG. Daher sind die Grundlagen der geschichtlichen Entstehung des Tarifvertragsgesetzes für die teleologische Auslegung von § 4 Abs. 1 TVG von erheblicher Bedeutung.

In Art. 9 Abs. 3 GG ist die Tarifautonomie der Koalitionen festgelegt. Dem verfassungsrechtlich geschützten Kernbereich von Art. 9 Abs. 3 GG unterfällt die Verpflichtung des Staates, die Tarifautonomie zu gewährleisten und zu fördern[461], indem sie den Koalitionen allgemein ein funktionierendes Tarifvertragsystem zur Seite stellen.[462] Mit dem TVG von 1949 ist der Staat dieser Verpflichtung nachgekommen.[463] Durch die Regelungen dieses Gesetzes sind die Koalitionen mit echter Rechtssetzungsmacht[464] gegenüber ihren Mitgliedern ausgestattet. Dabei bildet § 4 Abs. 1 TVG die zentrale Vorschrift. Erst durch die Festlegung der unmittelbaren und zwingenden Wirkung der Tarifvertragsnormen wird der mit der Verwirklichung der Tarifautonomie verfolgte Zweck, der Schutz der Arbeitnehmer vor der wirtschaftlichen Übermacht der Arbeitgeber, gewährleistet.[465]

---

460 So auch *Tipke*, FS Wallis, S. 135 und *Coing* in: Staudinger, Einl. zum BGB, Rdnr. 198. Schon *Savigny*, System des heutigen Römischen Rechts, Bd. 1, S. 212 ff., der Begründer der grammatikalischen, historischen und systematischen und Wegbereiter der teleologischen Auslegung, ging davon aus, daß die Auslegungsmethoden vereinigt wirken müssen, „wenn die Auslegung gelingen soll".

461 *Gamillscheg*, Kollektives Arbeitsrecht I, § 6 I 3 a), S. 216.

462 *Scholz* in: Maunz/Dürig, GG, Art. 9, Rdnr. 299; vgl. außerdem *Sinzheimer* in: Arbeitsrecht und Rechtssoziologie, S. 162.

463 Hierzu vgl. *Gamillscheg*, Kollektives Arbeitsrecht I, § 12, 3 a), S 483.

464 Delegationstheorie, vgl. BAGE 1, 258, 262 ff.; 4, 240, 250 f.

465 *Kempen* in: Kempen/Zachert, TVG, § 4, Rdnr. 1.

(1) Verlängerung der potentiellen Tarifgebundenheit als Mittel zur Aufrechterhaltung der Funktionsfähigkeit des Tarifvertragsystems

Damit die Vorschrift des § 4 Abs. 1 TVG nicht leerläuft, wurde außerdem die Regelung des § 3 Abs. 3 in das TVG aufgenommen. Danach wird die Mitgliedschaft bei Verbandsaustritt bis zum zeitlichen Ablauf des geltenden Tarifvertrags fingiert. Ohne die Regelung von § 3 Abs. 3 TVG würde die potentielle Tarifgebundenheit bei Verbandsaustritt mit sofortiger Wirkung enden. § 3 Abs. 3 TVG sichert also die unmittelbare und zwingende Wirkung für den geltenden Tarifvertrag. Könnte die potentielle Tarifgebundenheit und damit die zwingende Wirkung der Tarifnormen gem. § 4 Abs. 1 TVG mittels Austritt aus dem Verband unterbunden werden, hätte der Tarifvertrag nur so lange eine Bindungswirkung, wie der Arbeitgeber im Verband verbleibt. Die Koalitionsmitglieder könnten sich den Rechtswirkungen der Tarifnormen somit ohne weiteres entziehen. Das käme einem Verstoß gegen den Grundsatz „pacta sunt servanda" gleich. Denn mit dem Verbandsbeitritt unterwerfen sich die Koalitionsmitglieder dem zwischen den Tarifvertragsparteien geschlossenen bzw. noch zu schließenden Tarifvertrag. Sie erkennen dadurch die zwingende Wirkung der Normen des Tarifvertrags für sich an. Die Normen des Tarifvertrags sollen den Inhalt der Arbeitsverhältnisse regeln, als hätten die Koalitionsmitglieder die Bestimmungen selbst arbeitsvertraglich vereinbart. Fehlte es an einer § 3 Abs. 3 TVG entsprechenden Regelung, bestünde für die Koalitionsmitglieder nur eine eingeschränkte Bindungswirkung. Sie könnten sich einseitig durch Verbandsaustritt vom „Vertrag" lösen. Das würde dem Grundsatz der Vertragsbindung widersprechen. Dem kann nicht entgegen gehalten werden, daß die Tarifvertragsparteien als Vertragspartner auch bei Austritt ihrer Mitglieder weiterhin an den Tarifvertrag gebunden bleiben. Die normativen Bestimmungen des Tarifvertrags sollen auf die Arbeitsverhältnisse der Mitglieder einwirken. Für die Tarifparteien selbst haben sie keine weitergehende Bedeutung. Damit wäre für die Tarifparteien, wenn sie keine Mitglieder haben, die Bindung an den Tarifvertrag bedeutungslos. Indem aber die Arbeitnehmer bzw. die Arbeitgeber die Mitgliedschaft erwerben, bringen sie zum Ausdruck, daß sie sich den während der Zeit der Mitgliedschaft abgeschlossenen Tarifverträgen unterwerfen. Und diese „vertragliche Unterwer-fung" müssen sie einhalten.

In der Weimarer Zeit[466] galt an Stelle des heutigen § 3 Abs. 3 TVG die Regelung des § 1 Abs. 2 der Tarifvertragsverordnung (TVVO) vom

[466] Im Nationalsozialismus gab es keine gesetzliche Regelung des Tarifrechts, weil keine Koalitionen mehr bestanden. Die Tarifverträge wurden durch staatliche Tarifordnungen, die von „Treuhändern der Arbeit" erlassen wurden, ersetzt, *Löwisch* in: Münchener Handbuch zum Arbeitsrecht III, § 245 I 2, Rdnr. 17, S. 187. Zur Geschichte des Tarifvertragsrechts insgesamt vgl. *Gamillscheg*, Kollektives Arbeitsrecht I, § 2, S. 79 ff.;

23.12.1918.[467] Danach waren die Arbeitnehmer und Arbeitgeber tarifgebunden, die Mitglied der tarifschließenden Vereinigungen waren oder bei Abschluß des Arbeitsvertrages gewesen sind.[468] Diese Norm hatte jedoch gegenüber dem heute geltenden § 3 Abs. 3 TVG den Nachteil, daß man sich ohne weiteres durch Aufkündigung und anschließendem Neuabschluß des Arbeitsvertrages von dieser Tarifbindung lösen konnte.[469] Mit der Regelung in § 3 Abs. 3 TVG besteht diese Möglichkeit nicht mehr. Denn im Gegensatz zur Regelung des § 1 Abs. 2 TVVO wird damit nicht auf den Bestand des Arbeitsverhältnisses, sondern auf den Geltungszeitraum des Tarifvertrags abgestellt.

Aufgrund der Regelung in § 3 Abs. 3 TVG hat der Tarifvertrag also für seinen Geltungszeitraum eine für die Arbeitsvertragsparteien bindende Wirkung, der man sich grundsätzlich nicht entziehen kann. Nur so kann die einmal eingetretene tarifliche Regelung der Arbeitsverhältnisse für einen gewissen Zeitraum gesichert werden. Der Sinn und Zweck von § 3 Abs. 3 TVG besteht demnach in erster Linie in der Aufrechterhaltung der Funktionsfähigkeit des Tarifvertragsystems.[470] Dabei weist *Konzen*[471] zutreffend darauf hin, daß durch diese feste Bindung an den laufenden Tarifvertrag primär die Arbeitnehmer vor der Machtfülle der Arbeitgeber geschützt werden. Darüber hinaus dient § 3 Abs. 3 TVG auch dem Schutz der Verbandskontinuität. Diese Funktion hat jedoch gegenüber dem Schutz vor der einseitigen Lösung vom Tarifvertrag mittels Verbandsaustritts nur eine Nebenwirkung inne.[472]

Löwisch in: Münchener Handbuch zum Arbeitsrecht III, § 245 I , Rdnr. 1 ff., S. 185 ff. Zur Entwicklung des Tarifrechts in Deutschland vor dem 1. Weltkrieg vgl. außerdem *Sinzheimer* in: Arbeitsrecht und Rechtssoziologie, S. 150 ff.

467 *Konzen*, ZfA 1975, 401, 410.

468 Wortlaut von § 1 Abs. 2 TVVO i.d.F. vom 23.12.1918: Beteiligte Personen im Sinne des Abs. 1 sind Arbeitgeber und Arbeitnehmer, die Vertragsparteien des Tarifvertrages oder Mitglieder der vertragschließenden Vereinigungen sind oder bei Abschluß des Tarifvertrages gewesen sind oder die den Arbeitsvertrag unter Berufung auf den Tarifvertrag abgeschlossen haben.

469 *Konzen*, ZfA 1975, 401, 410.

470 *Martens*, SAE 1976, 81, 85; *Wiedemann*, TVG, § 3, Rdnr. 46; *Stein*, Tarifvertragsrecht, 3. Teil A III 1 c) bb), Rdnr. 169, S. 79; *Herschel*, ZfA 1973, 183, 192.

471 ZfA 1975, 401, 411.

472 *Konzen*, ZfA 1975, 401, 411; *Hromadka/Maschmann/Wallner*, Arbeitsrecht II, § 13 V 3 bb) (1), Rdnr. 243, S. 109.

(2) Erfordernis einer § 3 Abs. 3 TVG entsprechenden Regelung bzgl. des Geltungsbereichs

§ 3 Abs. 3 TVG ersetzt aber nur die fehlende Mitgliedschaft.[473] Wächst das Unternehmen bzw. der Betrieb aus dem Geltungsbereich des Tarifvertrags hinaus, verliert der Tarifvertrag seine unmittelbare und zwingende Wirkung, weil die Voraussetzungen von § 4 Abs. 1 TVG nicht mehr vorliegen. Bzgl. des Geltungsbereichs, als zweiter kumulativer Voraussetzung von § 4 Abs. 1 TVG, ist eine der Regelung des § 3 Abs. 3 TVG entsprechende Norm nicht vorhanden. Folglich drängt sich die Frage auf, warum der Gesetzgeber nicht genau so, wie er den Fortbestand der Verbandsmitgliedschaft fingiert hat, auch das Unterfallen unter den Geltungsbereich bis zum zeitlichen Ablauf des Tarifvertrags festgelegt hat. Eine dementsprechende Regelung könnte z.B. zum Inhalt haben, daß das Unterfallen unter den Geltungsbereich des Tarifvertrags bis zum zeitlichen Ablauf des Tarifvertrags fingiert wird, wenn die Arbeitsverhältnisse während der Tarifgeltung einmal vom Geltungsbereich des Tarifvertrags erfaßt wurden. Daß keine dahingehende Regelung im TVG enthalten ist, kann einerseits daran liegen, daß der Gesetzgeber die von § 4 Abs. 1 TVG ausgehende Schutzfunktion bzgl. des Verlassen des Geltungsbereichs einschränken wollte. Andererseits ist eine § 3 Abs. 3 TVG entsprechende Regelung für den Geltungsbereich etwa aufgrund Unverein-barkeit mit höherrangigem Recht nicht möglich oder zur Verwirklichung der Schutzfunktion von § 4 Abs. 1 TVG überhaupt nicht notwendig.

(a) Verstoß gegen Art. 12 GG

Das Fehlen einer für den Geltungsbereich dem § 3 Abs. 3 TVG entsprechenden Regelung liegt nicht in einem Verstoß gegen das Grundrecht der Berufsfreiheit begründet. Nach Art. 12 GG unterliegt nicht nur freier unternehmerischer Entscheidung, den Betriebszweck nach Belieben festzulegen, sondern auch, diesen jederzeit frei zu ändern. Den Unternehmen kann nicht vorgeschrieben werden, den einmal gewählten Betriebszweck beizubehalten. Durch eine Fiktion des Geltungsbereichs bis zum zeitlichen Ende des Tarifvertrags würde die Wahlfreiheit bzgl. des Betriebszwecks jedoch nicht beeinträchtigt werden. Einerseits steht die Fiktion des Geltungsbereichs der tatsächlichen Änderung des Betriebszwecks nicht entgegen, denn ihre Wirkung beschränkt sich auf die Anwendbarkeit von § 4 Abs. 1 TVG. Die Unternehmen würden durch die (rechtliche) Aufrechterhaltung des Unterfallens unter den Geltungsbereichs des Tarifvertrags auch nicht indirekt, aufgrund der dadurch eintretenden Rechtsfolge, von

[473] BAG, SAE 1999, 176, 178; *Oetker* in: Wiedemann, TVG, § 3, Rdnr. 51; *Wellenhofer-Klein*, ZfA 1999, 239, 245.

einer Betriebszweckänderung abgehalten werden. Hinsichtlich der unmittelbaren und zwingenden Wirkung des Tarifvertrags würde sich für das Unternehmen nichts ändern. § 4 Abs. 1 TVG wäre nach wie vor anwendbar. Die Unternehmen würden nur dann von einer Änderung ihres Betriebszwecks abgehalten werden, wenn sie damit gerade das Verlassen des Geltungsbereichs des Tarifvertrags bezwecken. Diese Absicht wird durch das Grundrecht der Berufsfreiheit jedoch nicht geschützt. Die Unternehmen wären nur in der Freiheit eingeschränkt, den Geltungsbereich des Tarifvertrags zu verlassen, jedoch nicht in der Freiheit, den Betriebszweck zu wechseln.

(b) Fehlen einer rechtlichen Legitimation

Auch scheitert der Erlaß einer für den Geltungsbereich § 3 Abs. 3 TVG vergleichbaren Regelung nicht an einer fehlenden rechtlichen Legitimation der unmittelbaren und zwingenden Wirkung des Tarifvertrags. Der Betriebszweck eines Unternehmens kann sich so gravierend ändern, daß nicht nur der Anwendungsbereich des geltenden Tarifvertrags, sondern auch der in der Satzung der tarifschließenden Verbände festgelegte Geltungsbereich verlassen wird. Damit entfällt mit dem Herauswandern des Betriebs aus dem Geltungsbereich des bis dahin anwendbaren Tarifvertrags gleichzeitig die Tarifzuständigkeit der tarifschließenden Verbände.[474] Wegen des Verlustes der Tarifzuständigkeit steht dann die Legitimationsgrundlage für die Tarifgeltung in Frage. Die Situation wäre aber mit der bei Verbandsaustritt vergleichbar. Die Gesetzeswirkung der Tarifvertragsnormen bis zum zeitlichen Ablauf des Tarifvertrags beruhte auch bei einer § 3 Abs. 3 TVG entsprechenden Regelung darauf, daß die Geltung des Tarifvertrags ursprünglich einmal durch Mitgliedschaft und dem Unterfallen der Arbeitsverhältnisse unter den Geltungsbereich des Tarifvertrags legitimiert wurde. Insoweit gilt also nichts anderes als für die Fiktion des Fortbestehens der Mitgliedschaft.

[474] Das muß nicht immer der Fall sein. Die Tarifzuständigkeit umschreibt den größtmöglichen Bereich, für den Tarifverträge abgeschlossen werden können (*Oetker* in: Wiedemann, TVG, § 2, Rdnr. 47). Der im Tarifvertrag tatsächlich festgelegte Geltungsbereich kann demzufolge kleiner sein. Daher ist es möglich, daß Arbeitsverhältnisse dem fachlichen Geltungsbereich eines Tarifvertrags entwachsen, die Tarifzuständigkeit der Koalitionen für die Arbeitsvertragsparteien aber dennoch erhalten bleibt. Vgl auch *Konzen*, ZfA 1975, 401, 413 ff.

(c) Keine Notwendigkeit einer § 3 Abs. 3 TVG entsprechenden Regelung

Eine Antwort auf die Frage, warum für den Geltungsbereich eine dem § 3 Abs. 3 TVG entsprechende Regelung unterlassen wurde, läßt sich demnach nur finden, wenn der mit dem Verbandsaustritt verfolgte Zweck mit dem der Betriebszweckänderung verglichen wird. Ohne die Fiktion des Fortbestands der potentiellen Tarifgebundenheit bis zum Ende des geltenden Tarifvertrags würde ein Verbandsaustritt als solcher, d.h. ohne Unternehmensumstrukturierung oder Betriebszweckänderung, die als Grund für einen Verbandsaustritt in Betracht kommen, regelmäßig mit dem Ziel der „Flucht" aus dem laufenden Tarifvertrag erfolgen. Denn dadurch könnte sich der Arbeitgeber den Rechtswirkungen der Tarifvertragsnormen leicht, und ohne wirtschaftliche Nachteile zu erleiden, entziehen. Daher ist § 3 Abs. 3 TVG zur Sicherung der Regelungswirkung des einmal zur Anwendung gelangten aktuell geltenden Tarifvertrags und damit zur Sicherung der Verwirklichung der Tarifautonomie dringend notwendig.

Die Änderung des Betriebszwecks mit der Folge des Herauswachsens aus dem Geltungsbereich dient hingegen typischerweise nicht der Vermeidung der Anwendbarkeit des laufenden Tarifvertrags.[475] Sie beruht auf marktwirtschaftlichen Entscheidungen und ist nicht „Zweck", sondern „Folge" dieser Entscheidungen. Außerdem ist eine Änderung des Betriebszwecks nicht so leicht durchzuführen wie ein Verbandsaustritt, so daß auf diese Weise die Funktionsfähigkeit des Tarifvertragsystems regelmäßig nicht gefährdet werden kann. Eine Sicherung der Anwendbarkeit des geltenden Tarifvertrags ist folglich in den Fällen der Betriebszweckänderung nicht notwendig. Damit ist eine § 3 Abs. 3 TVG entsprechende Regelung für den Geltungsbereich nicht erforderlich. Insoweit ist die entsprechende Anwendung der Regelung des § 4 Abs. 5 TVG zur Vermeidung inhaltsloser Arbeitsverhältnisse[476] ausreichend.

(3) Zusammenfassung

Insgesamt ist festzuhalten, daß der Sinn und Zweck von § 4 Abs. 1 TVG in der Schaffung und i.V.m. § 3 Abs. 3 TVG in der Aufrechterhaltung der Funktionsfähigkeit des Tarifvertragsystems liegt. Durch die Regelung in § 4 TVG wird gewährleistet, daß der Inhalt aller Arbeitsverhältnisse, deren Vertragspartner potentiell tarifgebunden sind (§ 3 Abs. 1 oder Abs. 3 TVG) und die unter den Anwendungsbereich des Tarifvertrags fallen, vom geltenden Tarifvertrag

---

475 *Wellenhofer-Klein*, ZfA 1999, 239, 245.

476 BAG AP Nr. 13, 14 zu § 3 TVG; *Hromadka*, DB 1996, 1872, 1874; Kania, DB 1995, 625, 630; *Hueck-Nipperdey*, Lehrbuch des Arbeitsrechts II/1, § 27 IV 3, S. 539; *Schaub*, Arbeitsrechts-Handbuch, § 204 III 4, Rdnr. 12 f., S. 1994; *Wank* in: Wiedemann, TVG, § 4, Rdnr. 337.

bestimmt wird. Ausnahmen von diesem in § 4 Abs. 1 TVG geregelten Grundsatz werden vom TVG nicht zugelassen. Damit bringt die Regelung von § 4 Abs. 1 i.V.m. § 3 Abs. 3 TVG zum Ausdruck, daß ein einmal abgeschlossener Tarifvertrag seine normative Wirkung möglichst für den in ihm vorgesehenen Geltungszeitraum behalten soll.[477] Nur so kann die den Tarifverträgen innewohnende Schutz- und Ordnungsfunktion[478] garantiert werden.

Im Ergebnis dient die Regelung von § 4 Abs. 1 TVG i.V.m. § 3 Abs. 3 TVG überwiegend dem Schutz der aufgrund der wirtschaftlichen Übermacht der Arbeitgeber in Bezug auf die Aushandlung der Arbeitsbedingungen stark unterlegenen Arbeitnehmer.[479] Mit der zwingenden und unabwendbaren Geltung des Tarifvertrags wird die Einhaltung der Mindestarbeitsbedingungen gesichert. Denn unabhängig davon, was im Arbeitsvertrag vereinbart ist, gelten die für den Arbeitnehmer günstigeren Regelungen. So lange der Tarifvertrag zwingend auf den Inhalt der Arbeitsverhältnisse einwirkt, können die in ihm festgelegten Arbeitsbe-dingungen vom Arbeitgeber nicht unterschritten werden. Fallen die Arbeitsverhältnisse nicht aus dem Geltungsbereich des Tarifvertrags heraus, bleibt die zwingende Wirkung der Tarifnormen wegen der Regelung von § 3 Abs. 3 TVG zumindest bis zum zeitlichen Ablauf des Tarifvertrags erhalten. Damit sind die tariflichen Mindestarbeitsbedingungen innerhalb der gesamten Geltungszeit des Tarifvertrags für die Arbeitsvertragsparteien unabdingbar festgelegt.

bb) Vorliegen einer unbewußten Regelungslücke

Nach dem Sinn und Zweck von § 4 Abs. 1 TVG sollen also ausnahmslos alle Arbeitsverhältnisse von der Tarifgeltung erfaßt werden, deren Vertragspartner potentiell tarifgebunden sind und die unter den Geltungsbereich des entsprechenden Tarifvertrags fallen. In Verbindung mit dem Gleichheitssatz erfordert der Sinn und Zweck von § 4 Abs. 1 TVG zudem, daß auch die Arbeitsverhältnisse der potentiell Tarifgebundenen der zwingenden Tarifgeltung unterliegen, die zwar vom Geltungsbereich des Tarifvertrags und damit vom Tatbestand des § 4 Abs. 1 TVG nicht erfaßt werden, wertungsmäßig aber dem Geltungsbereich des entsprechenden Tarifvertrags zuzurechnen sind. Denn nur dann ist der mit den Tarifverträgen bezweckte Schutz der Arbeitnehmer vor dem Abbau ihrer Arbeitsbedingungen umfassend gewährleistet. Demzufolge ist die mittels einer Betriebszweckverlagerung umgangene zwingende Wirkung der Tarifvertrags-

---

477 BAG, ZIP 2001, 129, 132.

478 *Zöllner/Loritz*, Arbeitsrecht, § 33 II 7, S. 370.

479 *Konzen*, ZfA 1975, 401, 411.

normen nach dem Gleichbehandlungsgrundsatz auch auf die dadurch dem Geltungsbereich des Tarifvertrags entzogenen Arbeitsverhältnisse zu erstrecken.

Das TVG enthält jedoch keine Vorschrift, die bezüglich des Unterfallens unter den Geltungsbereich eine Gleichbehandlung in dieser Hinsicht vergleichbarer Sachverhalte regelt. Somit besteht für den Fall, daß der Sachverhalt der Betriebszweckverlagerung mit dem „Normalfall" der Beibehaltung des Betriebszwecks bezüglich des Unterfallens unter den Geltungsbereich vergleichbar ist, hinsichtlich der Anwendbarkeit des Tarifvertrags eine Regelungslücke. Hierbei handelt es sich auch um eine unbewußte Lücke. Hätte der Gesetzgeber an den Fall einer möglichen „Umgehung" des Geltungsbereichs eines Tarifvertrags gedacht, so hätte er bei Erlaß des TVG den ungeregelten Fall der „Umgehung" des Geltungsbereichs zum Schutz der Tarifautonomie einer Regelung unterworfen. Anhaltspunkte für die Annahme einer bewußten Regelungslücke sind nicht gegeben. Es besteht für den Gesetzgeber kein Grund, in Bezug auf das Unterfallen der Arbeitsverhältnisse unter den Geltungsbereich eines Tarifvertrags vergleichbare Sachverhalte hinsichtlich der zwingenden Tarifgeltung unterschiedlich zu behandeln.

b) Lückenschließung

Die Gleichbehandlung des Tatbestands der Betriebszweckverlagerung mit dem „Normalfall" der Beibehaltung des Betriebszwecks hinsichtlich der Tarifgeltung verlangt, daß für die aus dem Anwendungsbereich des Tarifvertrags herausgeführten Arbeitsverhältnisse ebenfalls § 4 Abs. 1 TVG gilt. Nur dann werden die Sachverhalte hinsichtlich der zwingenden Tarifgeltung gleich behandelt. Die bei einer Umgehung des Geltungsbereichs bestehende Regelungslücke ist mithin durch die analoge Anwendung von § 4 Abs. 1 TVG zu schließen.

Hingegen erfordert der Gleichbehandlungsgrundsatz nicht etwa eine für den Geltungsbereich dem § 3 Abs. 3 TVG entsprechende Regelung, d.h. eine Fiktion des Unterfallens unter den Geltungsbereich bis zum zeitlichen Ablauf des Tarifvertrags. Bei einer „Umgehung" des Geltungsbereichs sind die Arbeitsverhältnisse so zu behandeln, als wäre keine Betriebszweckverlagerung erfolgt. Dafür würde eine § 3 Abs. 3 TVG für den Geltungsbereich entsprechende Regelung nicht ausreichen. Denn wird z.B. der Betriebszweck geändert, ohne daß der Arbeitgeber aus seinem Verband austritt (potentielle Tarifgebundenheit gem. § 3 Abs. 1 TVG bleibt dann bestehen), unterlägen die Arbeitsverhältnisse bei einer solchen Regelung lediglich dem geltenden Tarifvertrag bis zu seinem zeitlichen Ablauf. Neu abgeschlossene Tarifverträge kämen nicht mehr zur Anwendung. Damit würden die Arbeitsverhältnisse rechtlich so behandelt werden, als wäre der Arbeitgeber (bzw. der Arbeitnehmer) mit der Änderung des Betriebszwecks gleichzeitig aus dem Verband ausgetreten. Bei der analogen Anwendung von § 4 Abs. 1 TVG hingegen besteht die aktuelle Tarifgebundenheit, soweit der Arbeitgeber nicht aus dem Verband ausgetreten ist (§ 3 Abs. 1 TVG), auch für neu abgeschlossene Tarifverträge.

Zwar wird es in der Praxis selten vorkommen, daß der Arbeitgeber in seinem Verband verbleibt, wenn er mit der Betriebszweckverlagerung gerade die „Flucht" aus dem Tarifvertrag bezweckt. Von dem, der dem Anwendungsbereich des Tarifvertrags entfliehen will, ist zu erwarten, daß er gleichzeitig auch aus dem Verband austritt. Die Vergleichbarkeit des Tatbestands der Betriebszweckverlagerung mit der Sachlage ohne Betriebszweckverlagerung erfordert aber dennoch einzig und allein die analoge Anwendung von § 4 Abs. 1 TVG bzgl. des Tatbestandsmerkmals des Unterfallens unter den Geltungsbereich. Dadurch wird erreicht, daß der Sachverhalt rechtlich so behandelt wird, als wäre der Geltungsbereich nicht „umgangen" worden. Es wird das Tatbestandsmerkmal als gegeben angesehen, dessen Fehlen durch den ausgeführten Gestaltungsakt begründet wurde.

F. Vergleichbarkeit der Sachverhalte als Grundlage für die analoge Anwendung von § 4 Abs. 1 TVG

Bei der Betriebszweckverlagerung durch Einführung von Arbeitnehmerüberlassung ist § 4 Abs. 1 TVG bezüglich der aus dem Anwendungsbereich des bis dahin geltenden Tarifvertrags herausgeführten Arbeitsverhältnisse analog anzuwenden, soweit eine „Umgehung" der zweiten Voraussetzung von § 4 Abs. 1 TVG, des Unterfallens unter den fachlichen Geltungsbereich, vorliegt. Das ist der Fall, wenn der Tatbestand der Verlagerung des Betriebszwecks mit dem „Normalfall" der Beibehaltung des Betriebszwecks hinsichtlich des Unterfallens unter den Geltungsbereich vergleichbar ist. Dabei muß die Vergleichbarkeit gerade in den für die rechtliche Bewertung maßgebenden Punkten gegeben sein.[480]

I. Für die rechtliche Bewertung maßgebende Punkte

Die rechtliche Bewertung von Sachverhalten im Rahmen eines Analogieschlusses orientiert sich an den Tatbestandsvoraussetzungen der jeweils analog anzuwendenden Norm. Jede einzelne Voraussetzung der entsprechenden Norm bildet einen Vergleichspunkt, für welchen die für die Analogie erforderliche Ähnlichkeit allein und in Beziehung zu den anderen Tatbestandsvoraussetzungen zu ermitteln ist.

Für die Betriebszweckverlagerung ergeben sich die maßgebenden Punkte für die Vergleichbarkeit der Sachlage vor Betriebszweckverlagerung mit der Sachlage nach erfolgter Betriebszweckverlagerung demnach aus den in § 4 Abs. 1 TVG für die Anwendbarkeit von Tarifverträgen aufgestellten Erfordernissen. Das ist einerseits die Tarifgebundenheit im engeren Sinne (potentielle Tarifgebundenheit) und zum anderen das Tatbestandsmerkmal des Unterfallens unter den Geltungsbereich.

1. Potentielle Tarifgebundenheit

Die Tatbestandsvoraussetzung der potentiellen Tarifgebundenheit steht dabei außen vor. Eine Vergleichbarkeit ist hier nicht erforderlich, weil die Sachver-

---

[480] *Larenz/Canaris*, Methodenlehre der Rechtswissenschaft, Kap. 5, 2 b), S. 202.

halte insoweit schon gleich sind. Die potentielle Tarifgebundenheit ist bei beiden Sachverhalten, zumindest bzgl. des laufenden Tarifvertrags, gegeben. War der Arbeitgeber vor der Verlagerung des Betriebszwecks potentiell tarifgebunden, so ist er es auch danach.[481] Die potentielle Tarifgebundenheit hat nur die Mitgliedschaft im Verband als Voraussetzung. Die Verbandsmitgliedschaft wird von einer Betriebszweckänderung nicht tangiert. Sie ist ein Statusverhältnis und existiert unabhängig vom Unterfallen der Arbeitsverhältnisse unter den fachlichen Geltungsbereich der vom entsprechenden Verband geschlossenen Tarifverträge.[482] Wurde die potentielle Tarifgebundenheit für den laufenden Tarifvertrag einmal durch Verbandsbeitritt begründet, so ist das Verbandsmitglied vor wie auch nach der Betriebszweckverlagerung bzgl. dieses Tarifvertrags potentiell tarifgebunden.

Die potentielle Tarifgebundenheit für den laufenden Tarifvertrag ergibt sich dabei entweder aus § 3 Abs. 1 TVG oder aus § 3 Abs. 3 TVG. Die Voraussetzung von § 3 Abs. 1 TVG ist erfüllt, soweit die Verbandsmitglied-schaft nach der Betriebszweckverlagerung fortbesteht. Bei Verbandsaustritt, gleichgültig ob vor oder nach der Betriebszweckverlagerung, folgt die potentielle Tarifgebundenheit aus § 3 Abs. 3 TVG, da diese Regelung das Bestehen der Mitgliedschaft bis zum zeitlichen Ablauf des geltenden Tarifvertrags fingiert. Die potentielle Tarifgebundenheit kann also frühestens mit dem zeitlichen Ablauf des Tarifvertrags oder durch die Ersetzung desselben durch einen neuen Tarifvertrag enden.

---

481 Es sei denn, der Arbeitgeber ist aus seinem Verband ausgetreten und der geltende Tarifvertrag ist nach der Betriebsumstrukturierung zeitlich abgelaufen, vgl. § 3 Abs. 3 TVG.

482 Ebenso: *Nikisch*, Arbeitsrecht II, § 71 IV 1, S. 268; *Richardi* in: Staudinger, Vorbem. zu §§ 611 ff. BGB, Rdnr. 627; *Dietz*, FS Nipperdey, S.143 f.; *Dräger*, BB 1970, 1141 f.; *Kempen* in: Kempen/Zachert, TVG, § 3, Rdnr. 6; *Wiedemann*, Anm. BAG, AP Nr. 8 zu § 4 TVG Nachwirkung; *Lieb*, Arbeitsrecht, § 6 II 1, Rdnr. 510, S. 170; *Hueck/Nipperdey*, Lehrbuch des Arbeitsrechts II/1, § 23 B I, S. 478; a.A.: BAG AP Nr. 13, 14, 21 zu § 3 TVG; *Gamillscheg*, Kollektives Arbeitsrecht I, § 17 I 1 b), S. 712; *Schaub* in: Erfurter Kommentar zum Arbeitsrecht, § 3 TVG, Rdnr. 29, 31; *Hromadka/Maschmann/Wallner*, Der Tarifwechsel, C § 5 I 1 c) cc), Rdnr. 234, S. 91; *Löwisch* in: Münchener Handbuch zum Arbeitsrecht III, § 260 I 1 a), Rdnr.1, S. 319; *Dörner* in: Kasseler Handbuch zum Arbeitsrecht II, 6.1.D. II 1 b), Rdnr. 126, S. 979; *Oetker* in: Wiedemann, TVG, § 3, Rdnr. 52; *Wilhelm/Lindemann*, Unternehmenshandbuch Arbeitsrecht, Kap. 6 B I 1, Rdnr. 6.3, S. 273.

2. Aus der Tatbestandsvoraussetzung des Unterfallens unter den fachlichen Geltungsbereichs folgende Vergleichspunkte

Die Betriebsumstrukturierung durch Einführung von Arbeitnehmerüberlassung als neuen Hauptzweck hat nur das Herauswachsen des Betriebs aus dem fachlichen Geltungsbereich und damit lediglich den Wegfall der zweiten Voraussetzung von § 4 Abs. 1 TVG zur Folge. Mithin ist hinsichtlich der Vergleichbarkeit der Sachverhalte ausschließlich auf die Voraussetzungen für das Unterfallen unter den fachlichen Geltungsbereich des Tarifvertrags abzustellen.

Um die Sachverhalte insoweit gegenüberstellen zu können, muß im einzelnen geklärt sein, wann die zweite Voraussetzung von § 4 Abs. 1 TVG bzgl. des fachlichen Geltungsbereichs im Normalfall, d.h. ohne Betriebszweckverlagerung, erfüllt ist. Hierbei sind die den fachlichen Geltungsbereich bestimmenden Strukturelemente des Betriebs maßgebend. Aus diesen ergeben sich die einzelnen Punkte, in denen beide Sachverhalte miteinander vergleichbar sein müssen.

Arbeitsverhältnisse werden vom fachlichen Geltungsbereich eines Tarifvertrags erfaßt, wenn der Arbeitgeber seine Arbeitnehmer innerhalb seiner betrieblichen Organisation hauptsächlich in dem im Tarifvertrag festgelegten Wirtschaftsbereich tätig werden läßt. Dabei fließen dem Arbeitgeber unmittelbar, als direkte Folge seines den Geltungsbereich bestimmenden Handelns, die hierdurch erwirtschafteten Gewinne bzw. Verluste zu.

Das Unterfallen der Arbeitsverhältnisse eines Betriebs unter den fachlichen Geltungsbereich eines Tarifvertrags ist also durch mehrere Komponenten gekennzeichnet. Das Unterfallen der Arbeitsverhältnisse unter den fachlichen Geltungsbereich wird bestimmt durch die tätigkeitsbezogene, die personelle, die betriebsbezogene und die wirtschaftliche Komponente. Da jedoch gerade die Gesamtheit der verschiedenen Komponenten die Bestimmung des Geltungsbereichs ausmacht, greifen die einzelnen Komponenten naturgemäß ineinander über. Eine exakte Abgrenzung zwischen ihnen ist schwierig zu treffen. Zur Herausarbeitung der einzelnen Vergleichspunkte ist jedoch eine Einzelanalyse notwendig. Daher werden die Komponenten, soweit es möglich ist, getrennt von einander, abstrakt dargestellt.

a) Tätigkeitsbezogene Komponente

Die erste Komponente wird durch die Art der Tätigkeit der Arbeitnehmer im Betrieb bestimmt. Sie bezieht sich auf die gesamte einen bestimmten Produktionszweck kennzeichnende wirtschaftliche Tätigkeit. Der Tarifvertrag findet auf die Arbeitsverhältnisse eines Betriebs nur Anwendung, wenn der überwiegende Teil der Arbeitnehmer dem fachlichen Geltungsbereich des Tarifvertrags zuzuordnende Tätigkeiten ausführt.[483] Nur insoweit haben die Tarifvertragsparteien die Geltung des von ihnen geschlossenen Tarifvertrags vereinbart.

b) Personelle Komponente

Die zweite Komponente betrifft die personelle Seite. Der Tarifvertrag bestimmt grundsätzlich nur den Inhalt der Arbeitsverhältnisse der in dem Betrieb beschäftigten „eigenen" Arbeitnehmer des Arbeitgebers. Ob die Arbeitsverhältnisse „fremder", z.B. entliehener, im Betrieb beschäftigter Arbeitnehmer ebenfalls von dem für diesen Betrieb geltenden Tarifvertrag erfaßt werden, richtet sich nach dem vom Arbeitgeber der betriebsfremden Arbeitnehmer verfolgten Betriebszweck.[484]

c) Betriebsbezogene Komponente

Die dritte, betriebsbezogene Komponente ist das Gegenstück zu personellen Komponente. Sie bezieht sich auf den Betrieb des Arbeitgebers. Das Augenmerk ist hier also nicht auf die Beschäftigten, wie bei der personellen Komponente, sondern auf die Gegenseite, den Arbeitgeber gerichtet.

Der Arbeitgeber ist Inhaber der betrieblichen Organisations- und Leitungsmacht, innerhalb derer die Arbeitnehmer tätig werden. Dabei ist es für das Unterfallen unter den Geltungsbereich des Tarifvertrags grundsätzlich ohne Bedeutung, ob die Leitungsmacht als typische betriebliche Funktion[485] tatsächlich durch den Arbeitgeber selbst oder durch einen Dritten bzw. ein anderes Unternehmen[486] ausgeübt wird. Entscheidend ist, daß die Arbeitnehmer des potentiell tarifgebundenen Arbeitgebers in dessen Betrieb, d.h. in dessen betrieblichen Organisationsbereich tätig werden. Betriebsinhaber[487] und Arbeitsvertragspartner der Arbeitnehmer fallen also in einer Person zusammen.

---

483 Vgl. nur *Schaub*, Arbeitsrechts-Handbuch, § 203 IV 1, Rdnr. 33, S. 1983.

484 Das kann z.B. der Fall sein, wenn der Hauptzweck des Betriebs des die Arbeitnehmer verleihenden Arbeitgebers nicht in der Überlassung von Arbeitnehmern, sondern im gleichen Bereich wie der des die Arbeitnehmer entleihenden Arbeitgebers liegt.

485 Die Leitung ist die typisch betriebliche Funktion. *Pöhlmann*, Der Prozeß der Unternehmensführung, S. 17.

486 Z.B. durch vertragliche Übernahme oder aufgrund faktischer Verhältnisse.

487 Gemeint ist der Betrieb im Sinne der organisatorischen Einheit, innerhalb derer der Arbeitgeber allein oder in Gemeinschaft mit seinen Mitarbeitern mit Hilfe von sächlichen und immateriellen Mitteln bestimmte arbeitstechnische Zwecke fortgesetzt verfolgt (vgl. *Schaub*, Arbeitsrechts-Handbuch, § 18 I 1, Rdnr. 1, S. 130).

d) Wirtschaftliche Komponente

Grundlage der vierten Komponente ist die wirtschaftliche Seite. Diese umfaßt den gesamten Bereich der ökonomischen Auswirkungen des Tätigwerdens im Geltungsbereich.

Zum einen entstehen die innerhalb des fachlichen Geltungsbereichs des Tarifvertrags erwirtschafteten Gewinne bzw. Verluste unmittelbar beim Arbeitgeber. Ob die Gewinne letztlich aufgrund vertraglicher Vereinbarungen anderen Unternehmen zugute kommen, ist eine zweite, davon zu trennende Frage. Ihren Ursprung haben sie immer bei dem im entsprechenden Geschäftszweig tätigen Arbeitgeber. Dieser entscheidet über deren weitere Verwendung.

Darüber hinaus trägt der Arbeitgeber als Betriebsinhaber die auf dem Tätigwerden im Geltungsbereich beruhende Wertsteigerung bzw. Wertminderung seines Unternehmens. Ihn treffen primär die wirtschaftliche Folgen seines Handelns. Er erlangt unmittelbar den gesamten wirtschaftlichen Vorteil bzw. ggf. auch Nachteil aus der Beschäftigung seiner Arbeitnehmer.

II. Vergleichbarkeit der Sachverhalte

Da die vier dargestellten Komponenten ausschlaggebend für die Zuordnung der Arbeitsverhältnisse unter den fachlichen Geltungsbereich eines Tarifvertrags sind, muß für die analoge Anwendung von § 4 Abs. 1 TVG die Sachlage vor der Betriebszweckverlagerung mit der Sachlage nach Betriebszweckverlagerung hinsichtlich dieser vier Komponenten vergleichbar sein. Dabei muß der Grad der Ähnlichkeit so hoch sein, daß die verbleibenden Abweichungen in rechtlicher Hinsicht keine unterschiedliche Behandlung der Sachverhalte begründen können. Die Gewährleistung und Aufrechterhaltung der Funktionsfähigkeit des Tarifvertragsystems muß die Tarifgeltung auch für den hier in Frage stehenden Fall der Betriebszweckverlagerung erforderlich machen.

Eine diesen Anforderungen entsprechende Ähnlichkeit ist gegeben, wenn sich die Betriebsumstrukturierung so darstellt, daß das Verleihunternehmen mit seinen Arbeitnehmern unter Einschaltung der Entleihunternehmen seinen ursprünglichen Betriebszweck in eigener Regie fortführt. Denn das Verleihunternehmen ist dann im gleichen Ausmaß und gleicher Qualität innerhalb des Geltungsbereichs des ursprünglich anwendbaren Tarifvertrags tätig. In diesem Fall gebietet der Gleichheitssatz die analoge Anwendung von § 4 Abs. 1 TVG. Anderenfalls könnte ein der Tarifgeltung überdrüssiger Arbeitgeber ein mit seinem Unternehmen verbundenes Unternehmen zwischenschalten und so der Tarifgeltung entgehen, was bei „bloßem" Austritt aus dem

Verband und Aufrechterhaltung des Betriebzwecks für die Zeit des laufenden Tarifvertrags gerade nicht möglich sein soll.

1. Vergleichbarkeit der Sachverhalte hinsichtlich der tätigkeitsbezogenen Komponente

Grundvoraussetzung der Vergleichbarkeit ist, daß die in den Entleihunternehmen überwiegend zu erbringende Arbeit dem ursprünglichen Betriebszweck des Verleihunternehmens entspricht. Denn nur, wenn in den Entleihunternehmen die Voraussetzungen für das Unterfallen unter den fachlichen Geltungsbereich des bisher geltenden Tarifvertrags gegeben sind, wird der bisherige Betriebszweck des Verleihunternehmens als nunmehriger Hauptzweck der Entleihunternehmen aufrecht erhalten. Nur in diesem Fall kommt eine Fortführung des ursprünglichen Betriebszwecks durch das Verleihunternehmen mit Hilfe der Entleihunternehmen in Betracht.

2. Vergleichbarkeit der Sachverhalte hinsichtlich der personellen Komponente

Für die Vergleichbarkeit hinsichtlich der personellen Komponente ist es erforderlich, daß im Produktionsbereich der Entleihunternehmen, dem ursprünglichen Produktionsbereich des Verleihunternehmens, die „eigenen" Arbeitnehmer des Verleihunternehmens eingesetzt werden. Ist das nicht der Fall, fehlt es für die Vergleichbarkeit von vornherein an dem notwendigen Zusammenhang zwischen Arbeitgeberstellung und Beschäftigung der Arbeitnehmer im Geltungsbereich des Tarifvertrags.

a) Entsendung des überwiegenden Teils der Arbeitnehmer

Daß überhaupt Arbeitnehmer des Verleihunternehmens in den Entleihunternehmen eingesetzt werden, reicht aber für eine Vergleichbarkeit allein nicht aus. Eine Umgehung des Geltungsbereichs kann nur gegeben sein, wenn das Verleihunternehmen die Mehrzahl seiner Arbeitnehmer unter Zuhilfenahme der Entleihunternehmen weiterhin im gleichen Produktionsbereich beschäftigt. Wird nur ein geringerer Teil der Arbeitnehmer des Verleihunternehmens an die Entleihunternehmen überlassen und der weitaus größere Teil der Arbeitnehmer des Verleihunternehmens an Betriebe anderer Wirtschaftsbereiche oder an wirtschaftlich nicht verbundene Unternehmen verliehen, scheidet eine Vergleichbarkeit aus. Dann kann die Produktion in den Entleihunternehmen mit den eigenen Arbeitnehmern des Verleihunternehmens mangels entsprechender Quantität der eingesetzten Arbeitnehmer nicht als vom Verleihunternehmen verfolgter Hauptzweck angesehen werden. Vielmehr ist weiterhin Voraussetzung, daß der überwiegende Teil der Arbeitnehmer des Verleihunternehmens an die wirtschaftlich verbundenen Entleihunternehmen verliehen wird. Nur in diesem Fall kann eine „Fortführung des eigenen ursprünglichen Betriebszwecks" mit Hilfe der „eigenen" Arbeitnehmer seitens des Verleihunternehmens vorliegen. Eine die genaue Grenzlinie bildende Prozentzahl kann hierfür nicht angegeben werden. Insoweit sind immer die Umstände des Einzelfalls maßgebend. Jedenfalls müssen aber so viele Arbeitnehmer an die Entleihunternehmen verliehen werden, daß die Arbeit der verliehenen Arbeitnehmer im ursprünglichen Produktionsbereich als Hauptzweck des Verleihunternehmens angesehen werden kann, wenn jenes selbst, und nicht die Entleihunternehmen, immer noch den alten Betriebszweck verfolgen würde.

Dabei macht es keinen Unterschied, ob das Verleihunternehmen seine Arbeitnehmer an ein oder mehrere wirtschaftlich gleichermaßen verbundene Entleihunternehmen entsendet. Es muß nur immer der überwiegende Teil der Arbeitnehmer des Verleihunternehmens an das bzw. die im ursprünglichen Produktionsbereich tätigen Entleihunternehmen überlassen werden.

b) Keine Notwendigkeit ausschließlicher Beschäftigung von Arbeitnehmern des Verleihunternehmens in den Entleihunternehmen

Notwendig ist jedoch nicht, daß in den Entleihunternehmen ausschließlich oder zum größten Teil die Arbeitnehmer des Verleihunternehmens beschäftigt werden. Auch wenn in den Entleihunternehmen überwiegend eigene oder Arbeitnehmer anderer Unternehmen eingesetzt werden, kann eine Vergleichbarkeit bezüglich des Unterfallens unter den fachlichen Geltungsbereich für die mit dem Verleihunternehmen bestehenden Leiharbeitsverhältnisse gegeben sein. Hinsichtlich der Vergleichbarkeit kommt es nur darauf an, wie das Verhältnis des Verleihunternehmens zu seinen eigenen Arbeitnehmern geprägt ist. Die Vergleichbarkeit in den vier Komponenten muß in Bezug auf die eigenen Arbeitnehmer vorliegen. Nur für deren Arbeitsverhältnisse ist die unmittelbare und zwingende Wirkung des Tarifvertrags gem. § 4 Abs. 1 TVG fraglich. Das Verleihunternehmen muß in Bezug auf die „eigenen" Arbeitnehmer seinen ursprünglichen Produktionszweck fortführen. In einem unter den Geltungsbereich eines Tarifvertrags fallenden Betrieb wird die Anwendung des Tarifvertrags genauso wenig dadurch ausgeschlossen, daß mehr Fremdarbeitnehmer als eigene Arbeitnehmer im Betrieb beschäftigt sind. Deshalb ist es unerheblich, ob neben den Arbeitnehmern des Verleihunternehmens im Entleihunternehmen noch andere Arbeitnehmer tätig sind.

3. Vergleichbarkeit der Sachverhalte hinsichtlich der betriebsbezogenen Komponente

Für eine Vergleichbarkeit hinsichtlich der betriebsbezogenen Komponente müßten nicht nur die Arbeitnehmer des Verleihunternehmens, sondern das Verleihunternehmen selbst im gleichen Produktionsbereich tätig sein wie vor der Betriebsumstrukturierung.

Unmittelbar ist das nicht gegeben, weil der Betriebszweck des Verleihunternehmens nach der Betriebsumstrukturierung in der Arbeitnehmerüberlassung liegt. Das Verleihunternehmen bestimmt als Arbeitgeberin grundsätzlich nur die innerhalb des eigenen Wirtschaftsbereichs (Arbeitnehmerüberlassung) liegenden betrieblichen Tätigkeiten seiner Arbeitnehmer. Seine Entscheidungsbefugnis reicht also nur so weit, als es um den „Überlassungsvorgang" geht. Im ursprünglichen Produktionsbereich des Verleihunternehmens sind nunmehr die Entleihunternehmen tätig. Diese bestimmen unmittelbar die dem ursprünglichen Betriebszweck des Verleihunternehmens entsprechende Produktion.

In Betracht kommt aber eine mittelbare Fortführung des ursprünglichen Produktionszwecks durch eine Übernahme der Betriebsleitung. Wenn die Entleihunternehmen wie eigene Betriebsabteilungen des Verleihunternehmens geführt werden, also nur ein „Werkzeug" des Verleihunternehmens sind, um den ursprünglichen Produktionszweck weiter zu führen, ist die für die analoge Anwendung von § 4 Abs. 1 TVG erforderliche Vergleichbarkeit hinsichtlich der betriebsbezogenen Komponente gegeben. Denn besteht der Unterschied nur in der Unmittelbarkeit bzw. Mittelbarkeit der Betriebsleitung, so ist dies ein Unterschied, mit dem eine Ungleichbehandlung hinsichtlich der zwingenden Tarifwirkung gegenüber dem Sachverhalt ohne Betriebszweckverlagerung nicht begründet werden kann. Die Unmittelbarkeit der Unternehmensleitung wird von § 4 Abs. 1 TVG nicht als Tatbestandsmerkmal der Tarifgeltung vorausgesetzt und kann daher für das Unterfallen der Arbeitsverhältnisse unter den Geltungsbereich des Tarifvertrags nicht maßgebend sein.

Für die Feststellung, wann eine die Vergleichbarkeit begründende Leitungsübernahme anzunehmen ist, kommt es darauf an, welche Sachgebiete die Unternehmensleitung umfaßt.

a) Grundfunktionen der Unternehmensleitung

Als Grundlage aller weiteren Leitungsentscheidungen unterliegt zunächst die Wahl der Produktionsart der unternehmerischen Entscheidungsfreiheit des Arbeitgebers. Er kann autonom festlegen, in welchem Industriezweig er seine Arbeitnehmer beschäftigt. Dies beinhaltet auch die Obergewalt über die sachlichen Produktionsmittel. Der Arbeitgeber bestimmt über die Art der Verwendung der vorhandenen Produktionsmittel, über Neuanschaffungen und darüber, welche Fertigungsverfahren verwandt werden. Darüber hinaus regelt er Art und Umfang der Beschaffung der Rohmaterialien und den Absatz der fertigen Produkte. Dementsprechend wird von ihm auch der gesamte Finanzierungsbereich gesteuert. Des weiteren ist der Arbeitgeber Inhaber der Leitungsmacht bzgl. der personellen Angelegenheiten. Er hat das Direktionsrecht gegenüber seinen Arbeitnehmern inne und entscheidet über deren Einsatz, Einstellung und Kündigung. Außerdem legt er die Besetzung der Führungspositionen fest. Die Unternehmens- bzw. Betriebsplanung liegt in vollem Umfang bei ihm. Entscheidungen über Vertragsabschlüsse, Betriebsumstrukturierungen und sonstige Fragen der Unternehmenspolitik werden von ihm getroffen.

Aus diesen Strukturen ergeben sich zum einen die Grundfunktionen unternehmerischer Entscheidungsfreiheit in Bezug auf die Betriebsleitung. Diese lassen sich in drei Bereiche untergliedern. Die Grundfunktionen der Betriebsleitung bestehen in der Beschaffung, der Produktion und dem Absatz.[488] Dabei ist die Produktion hinsichtlich der Betriebsleitung bezogen auf den fachlichen Geltungsbereich die wichtigste Funktion, da sich die anderen Funktionen an ihr ausrichten. Beschaffung und Absatz werden unmittelbar durch die Produktion bestimmt.

Zudem folgen aus den Strukturmerkmalen der Betriebsleitung auch die hauptsächlichen Mittel unternehmerischer Tätigkeit. Diese liegen in der Finanzierung und der Personalpolitik.[489] Durch eine gezielte Personalbesetzung und einen exakt festgelegten Finanzplan lassen sich die Grundfunktionen mittelbar steuern.[490]

---

488 *Dierdorf*, Herrschaft und Abhängigkeit einer Aktiengesellschaft auf schuldvertraglicher und tatsächlicher Grundlage, S. 77 f.; *Gutjahr*, Der Begriff der Zusammenfassung unter einheitlicher Leitung im Konzerngesellschaftsrecht, S. 62; *Pöhlmann*, Der Prozeß der Unternehmensführung, S. 14; vgl. auch *Scheffler*, AG 1990, 173, 175; *Hoffmann-Becking*, ZHR 1989, Heft 62, S. 68, 77, 79 ff.; *Noack* in: Hennerkes, Unternehmenshandbuch Familiengesellschaften, 15. Kap. IV 1 (2), S. 369.

489 Der Begriff der einheitlichen Leitung als Bestandteil des Konzernbegriffs, S. 68.

490 Vgl. auch *Pöhlmann*, Der Prozeß der Unternehmensführung, S. 14; *Hoffmann-Becking*, Der qualifiziert faktische AG-Konzern, ZHR 1989, Heft 62, S 68, 77.

Die Vergleichbarkeit muß bzgl. aller dargestellten Funktionen bestehen. Nur wenn das Verleihunternehmen die Leitung aller wesentlichen Funktionen inne hat, übernimmt es die Betriebsleitung der Entleihunternehmen in der Weise, daß die Entleihunternehmen als „Werkzeug", als weiteres sächliches Produktionsmittel des Verleihunternehmens angesehen werden können.

b) Interdependenz der Grundfunktionen

Dabei muß das Verleihunternehmen jedoch nicht auf alle Grundfunktionen gleichermaßen Einfluß nehmen. Wegen der inneren Verbindung zwischen den Funktionen und der bestehenden wechselseitigen Abhängigkeiten[491] ist eine Abstufung hinsichtlich der erforderlichen Stärke der Einflußnahme vorzunehmen.

Die Grundfunktion der Produktion ist bzgl. des Unterfallens unter den fachlichen Geltungsbereich eines Tarifvertrags die wichtigste der drei Grundfunktionen. Sie kennzeichnet den Gegenstand des Unternehmens[492] und bestimmt damit die Zuordnung zum fachlichen Geltungsbereich. Bezüglich der Produktion ist daher eine unbeschränkte Leitungsmacht des Verleihunternehmens gegenüber den Entleihunternehmen für die Vergleichbarkeit hinsichtlich der betriebsbezogenen Komponente von ausschlaggebender Bedeutung.

Eine der wichtigsten Funktionen um die Produktion, wie auch Beschaffung und Absatz, zu leiten ist die Finanzierung.[493] Mit der Übernahme der Entscheidungen von Finanzierungsfragen bestimmt das Verleihunternehmen indirekt die Ausführung dieser drei Grundfunktionen. Demnach ist auch in diesem Bereich die volle Einflußnahme erforderlich.

Hingegen sind Absatz und Beschaffung stark von Produktion und Finanzierung abhängig. Wer die Obergewalt über Produktion und Finanzierung inne hat, bestimmt in hohem Maße Absatz und Beschaffung, weil sich diese Bereiche an den anderen Grundfunktionen ausrichten.[494] Demzufolge ist hinsichtlich dieser beiden Grundfunktionen keine direkte Leitungsübernahme erforderlich. Das Verleihunternehmen muß zur Leitung von Absatz und

---

491 Zur Interdependenz der Grundfunktionen vgl. *Koppensteiner* in: Kölner Komm. zum Aktiengesetz, § 18, Rdnr. 20; *Dierdorf*, Herrschaft und Abhängigkeit einer Aktiengesellschaft auf schuldvertraglicher und tatsächlicher Grundlage, S. 78 f.; *Slongo*, Der Begriff der einheitlichen Leitung als Bestandteil des Konzernbegriffs, S. 70; *Gutjahr*, Der Begriff der Zusammenfassung unter einheitlicher Leitung im Konzerngesellschaftsrecht, S. 59; *Limmer*, GmbHR 1992, 265, 269; *Decher*, DB 1989, 965, 971.

492 *Halter*, Der Begriff der einheitlichen Leitung im Konzern, S. 18 f.

493 Vgl. *Halter*, Der Begriff der einheitlichen Leitung im Konzern, S. 65, 69.

494 *Gutjahr*, Der Begriff der Zusammenfassung unter einheitlicher Leitung im Konzerngesellschaftsrecht, S. 59, 62.

Beschaffung lediglich unmittelbar die Produktion in den Entleihunternehmen bestimmen und für die Finanzierungsentscheidungen innerhalb der Entleihunternehmen zuständig sein.[495]

Darüber hinaus ist die Personalpolitik ein weiteres wichtiges Mittel um die Produktion zu bestimmen.[496] Mit der Auswahl des Personals kann die Produktionsleitung in den Entleihunternehmen direkt gesteuert werden.[497] Daher ist hier ebenfalls eine unmittelbare Einflußnahme des Verleihunternehmens erforderlich. Nur so kann die Betriebsleitung auch bzgl. der Einzelbereiche übernommen werden. Nicht erforderlich ist dabei, daß das Verleihunternehmen jede einzelne Stellenbesetzung bestimmt. Wichtig ist, daß die Besetzung der Führungspositionen durch das Verleihunternehmen erfolgt.

Für die Vergleichbarkeit der Sachverhalte als Voraussetzung der analogen Anwendung von § 4 Abs. 1 TVG ist demnach eine unmittelbare Einflußnahme des Verleihunternehmens auf die Entscheidungen der Entleihunternehmen in Bezug auf ihre Betriebsleitung in den Bereichen Produktion, Finanzierung und Personalpolitik erforderlich. Die anderen Grundfunktionen unternehmerischer Leitungstätigkeit, Beschaffung und Absatz, werden dadurch in für die Vergleichbarkeit ausreichender Weise mittelbar bestimmt.

c) Das „Wie" der Leitungsübernahme

Das „Wie" der Leitungsübernahme beantwortet die Frage, in welchem Ausmaß das Verleihunternehmen auf die Grundfunktionen der Betriebsleitung (Produktion, Finanzierung, Personalpolitik) Einfluß nehmen muß, um die Betriebsleitung in den Entleihunternehmen mittelbar zu bestimmen.

Die betriebliche Leitung erfaßt die Tätigkeitskomplexe Planung, Organisation, Disposition und Überwachung[498]. Eine Übernahme der betrieblichen Leitung ist gegeben, wenn dem Entleihunternehmen ein bestimmtes Verhalten

---

495 Vgl. *Gutjahr*, Der Begriff der Zusammenfassung unter einheitlicher Leitung im Konzerngesellschaftsrecht, S. 62.

496 *Slongo*, Der Begriff der einheitlichen Leitung als Bestandteil des Konzernbegriffs, S. 63; *Halter*, Der Begriff der einheitlichen Leitung im Konzern, S. 76.

497 *Gutjahr*, Der Begriff der Zusammenfassung unter einheitlicher Leitung im Konzerngesellschaftsrecht, S. 71.

498 *Harms*, Konzerne im Recht der Wettbewerbsbeschränkungen, S. 112; *Gutenberg*, Unternehmensführung, Organisation und Entscheidungen, S. 61; *Halter*, Der Begriff der einheitlichen Leitung im Konzern, S. 17; *Gutjahr*, Der Begriff der Zusammenfassung unter einheitlicher Leitung im Konzerngesellschaftsrecht, S. 72; *Dierdorf*, Herrschaft und Abhängigkeit einer Aktiengesellschaft auf schuldvertraglicher und tatsächlicher Grundlage, S. 77; ähnlich *Pöhlmann*, Der Prozeß der Unternehmensführung, S. 60 ff.

innerhalb dieser Tätigkeitskomplexe vorgeschrieben wird.[499] Dafür muß eine umfassende und dauerhafte Einflußnahme auf die Grundfunktionen (Produktion, Finanzierung, Personalpolitik) in den Bereichen Planung, Organisation, Disposition und Überwachung gegeben sein. Eine nur gelegentliche Einflußnahme kann nicht zur Übernahme der Betriebsleitung führen. Hier mangelte es an einer Herrschaft über die betrieblichen Abläufe. Der Einfluß des Verleihunternehmens auf die Betriebsleitung der Entleihunternehmen wäre in zeitlicher Hinsicht auf Teilbereiche beschränkt. Damit ist es nicht möglich, die gesamte Betriebsleitung an sich zu ziehen. Ebenso wird die Erteilung von Einzelweisungen in der Regel den Anforderungen an die Vergleichbarkeit hinsichtlich der betrieblichen Komponente nicht genügen. Auch hier würden nur Teilbereiche der Betriebsleitung von der Einflußnahme durch das Verleihunternehmen erfaßt. Letztlich ist auch lediglich die Möglichkeit der Einflußnahme für die Übernahme der Betriebsleitung nicht ausreichend. Die Betriebsleitung muß tatsächlich übernommen werden.

Dagegen ist *Gutjahr*[500] in Bezug auf die einheitliche Leitung als Voraussetzung der analogen Anwendung aktienrechtlicher Vorschriften der Auffassung, daß eine gewisse Durchsetzungskraft bzw. die Durchsetzung des Willens des herrschenden Unternehmens so lange nicht erforderlich ist, als die verbundenen Unternehmen von sich aus einen mit der Konzernleitung konformen Willen bilden und verwirklichen. Das trifft aber für die Übernahme der Betriebsleitung als Voraussetzung der analogen Anwendung von § 4 Abs. 1 TVG nicht zu. Dafür ist es erforderlich, daß die Leitung des abhängigen Unternehmens positiv übernommen wird. Bei einem „konzern"-konformen Verhalten der Entleihunternehmen liegt die Entscheidungsmacht immer noch bei ihnen selbst. Die Entleihunternehmen lenken und leiten ihre Betriebe dann durch eigene Bestimmung der Grundfunktionen.

Ein bloßes Blockieren[501] bestimmter wesentlicher Entscheidungen genügt in der Regel ebenfalls nicht den Anforderungen an eine Leitungsübernahme. Eine Leitungsübernahme wäre in diesem Fall nur gegeben, wenn die Entleihunternehmen dadurch mittelbar zu einer bestimmten Handlung gezwungen werden können. Mit dem Blockieren von Entscheidungen kann jedoch grundsätzlich kein konkretes Handeln abverlangt werden. Damit wird nur erreicht, daß eine bestimmte Entscheidung nicht getroffen werden kann. Im

---

499 Vgl. *Dierdorf*, Herrschaft und Abhängigkeit einer Aktiengesellschaft auf schuldvertraglicher und tatsächlicher Grundlage, S. 93.

500 Der Begriff der Zusammenfassung unter einheitlicher Leitung im Konzerngesellschaftsrecht, S. 93.

501 Im Konzernrecht sog. „negative Beherrschung", vgl. *Koppensteiner* in: Kölner Komm. zum Aktiengesetz, § 17, Rdnr. 22; *Emmerich/Sonnenschein*, Konzernrecht, § 3 II 3 d), S. 49.

Umkehrschluß ergibt sich daraus in der Regel jedoch nicht, daß dafür die gewollte andere Entscheidung getroffen wird. Die Entscheidungsbefugnis hinsichtlich der Grundfunktionen ist aber gerade ausschlaggebend für die Übernahme der Betriebsleitung. Nimmt das Verleihunternehmen auf die Grundfunktionen der Betriebsleitung in den Entleihunternehmen keinen Einfluß mittels Durchsetzung eigener Entscheidungen, liegt keine durch das Verleihunternehmen bestimmte Leitung des Betriebs vor.[502] Damit wäre keine Vergleichbarkeit hinsichtlich der betrieblichen Komponente gegeben.

Die Leitungsmacht in dem die Arbeitnehmer entleihenden Unternehmen muß durch das Verleihunternehmen immer positiv ausgeübt werden. Dabei kann sich die Übernahme der betrieblichen Leitungstätigkeit in den Entleihunternehmen durch das Verleihunternehmen aus tatsächlich bestehenden Umständen[503] oder aus vertraglicher Vereinbarung zwischen Verleih- und Entleihunternehmen ergeben.[504] Diesbezüglich kommt es immer auf die Gesellschaftsform der beteiligten Unternehmen an. Bei einer GmbH bestehen z.B. andere und oft leichtere Einflußmöglichkeiten als bei einer AG. Woraus sich die Übernahme der betrieblichen Leitung letztlich ergibt, muß daher im Einzelfall geprüft werden. Im Hinblick auf die vielschichtigen Regelungsmöglichkeiten zur Ausübung von Einfluß auf ein wirtschaftlich verbundenes Unternehmen wird im folgenden nur ein Überblick über die wichtigsten Mittel der Leitungsübernahme gegeben. Ein Anspruch auf Vollständigkeit wird wegen der vielen, teils nur in einzelnen Punkten abweichenden Varianten nicht erhoben.

Problematisch ist dabei aber zunächst die Frage, wie stark die Einflußnahme des Verleihunternehmens ausgeprägt bzw. wie hoch der Grad der Abhängigkeit[505] der Entleihunternehmen sein muß, um von einer Übernahme der Betriebsleitung ausgehen zu können.

aa) Vergleichbarkeit unter Berücksichtigung des Konzernhaftungsrechts?

Wegen der für die Analogie erforderlichen Übernahme der Betriebsleitung wird im Fall der Vergleichbarkeit der Sachverhalte in der Regel ein Konzernver-

---

502 Vgl. *Dierdorf*, Herrschaft und Abhängigkeit einer Aktiengesellschaft auf schuldvertraglicher und tatsächlicher Grundlage, S. 77, 84.

503 Das Gesetz selbst geht davon aus, daß eine Abhängigkeit auf tatsächlicher Grundlage vorliegen kann. *Schmidt*, Gesellschaftsrecht, § 31 IV 2 b), S. 963.

504 Vgl. *Harms*, Konzerne im Recht der Wettbewerbsbeschränkungen, S. 111.

505 So geht z.B. auch *Limmer* (GmbHR 1992, 265, 270) im Rahmen seiner Untersuchung zur Haftung im qualifiziert faktischen Konzern davon aus, daß, wenn man die relevanten Herrschaftsbereiche festgelegt hat, sich die Frage nach dem erforderlichen Grad der Zentralisierung stellt.

hältnis zwischen Verleih- und Entleihunternehmen bestehen. Ein Konzern ist gegeben, wenn ein herrschendes und ein oder mehrere abhängige Unternehmen unter einheitlicher Leitung des herrschenden Unternehmens zusammengefaßt sind, § 18 Abs. 1 S. 1 AktG. Die geforderte einheitliche Leitung der Unternehmen liegt dabei schon vor, wenn sich die Leitung auf die grundsätzlichen Fragen der Geschäftsführung bezieht.[506] Zu berücksichtigen ist, daß diese Leitung durch das herrschende Unternehmen auch tatsächlich ausgeübt werden muß. Die bloße Möglichkeit der Einflußnahme begründet nur ein Abhängigkeitsverhältnis nach § 17 AktG, jedoch keinen Konzern.[507]

Da die Geschäftsführung die Ausübung der Grundfunktionen der Betriebsleitung beinhaltet[508], liegt in der Übernahme der Betriebsleitung regelmäßig eine tatsächliche Ausübung einheitlicher Leitung. Daher werden bei einer Vergleichbarkeit hinsichtlich der betrieblichen Komponente grundsätzlich die Voraussetzungen eines Konzernverhältnisses erfüllt sein.[509]

Wenn es um den Grad der Abhängigkeit geht, könnte daher zunächst daran gedacht werden, die Abstufung entsprechend den verschiedenen Konzerntatbeständen des faktischen Konzerns, des qualifiziert faktischen Konzerns[510] und des Vertragskonzerns vorzunehmen. Für diese Einteilung ist ebenfalls der Grad der Einflußnahme auf die Betriebsleitung des beherrschten Unternehmens maßgebend.[511]

Eine Abgrenzung nach konzernrechtlichen Maßstäben ist jedoch für die Vergleichbarkeit der Sachverhalte bzgl. der analogen Anwendung von § 4 Abs. 1 TVG ungeeignet. Die Anwendung aktienrechtlicher Vorschriften bzgl. des Verleihunternehmens aufgrund seiner Einflußnahme auf die (beherrschten) Entleihunternehmen und die Frage nach der analogen Anwendung von § 4

---

506 *Scheffler*, AG 1990, 173; *Wohlgemuth*, DStR 1991, 1495, 1499.

507 *Koppensteiner* in: Kölner Komm. Zum Aktiengesetz, § 17, Rdnr. 15, § 18, Rdnr. 26; *ders.*, FS Steindorf, S. 79 ff.; *Hüffer*, Aktiengesetz, § 17, Rdnr. 4; *Henn*, Handbuch des Aktienrechts, § 10 Abschnitt 1, Rdnr. 307, S. 146.

508 Vgl. *Hüffer*, AktG, § 77, Rdnr. 3; *Exner*, Beherrschungsvertrag und Vertragsfreiheit, S. 88.

509 Dagegen kann vom Vorliegen eines Konzernverhältnisses nicht ausnahmslos auf die Ausübung der Leitungsmacht in einem anderen Unternehmen geschlossen werden. (Vgl. *Wohlgemuth*, DStR 1991, 1529.) Das folgt daraus, daß z.B. allein aufgrund des Bestehens eines Beherrschungsvertrags, unabhängig von einer tatsächlichen Ausübung des Weisungsrechts, ein Konzernverhältnis gegeben ist. (*Ebenroth*, AG 1990, 188, 194.)

510 In seiner Entscheidung vom 17.09.2001 („Bremer-Vulkan"), ZIP 2001, 1874 ff., hat der BGH nunmehr hinsichtlich der Haftung herrschender GmbH-Gesellschafter vom Rechtsinstitut des qualifiziert faktischen Konzerns Abschied genommen. Vgl. hierzu *Schmidt*, NJW 2001, 3577 ff.

511 *Limmer*, GmbHR 1992, 265, 270; *Schmidt*, Gesellschaftsrecht, § 17 I 4, S. 504.

Abs. 1 TVG bei Übernahme der Betriebsleitung haben unterschiedliche Ausgangspunkte.[512] Die Geltung der aktienrechtlichen und die der tarifrechtlichen Vorschriften richtet sich an verschiedenen Tatbestandsvoraus-setzungen aus. Daher kann sich die Vergleichbarkeit hinsichtlich der betriebsbezogenen Komponente in Bezug auf § 4 Abs. 1 TVG nicht generell am Vorliegen bestimmter Konzernierungstatbestände orientieren.

Die Untergliederung der Abhängigkeitsverhältnisse nach dem Grad der Einflußnahme anhand konzernrechtlicher Maßstäbe basiert auf der Frage nach der Einstandspflicht des Mutterunternehmens für Verbindlichkeiten des beherrschten Tochterunternehmens gegenüber seinen Gläubigern bzw. Teilhabern. Für die analoge Anwendung aktienrechtlicher Vorschriften außerhalb des gesetzlich geregelten Vertragskonzerns ist insoweit zwar ebenfalls eine Vergleichbarkeit hinsichtlich der Ausübung der Leitungsmacht im abhängigen Unternehmen erforderlich.[513] Diese Vergleichbarkeit bezieht sich jedoch auf Haftungsfragen. Es geht hauptsächlich um den Gläubiger- und Teilhaberschutz.[514] Dieser ist von Bedeutung, weil innerhalb des Konzerns auch für das Tochterunternehmen nachteilige Weisungen[515] erteilt und damit die Interessen des Tochterunterneh-

---

512 So geht z.B. auch *Schmidt,* in: Heidelberger Konzernrechtstage, Der qualifiziert faktische GmbH-Konzern, S. 109, 113, davon aus, daß sich der Begriff des qualifiziert faktischen Konzerns nur mit Blick auf die sich daran knüpfenden Rechtsfolgen abgegrenzt werden kann. Nichts anderes kann für den qualitativen Umfang der Übernahme der Betriebsleitung als Grundlage der analogen Anwendung von § 4 Abs. 1 TVG gelten.

513 *Schmidt*, Gesellschaftsrecht, § 17 I 4, S. 504.

514 *Schilling*, FS Hefermehl, S. 384, 388. *Ulmer*, AG 1986, 123, 127; *Koppensteiner*, ZHR 1989, Heft 62, S. 87, 99; Der BGH, BGHZ 107, 7 ff., fordert für die analoge Anwendung der §§ 302, 303 AktG z.B. eine ähnliche Gefährdungslage wie im Vertragskonzern. So wird ein qualifiziert faktischer GmbH-Konzern vielfach erst angenommen, wenn eine Beeinträchtigung des Eigeninteresses der GmbH vorliegt. (Hierzu vgl. *Gätsch*, Gläubigerschutz im qualifiziert faktischen GmbH-Konzern, S. 59 ff.; *Kleindiek*, GmbHR 1992, 574, 575.) Die Beeinträchtigung des Eigeninteresses wird dabei nicht schon vermutet bzw. ist nicht schon gegeben, wenn die abhängige Gesellschaft einer dauernden und umfassenden Leitungsmacht eines anderen herrschenden Unternehmens unterliegt. (*Zöllner* in: Baumbach/Hueck, GmbH-Gesetz, Schlußanhang I, GmbH-KonzernR, Rdnr. 87.) Aber gerade die Leitungstätigkeit und nicht die Beeinträchtigung des Eigeninteresses ist für die Vergleichbarkeit hinsichtlich der betrieblichen Komponente maßgebend. Auch daraus ist ersichtlich, daß sich die Vergleichbarkeit in Bezug auf § 4 Abs. 1 TVG nicht nach der Abstufung der Konzerntatbestände richten kann.

515 Zur Möglichkeit der Erteilung nachteiliger Weisungen vgl. § 308 AktG.

mens in weitem Maße beeinträchtigt werden können.[516] Für die Gläubiger des Tochterunternehmens geht es vorrangig um den Ausgleich der Möglichkeit negativer Einflußnahme durch das Mutterunternehmen.[517] Konzernrecht ist daher zum größten Teil Haftungs-recht.[518]

Hingegen ist Ziel und Zweck der in Frage stehenden analogen Anwendung von § 4 Abs. 1 TVG die Aufrechterhaltung der Funktionsfähigkeit des Tarifvertragssystems. Der Arbeitgeber soll sich der einmal begründeten Tarifgebundenheit im weiteren Sinne nicht ohne weiteres entziehen können. Die analoge Anwendung von § 4 Abs. 1 TVG soll verhindern, daß der Geltungsbereich des Tarifvertrags umgangen wird. Das hat keinen Bezug zur Notwendigkeit des Schutzes der Teilhaber und Gläubiger der abhängigen Entleihunternehmen aufgrund der Möglichkeit der Erteilung nachteiliger Weisungen durch das Verleihunternehmen. Deshalb ist die Übernahme der Leitungsmacht zur Begründung der Vergleichbarkeit hinsichtlich der betrieblichen Komponente nicht nach haftungsrechtlichen Gesichtspunkten unter Zugrundelegung der Konzerntatbestände zu beurteilen.

Vom Vorliegen eines Konzerntatbestands nach dem Konzernhaftungsrecht kann also nicht pauschal auf eine Vergleichbarkeit der Sachverhalte hinsichtlich der analogen Anwendung des § 4 Abs. 1 TVG geschlossen werden. Selbst wenn als stärkste Form der Konzernierung ein Vertragskonzern vorliegt, begründet dies für sich allein noch keine Vergleichbarkeit der Sachverhalte bzgl. der Ausübung der Leitungsmacht. Insoweit kommt es auf den Inhalt des Beherrschungsvertrags[519] und auf die tatsächliche Wahrnehmung der darin

---

516 So ist z.B. der Umfang einheitlicher Leitung hier an Hand der Konzernnormen zu untersuchen. *Gutjahr*, Der Begriff der Zusammenfassung unter einheitlicher Leitung im Konzerngesellschaftsrecht, S. 57. Zum Streitstand, in welchen Funktionsbereichen eine Einflußnahme vorliegen muß, damit eine einheitliche Leitung im Sinne des Konzernrechts gegeben ist vgl. z.B. *Halter*, Der Begriff der einheitlichen Leitung im Konzern, S. 59.

517 Vgl. z.B. *Teubner*, ZGR 1991, 189, 195. Das Vorliegen eines qualifiziert faktischen Konzerns als Grundlage der analogen Anwendung der aktienrechtlichen Haftungsvorschriften wird z.B. angenommen, wenn eine beständige und breitflächige Schädigung des abhängigen durch das herrschende Untenehmen gegeben ist. *Henn*, Handbuch des Aktienrechts, Rdnr. 275 m.w.N. Vgl. hierzu auch BGHZ 122, 123 ff.; *Krieger*, Heidelberger Konzernrechtstage, 41, 44; *Scheffler*, AG 1990, 173; *Bitter/Bitter*, BB 1996, 2153, 2156; *Oechsler*, ZGR 1997, 464, 483 ff.; *Hommelhoff/Freytag*, DStR 1996, 1409, 1415; *Decher* in: Münchener Handbuch des Gesellschaftsrechts, Bd. 3, § 71 II 2., 3., Rdnr. 10 ff., S. 1152 ff.; *Emmerich/Sonnenschein*, Konzernrecht, § 28 III 1, S. 440 f.

518 *Schilling*, FS Hefermehl, S. 384, 388; *Schneider*, BB 1981, 249; *Limmer*, GmbHR 1992, 265, 266; *Decher*, DB 1989, 965.

519 Vgl. hierzu die nachfolgenden Ausführungen.

festgelegten Weisungsmöglichkeiten an.[520] Das Vorliegen eines Beherrschungsvertrags gibt dem herrschenden Unternehmen zwar die Möglichkeit der Einflußnahme auf die Leitung des abhängigen Unternehmens, sagt aber noch nichts darüber aus, ob es davon tatsächlich Gebrauch macht.[521] Die Ausübung des Weisungsrechts hängt einzig und allein von der Entscheidung des herrschenden Unternehmens ab, denn selbst im Vertragskonzern besteht keine Pflicht zur Konzernleitung.[522]

bb) Vergleichbarkeit ohne Berücksichtigung konzernhaftungsrechtlicher Maßstäbe

(1) Leitungsübernahme aufgrund vertraglicher Vereinbarung

Für die Übernahme der betrieblichen Leitung eines anderen Unternehmens auf vertraglicher Basis ist das Hauptmittel der Beherrschungsvertrag.[523] Dieser ist ein Unternehmensvertrag, durch den die Leitung einer Gesellschaft einem anderen Unternehmen unterstellt wird, § 291 Abs. 1 AktG.

Aufgrund des Beherrschungsvertrags ist das herrschende Unternehmen gem. § 308 Abs. 1 AktG berechtigt, dem abhängigen Unternehmen hinsichtlich der Leitung der Gesellschaft Weisungen zu erteilen. Dieses Weisungsrecht bezieht sich auf alle Maßnahmen der Geschäftsführung der abhängigen Gesellschaft.[524] So umfaßt das Weisungsrecht gegenüber einer AG alle Rechte, die dem Vorstand gem. § 76 Abs. 1 AktG obliegen. Nach § 76 Abs. 1 AktG hat der Vorstand die Gesellschaft unter eigener Verantwortung zu leiten. Damit ist die Leitung der AG insgesamt erfaßt. Bei einer GmbH als abhängiger Gesellschaft

---

520 Ungeachtet dessen, daß die Vergleichbarkeit hier nicht anhand der Konzerntatbestände beurteilt werden kann, besteht doch in Bezug auf haftungsrechtliche Fragen im Konzern ein methodisch ähnlicher Ausgangspunkt. Der Lösungsansatz liegt beim Konzernhaftungsrecht in einem Vergleich zwischen der „Rechtsverfassung eines autonomen Unternehmens und der faktischen Lage eines durch Konzernierung abhängig gewordenen Unternehmens". Ergibt dieser Vergleich, „daß durch den Autonomieverlust des Tochterunternehmens Benachteiligungen auftreten, dann muß das Recht dafür sorgen, daß entweder der Ausgangszustand wiederhergestellt wird oder daß die Nachteile durch rechtliche Ausgleichsmechanismen kompensiert werden". *Teubner*, ZGR 1991, 189, 195.

521 *Hoffmann-Becking*, ZHR 1989, Heft 62, S. 68, 69.

522 *Schneider*, BB 1981, 249, 256; *Emmerich/Sonnenschein*, Konzernrecht, § 23 IV 4, S. 363 f.; aber streitig.

523 Ein Beherrschungsvertrag wird meist erst geschlossen, wenn bereits schon ein faktisches Abhängigkeitsverhältnis besteht (*Samer*, Beherrschungs- und Gewinnabführungsverträge gemäß § 291 Abs. 1 AktG in Konkurs und Vergleich der Untergesellschaft, S. 21).

524 *Emmerich/Sonnenschein*, Konzernrecht, § 23 V 1 a), S. 364

aufgrund Beherrschungsvertrags unterliegt ebenfalls der gesamte Bereich der Geschäftsführung dem Weisungsrecht des herrschenden Unternehmens.[525] Das gleiche gilt für abhängige Gesellschaften anderer Gesellschaftsformen. § 291 AktG trifft insoweit keine Unterscheidung. Mit der Weisung kann grundsätzlich auch das laufende Tagesgeschäft bestimmt werden.[526] Insgesamt kann die Erteilung von Weisungen also in allen Bereichen der Unternehmensleitung erfolgen. Das Verleihunternehmen kann mithin durch den Abschluß eines Beherrschungsvertrags die Entscheidungen bzgl. der Grundfunktionen der Betriebsleitung (Beschaffung, Produktion, Absatz) und bzgl. der Hauptmittel unternehmerischer Tätigkeit (Finanzierung und Personalpolitik) im Entleihunternehmen an sich ziehen.[527]

Die konkrete rechtliche Ausgestaltung des Beherrschungsvertrags richtet sich nach den gesellschaftsrechtlichen Strukturen des herrschenden und des abhängigen Unternehmens. Es sind die jeweiligen spezifischen Erfordernisse der unterschiedlichen Gesellschaftsformen zu beachten.[528] So ist der Inhalt eines Beherrschungsvertrags für bestimmte Gesellschaftsformen zum Teil gesetzlich festgelegt. Wird z.B. die Leitung einer AG oder KGaA einem anderen Unternehmen mittels Beherrschungsvertrag übertragen, muß ein angemessener Ausgleich und ein Abfindungsrecht für außenstehende Aktionäre (§§ 304, 305 AktG) vereinbart werden.[529] Das ist bei einer GmbH[530] als abhängiger Gesellschaft hingegen grundsätzlich nicht erforderlich.[531]

Wichtig für die Vergleichbarkeit hinsichtlich der analogen Anwendung von § 4 Abs. 1 TVG ist, daß der Beherrschungsvertrag bzgl. der Übernahme der Betriebsleitung bestimmten Anforderungen genügt. In Bezug auf das Weisungsrecht ist der Inhalt eines Beherrschungsvertrags nicht von vornherein in vollem

---

525 *Decher* in: Münchener Handbuch des Gesellschaftsrechts, Bd. 3, § 72 II 2, Rdnr. 20, S. 1180.

526 *Koppensteiner* in: Kölner Komm. zum Aktiengesetz, § 308, Rdnr. 17; *Krieger* in: Münchener Handbuch des Gesellschaftsrechts, Bd. 4, § 70 D I 1, Rdnr. 133, S. 1078.

527 Vgl. *Sina*, AG 1991, 1; *Semler*, FS Stiefel, S. 750.

528 Zur Möglichkeit des Abschlusses eines Beherrschungsvertrags bei Personengesellschaften vgl. *Jäger*, DStR 1997, 1813, 1814 ff.; Zu Formfragen beim Abschluß von Beherrschungsverträgen mit einer GmbH vgl. *Altmeppen*, DB 1994, 1273 ff.

529 *Schmidt*, Gesellschaftsrecht, § 31 III 2 a), S. 954.

530 Zu den Voraussetzungen des Abschlusses eines Beherrschungsvertrags mit einer GmbH vgl. *Hoffmann-Becking*, WiB 1994, 57, 58 ff.; *Krieger*, DStR 1992, 432 ff.

531 *Schmidt*, Gesellschaftsrecht, § 39 II 3 a), S. 1214. Beim Vorhandensein von Minderheitsgesellschaftern wird teilweise die Regelung einer Abfindung gefordert. Vgl. *Decher* in: Münchener Handbuch des Gesellschaftsrechts, Bd. 3, § 72 II 1 a), Rdnr. 2, S. 1173 m.w.N.; Zur Möglichkeit des Abschlusses eines Beherrschungsvertrags bei Personengesellschaften vgl. *Jäger*, DStR 1997, 1813, 1814 ff.

Umfang gesetzlich festgelegt. Demzufolge kommt es darauf an, was im Beherrschungsvertrag geregelt ist.

Eine Ausdehnung des Weisungsrechts über den in § 308 Abs. 1 AktG festgelegten Rahmen hinaus ist nicht möglich. Darüber besteht allgemein Einigkeit.[532] Umstritten ist hingegen, ob das Weisungsrecht im Beherrschungsvertrag gänzlich ausgeschlossen werden kann oder ob ein Mindestgehalt an Weisungsmöglichkeit festgelegt sein muß. Soweit ein Mindestgehalt an Weisungsrecht gefordert wird, ist fraglich, ob dieser Mindestgehalt schon ausreicht, im Fall der tatsächlichen Ausübung des Weisungsrechts, die Betriebsleitung in dem für die Vergleichbarkeit erforderlichen Umfang im Entleihunternehmen auszuüben.

Gessler[533] ist der Auffassung, daß es Beherrschungsverträge gibt, die nicht zur Abhängigkeit führen. Da nur beim Vertragskonzern überhaupt ein Weisungsrecht bestehen kann, die einheitliche Leitung im faktischen Konzern also auf anderen Voraussetzungen beruht, könne die Stellung einer Gesellschaft unter die einheitliche Leitung eines anderen Unternehmens nicht erfordern, daß das Unternehmen gegenüber der Gesellschaft weisungsberechtigt ist. Exner[534] ist ebenfalls der Ansicht, daß das Weisungsrecht im Beherrschungsvertrag vollkommen ausgeschlossen werden kann, wobei er sich unter anderem auch auf die Begründung von Gessler stützt. Hingegen geht Koppensteiner[535] davon aus, daß ein Vertrag, der dem herrschenden Unternehmen kein Weisungsrecht einräumt oder die damit erreichte Kompetenzverschiebung nicht auf andere Weise sicherstellt, kein Beherrschungsvertrag ist. Ebenso sehen es Emmerich/ Sonnenschein[536]. Ist im Beherrschungsvertrag das Weisungsrecht ausgeschlossen, läge ein normaler Gesellschaftsvertrag vor, der einen Gleichordnungskonzern begründet.

Die Frage, ob das Weisungsrecht im Beherrschungsvertrag ausgeschlossen werden kann, bedarf hier jedoch keiner Entscheidung. Denn liegt das einzige Mittel der Übernahme der Betriebsleitung im Abschluß eines Beherrschungsvertrags, würde ein völliger Ausschluß des Weisungsrechts im Beherrschungsvertrag ohne Einschränkung gegen eine Vergleichbarkeit der Sachverhalte sprechen. Das die Arbeitnehmer überlassende Unternehmen könnte damit nicht die Betriebsleitung im Entleihunternehmen übernehmen. Ein solcher

---

532 *Koppensteiner* in: Kölner Komm. zum Aktiengesetz, § 308, Rdnr. 37; *Krieger* in: Münchener Handbuch des Gesellschaftsrechts, Bd. 4, § 70 D I 1, Rdnr. 135, S. 1079.

533 FS Beitzke, S. 932.

534 Beherrschungsvertrag und Vertragsfreiheit, S. 115.

535 In: Kölner Komm. zum Aktiengesetz, § 308, Rdnr. 13.

536 Konzernrecht, § 11 II 2 a), S. 161.

Beherrschungsvertrag kann mithin keine Grundlage für die analoge Anwendung von § 4 Abs. 1 TVG bilden.

Soweit ein Mindestgehalt an Weisungsrecht gefordert wird, besteht Uneinigkeit darüber, was den Mindestgehalt ausmacht. Demnach lassen sich auch daraus keine Rückschlüsse dahingehend ziehen, daß ein Beherrschungsvertrag mit dem Mindestgehalt an Weisungsmöglichkeit für die Vergleichbarkeit hinsichtlich der betrieblichen Komponente ausreicht.

Einig sind sich die Autoren aber darin, daß das Weisungsrecht zumindest eingeschränkt werden kann.[537] Daher stellt sich die Frage, inwieweit das Weisungsrecht im Beherrschungsvertrag eingeschränkt werden kann, daß trotz der Einschränkung die Betriebsleitung im Entleihunternehmen durch das Verleihunternehmen in dem für die Vergleichbarkeit erforderlichen Umfang ausgeübt werden kann. Für das Verleihunternehmen muß durch den Beherrschungsvertrag die Ausübung der Grundfunktionen bzgl. der Betriebsleitung des Entleihunternehmens abgesichert sein. Folglich darf nach dem Inhalt des Beherrschungsvertrags das Weisungsrecht des Verleihunter-nehmens gegenüber dem Entleihunternehmen in den wesentlichen Zügen nicht beschränkt werden. Das Weisungsrecht darf dem Verleihunternehmen allenfalls für unwesentliche, die Unternehmensleitung nicht betreffende Teilbereiche vorenthalten werden. Nur insofern wäre eine nicht gegen die analoge Anwendung von § 4 Abs. 1 TVG sprechende Einschränkung des Weisungs-rechts im Beherrschungsvertrag möglich.

Die Betriebsleitung im Entleihunternehmen kann aber grundsätzlich auch durch den Abschluß eines (echten) Betriebsführungsvertrags[538] vom Verleihunternehmen übernommen werden.

Mit Hilfe eines (echten) Betriebsführungsvertrags kann ein Unternehmen (Eigentümergesellschaft) einem anderen Unternehmen die Befugnis einräumen, seinen Betrieb in seinem Namen und für seine Rechnung zu führen,

---

[537] *Koppensteiner* in: Kölner Komm. zum Aktiengesetz, § 308, Rdnr. 13; *Hüffer*, Aktiengesetz, § 308, Rdnr. 13; *Sina*, AG 1991, 1, 8; *Emmerich/Sonnenschein*, Konzernrecht, § 11 II 2 b), S. 161.

[538] Mit Hilfe eines unechten Betriebsführungsvertrags kann die Betriebsleitung ebenfalls von einem anderen Unternehmen übernommen werden. Die Betriebsführungsgesellschaft führt allerdings den Betrieb der Eigentümergesellschaft dann nicht in ihrem, sondern in eigenem Namen (*Krieger* in: Münchener Handbuch des Gesellschaftsrechts, § 72 V 1, S. 1135). Eine Arbeitnehmerüberlassung ist in diesem Fall somit nicht möglich, denn das den Betrieb in eigenem Namen leitende Unternehmen kann die Arbeitnehmer nicht an sich selbst überlassen. Daher wird auf den unechten Betriebsführungsvertrag nicht näher eingegangen.

§ 292 Abs. 1 AktG.[539] Dafür muß die Eigentümergesellschaft dem betriebsführenden Unternehmen eine entsprechend umfassende Vollmacht erteilen.[540] Soweit es um die Überlassung der Arbeitnehmer zwischen Eigentümergesellschaft und Betriebsführungsgesellschaft geht, ist insbesondere eine Befreiung vom Selbstkontrahierungsverbot nach § 181 BGB erforderlich.

Für den hier in Frage stehenden Fall des Herauswachsens Betriebs aus dem fachlichen Geltungsbereichs des Tarifvertrags durch Einführung von Arbeitnehmerüberlassung ist dann allerdings zunächst fraglich, ob der Betriebszweck des Verleihunternehmens durch die Betriebsführung im Entleihunternehmen nicht der gleiche bleibt. Das richtet sich danach, welchen Umfang die Betriebsführung des Entleihunternehmens im Vergleich zur Arbeitnehmerüberlassung einnimmt. Wenn die Betriebsführung einen geringeren Anteil ausmacht als der Verleih der Arbeitnehmer, was regelmäßig der Fall sein wird, liegt der Hauptzweck des Verleihunternehmens trotz der Betriebsführung im Entleihunternehmen in der Arbeitnehmerüberlassung. Damit ist der Betriebsführungsvertrag an sich ein geeignetes Mittel, die Betriebsleitung im ursprünglichen Produktionsbereich beizubehalten, ohne von der unmittelbaren und zwingenden Wirkung des Tarifvertrags nach § 4 Abs. 1 TVG erfaßt zu werden.

Aber auch der Betriebsführungsvertrag muß für die Vergleichbarkeit bestimmten Anforderungen entsprechen. Liegt keine anderweitige Abhängigkeit[541] des die Betriebsführung übertragenden Unternehmens (Entleihunternehmen) gegenüber dem die Leitung übernehmenden Unternehmen (Verleihunternehmen) vor, kommt es auf die Weisungsgebundenheit des Betriebsführungsunternehmens (Verleihunternehmens) gegenüber dem anderen, die Arbeitnehmer entleihenden Unternehmen an.

Besteht eine Weisungsgebundenheit bzgl. der Ausübung der unternehmerischen Grundfunktionen, obliegt die Betriebsleitung zwar unmittelbar dem die Arbeitnehmer verleihenden Unternehmen. Da es aber in seinen Entscheidungen betreffend die Betriebsleitung vom Entleihunternehmen abhängig ist und nicht selbstbestimmend entscheiden kann, reicht das für eine „Übernahme der Betriebsleitung" als Voraussetzung der Analogie zu § 4 Abs. 1 TVG nicht aus. Besteht keine Weisungsgebundenheit bzgl. der Grundfunktionen der Betriebsleitung, hat die Betriebsführungsgesellschaft in der Betriebsleitung bzw. in der Unternehmensleitung „freie Hand". In diesem Fall übernimmt das Verleihunternehmen die Betriebsleitung des anderen Unternehmens in eigener

539 *Huber*, ZHR 152 (1988), 123, 124; Der Betriebsführungsvertrag ist ein anderer Unternehmensvertrag im Sinne des § 292 Abs. 1 Nr. 3 AktG, vgl. *Hüffer*, AktG, § 292, Rdnr. 17.

540 *Krieger* in: Münchener Handbuch des Gesellschaftsrechts, § 72 V 2, Rdnr. 48, S. 1137.

541 D.h. keine Abhängigkeit aufgrund eines Beherrschungsvertrags oder aufgrund faktischer Verhältnisse.

Regie. Eine Vergleichbarkeit hinsichtlich der betrieblichen Komponente ist dann gegeben.

Ein derart umfangreicher Betriebsführungsvertrag ist jedoch grundsätzlich als „verschleierter Beherrschungsvertrag“ zu werten. Denn das den Betrieb führende Unternehmen erhält die gleichen Einflußmöglichkeiten wie bei Abschluß eines Beherrschungsvertrags.[542] Das hat aber auf die Wirksamkeit des Betriebsführungsvertrags an sich keine Auswirkungen.[543] Es müssen nur die Wirksamkeitsvoraussetzungen, die für den Beherrschungs-vertrag gelten, auch beim Betriebsführungsvertrag vorliegen. Außerdem werden je nach den Umständen des Einzelfalls die Rechtsfolgen entsprechend dem Vorliegen eines Beherrschungsvertrags e intreten.[544] D as w irkt s ich j edoch a uf den Tatbestand der Übernahme der Betriebsleitung selbst nicht aus.

Zu berücksichtigen ist, daß der Betriebsführungsvertrag bei Weisungsfreiheit des betriebsführenden Unternehmens grundsätzlich freier Kündigung unterliegt, denn die Unterstellung der Eigentümergesellschaft unter die Leitungsmacht eines anderen Unternehmens ist nur unter den für Beherrschungsverträge geltenden Voraussetzungen zulässig.[545] So lange aber keine Kündigung vorliegt, ist der weisungsfreie Betriebsführungsvertrag wirksame Grundlage der Übernahme der Betriebsleitung.

Vom Betriebsführungsvertrag zu unterscheiden ist der Betriebsüberlassungsvertrag[546] (§ 292 Abs. 1 Nr. 3 AktG). Damit kann eine AG oder KGaA den Betrieb ihres Unternehmens an einen anderen überlassen, der diesen in eigener

---

[542] *Koppensteiner* in: Kölner Komm. zum Aktiengesetz, § 291, Rdnr. 28; *Krieger* in: Münchener Handbuch des Gesellschaftsrechts, § 72 V 3, Rdnr. 50, S. 1137; vgl. hierzu auch *Bayreuther*, Wirtschaftlich-existenziell abhängige Unternehmen im Konzern-, Kartell- und Arbeitsrecht, S. 361.

[543] *Huber*, ZHR 152 (1988), 123, 131.

[544] *Krieger* in: Münchener Handbuch des Gesellschaftsrechts, § 72 IV 4, Rdnr. 36; vgl. auch *Schmidt*, Gesellschaftsrecht, § 17 II 5, S. 510.

[545] *Schmidt*, Gesellschaftsrecht, § 17 I 3d), S. 503; *Huber*, ZHR 152 (1988), 1, 19 ff.

[546] Neben der Betriebsüberlassung besteht die Möglichkeit der Betriebspacht (§ 292 Abs. 1 Nr. 3 AktG). Die AG oder KGaA kann den Betrieb ihres Unternehmens auch an einen anderen verpachten. Vgl. *Krieger* in: Münchener Handbuch des Gesellschaftsrechts, § 72 IV, Rdnr. 23 ff., S. 1129 ff.; *Wohlgemuth*, DStR 1991, 1495, 1497. Im Unterschied zum Betriebsüberlassungsvertrag führt das pachtende Unternehmen aber den Betrieb in eigenem Namen fort (vgl. *Krieger* in Münchener Handbuch des Gesellschaftsrechts, § 72 IV, Rdnr. 23 , S. 1129). Bei Abschluß dieses Vertrags ist genau wie beim Abschluß eines unechten Betriebsführungsvertrags damit keine Arbeitnehmerüberlassung zwischen den vertragschließenden Unternehmen möglich. Folglich scheidet der Betriebspachtvertrag ebenfalls als Grundlage der vertraglichen Übernahme der Leitungsmacht in diesem Fall aus.

Rechnung fortführt.[547] Beim Betriebsüberlassungsvertrag wird der Betrieb wie beim Betriebsführungsvertrag im Namen der Eigentümergesellschaft geführt. Die Verträge unterscheiden sich nur darin, daß die Betriebsführung einmal auf Rechnung der Eigentümergesellschaft und einmal auf eigene Rechnung erfolgt. Für den Betriebsüberlassungsvertrag gilt das für den Betriebsführungsvertrag Ausgeführte entsprechend. Soweit keine Weisungsbefugnis der verpachtenden Gesellschaft in den Grundfunktionen der Betriebsleitung vereinbart wird[548], besteht eine Vergleichbarkeit hinsichtlich der betrieblichen Komponente.

Für eine vertragliche Übernahme der Betriebsleitung kommt weiterhin die Bevollmächtigung des Verleihunternehmens durch das Entleihunternehmen in Betracht. Mit der Bevollmächtigung wird im Ergebnis ein Weisungsrecht des nunmehr herrschenden Verleihunternehmens substantiiert.

Die Bevollmächtigung darf aber, soweit die bevollmächtigende Gesellschaft eine AG ist, nur so weit gehen, wie Weisungen aufgrund eines Beherrschungsvertrags an das abhängige Unternehmen möglich wären.[549] Denn wo keine Weisungen zulässig sind, kann auch keine Stellvertretung zulässig sein.[550] Eine darüber hinausgehende Stellvertretung ist mit der Regelung der §§ 291 Abs. 1, 308 AktG nicht zu vereinbaren. In diesen Vorschriften ist die Befugnis der abhängigen Gesellschaft, die Zulässigkeit von Weisungen, insbesondere nachteiliger Weisungen, zu überprüfen, geregelt. Dieses Prüfungsrecht würde bei einer allumfassenden Stellvertretung nicht mehr bestehen.[551]

Da die Stellvertretung in ihrem Umfang jedenfalls genauso weit gehen kann, daß sie dem unbeschränkten Weisungsrecht aus einem Beherrschungsvertrag entspricht, ist sie ein taugliches vertragliches Mittel der Übernahme der Betriebsleitung. Bei einer Bevollmächtigung des Verleihunternehmens gelten bzgl. der Vergleichbarkeit mithin die gleichen Anforderungen wie beim Beherr-

---

547 Vgl. *Krieger* in: Münchener Handbuch des Gesellschaftsrechts, § 72 IV, Rdnr. 23 ff., S. 1129 ff.; *Wohlgemuth*, DStR 1991, 1495, 1497.

548 Zur Möglichkeit der Vereinbarung einer Weisungsbefugnis der verpachtenden Gesellschaft vgl. *Wohlgemuth*, DStR 1991, 1495.

549 *Koppensteiner* in: Kölner Komm. zum Aktiengesetz, § 308, Rdnr. 15 m.w.N.; a.A. *Emmerich/Sonnenschein, Konzernrecht*, § 23 IV 3, S. 363. Wegen einer Umgehung von § 308 AktG im Fall der umfassenden Bevollmächtigung käme nur im Einzelfall eine Bevollmächtigung des herrschenden Unternehmens durch die abhängige Gesellschaft in Betracht.

550 *Exner*, Beherrschungsvertrag und Vertragsfreiheit, S. 118.

551 *Koppensteiner* in: Kölner Komm. zum Aktiengesetz, § 308, Rdnr. 15; *Exner*, Beherrschungsvertrag und Vertragsfreiheit, S. 118 ff.; Zur Möglichkeit der Genehmigung der Willenserklärungen des ohne Vollmacht handelnden herrschenden Unternehmens vgl. *Berkenbrock*, AG 1981, 69, 70 ff.

schungsvertrag. Die Bevollmächtigung muß so weit reichen, daß dem Verleihunternehmen dadurch die Entscheidung in den Grundfunktionen der Unternehmensleitung im Entleihunternehmen übertragen wird.

In der Praxis wird die Übernahme der Betriebsleitung eher selten allein auf einer Bevollmächtigung beruhen. Das bevollmächtigende Unternehmen wird regelmäßig schon in anderer Weise von dem bevollmächtigten Unternehmen in der Betriebsleitung abhängig sein. Denn ohne anderweitige Abhängigkeit besteht für das Entleihunternehmen grundsätzlich keine Veranlassung zu einer Bevollmächtigung des Verleihunternehmens.

Der Beherrschungsvertrag und der Betriebsführungsvertrag[552] sind damit aber nicht die einzig handhabbaren Formen der vertraglichen Begründung der Übernahme der Betriebsleitung. *Schmidt*[553] geht z.B. davon aus, daß bei Personengesellschaften die vertragliche Abhängigkeit vorwiegend durch den Gesellschaftsvertrag und nicht durch einen Beherrschungsvertrag herbeigeführt wird. Bei einer GmbH als abhängiger Gesellschaft kommen als vertragliches Mittel der Übernahme der Betriebsleitung ebenfalls gesellschaftsvertragliche Vereinbarungen in Betracht. Den Gesellschaftern können z.B. satzungsmäßige Sonderrechte auf Beteiligung an der Gesellschaft eingeräumt werden. Die Festlegung solcher Sonderrechte kann im Rahmen des § 46 GmbHG in beliebigen Umfang erfolgen.[554] Von ausschlaggebender Bedeutung ist dabei § 46 Nr. 7 GmbHG, nach dem der Bestimmung der Gesellschafter die Bestellung von Prokuristen und von Handlungsbevollmächtigten zum gesamten Geschäftsbetrieb unterliegen. Insoweit ist es möglich, über die Gesellschafter weitreichenden Einfluß auf die Entscheidungen in der Gesellschaft auszuüben.

Auf welcher Vertragsform letztlich die Abhängigkeit der Entleihunternehmen gründet, ist für die Vergleichbarkeit jedoch grundsätzlich ohne Bedeutung. Unverzichtbar ist nur, daß durch den Vertrag für das Verleihunternehmen die Leitungsmacht in den Entleihunternehmen bzgl. aller betrieblicher Grundfunktionen gewährleistet und diese Leitungsmacht tatsächlich ausgeübt wird.

---

552 Betriebsführungs- und Beherrschungsvertrag können auch nebeneinander abgeschlossen werden, vgl. *Exner*, Beherrschungsvertrag und Vertragsfreiheit, S. 126 f. m.w.N.

553 Gesellschaftsrecht, § 39 II 1, S. 1212, § 43 III 3 a), S. 1291 f.

554 *Emmerich/Sonnenschein*, Konzernrecht, § 3 V, S. 57.

(2) Leitungsübernahme aufgrund faktischer Einflußnahme

Die Übernahme der Betriebsleitung kann aber auch aufgrund faktischer Einflußnahme des die Arbeitnehmer verleihenden Unternehmens auf das Entleihunternehmen erfolgen.[555] Grundlage der Übernahme der Betriebsleitung sind dann also keine vertraglichen, sondern tatsächliche, die Abhängigkeit des Entleihunternehmens begründende Verhältnisse. Die konzernmäßigen Bindungen können dabei sehr vielseitig sein.[556] Daher kann auch hier nicht auf jede einzelne Gestaltungsmöglichkeit eingegangen werden. Berücksichtigt werden die in der Praxis am häufigsten vorkommenden faktischen Abhängigkeitsverhältnisse.

(a) Betriebsleitung aufgrund Stimmenmehrheit

Zum einen ist es möglich, daß das Verleihunternehmen mittels Stimmenmehrheit die Unternehmensleitung des Entleihunternehmens übernimmt. Durch den Besitz der Stimmenmehrheit kann das herrschende Unternehmen grundsätzlich alle wichtigen Entscheidungsbereiche im abhängigen Unternehmen direkt an sich ziehen. Da Unternehmensent-scheidungen in den Gesellschaften meist durch Abstimmung getroffen werden, garantiert die Stimmenmehrheit immer eine Entscheidung nach dem Willen des herrschenden Unternehmens.

Eine Anteilsmehrheit, die zudem nur bei einer Kapitalgesellschaft gegeben sein kann[557], ist hingegen unabhängig von der Gesellschaftsform nicht per se ausreichend, die Interessen des mehrheitlich beteiligten Unternehmens durchzusetzen. Für sie gilt nur dann das gleiche wie für die Stimmenmehrheit, wenn sich Anteile und Stimmen entsprechen.[558] Das ist zwar grundsätzlich der Fall.[559] Es ist aber auch möglich, daß eine Anteilsmehrheit besteht, ohne daß damit die Mehrheit der Stimmen in der Gesellschaft erlangt wird. So kann z.B. eine Anteilsmehrheit bzw. Kapitalmehrheit zu einem erheblichen Teil aus Vorzugsaktien ohne Stimmrecht bestehen oder es kann eine vertragliche Verpflichtung des mehrheitlich beteiligten Unternehmens bestehen, die Verwaltungsrechte nur aus einem Teil der Aktien auszuüben.[560] Da nur das Stimmrecht bei den

---

555 Vgl. *Exner*, Beherrschungsvertrag und Vertragsfreiheit, S. 116.

556 *Zöllner*, JuS 1968, 297, 300.

557 *Balser/Bokelmann/Piorrek*, Die Aktiengesellschaft, Rdnr. 612; S. 300.

558 Zur Rechtsposition von Mehrstimmrechtsaktionären vgl. *Schwark*, FS Semler, S. 367 ff.

559 *Wohlgemuth*, DStR 1991, 1495, 1498; *Semler* in: Münchener Handbuch des Gesellschaftsrechts, § 39 II 4 a), Rdnr. 20, S. 520.

560 *Balser/Bokelmann/Piorrek*, Die Aktiengesellschaft, Rdnr. 612; S. 300. Vgl. auch *Wohlgemuth*, DStR 1991, 1495, 1498; *Hüffer*, AktG, § 16, Rdnr. 2.

Abstimmungen über Unternehmensfragen innerhalb der Gesellschaft maßgeblich ist, kann die Anteilsmehrheit allein, wenn sie nicht zugleich die Stimmenmehrheit nach sich zieht, keine Grundlage für die Übernahme der Betriebsleitung bilden.

Die Ausübung der Stimmenmehrheit in der abhängigen Gesellschaft begründet aber nicht in jedem Fall eine faktische Leitungsübernahme. Ob und unter welchen Voraussetzungen eine Stimmenmehrheit hierfür ausreichend ist, hängt von der Gesellschaftsform des die Arbeitnehmer entleihenden Unternehmens ab. Damit eine Vergleichbarkeit hinsichtlich der betriebsbezogenen Komponente vorliegt, muß die Stimmenmehrheit in der abhängigen Gesellschaft jedenfalls zum einen dazu führen, daß das Verleihunternehmen die Entscheidungsbefugnis in den Grundfunktionen der Betriebsleitung im Entleihunternehmen inne hat. Zum anderen muß das Verleihunternehmen auch tatsächlich die Unternehmensleitung im Entleihunternehmen in diesen für das Unterfallen der Arbeitsverhältnisse unter den Geltungsbereich des Tarifvertrags maßgebenden betrieblichen Bereichen ausüben.

Große Unterschiede bei den Auswirkungen einer im Entleihunternehmen gegebenen Stimmenmehrheit bestehen z.B. bei der AG und der GmbH als abhängige Unternehmen.

Bei einer abhängigen AG reicht das Bestehen einer Stimmenmehrheit allein, ohne weitere personelle Verflechtungen als Grundlage der Leitungsübernahme durch das herrschende Unternehmen nicht aus. Das beruht auf der Weisungsfreiheit des Vorstandes gem. § 76 AktG. Dem Vorstand einer AG obliegt die gesamte Leitung der Gesellschaft, § 76 Abs. 1 AktG. Dabei ist er, soweit kein Beherrschungsvertrag vorliegt[561], an keine Weisungen gebunden.[562] Weder der Aufsichtsrat noch die Aktionäre selbst können ihm ein konkretes Handeln vorschreiben. Zwar bestimmt der Mehrheitsaktionär, d.h. das herrschende Unternehmen, aufgrund seiner Stimmenmehrheit die Zusammensetzung des Aufsichtsrats, der wiederum den Vorstand der AG wählt.[563] Dadurch werden also indirekt auch die Mitglieder des Vorstands vom herrschenden Unternehmen ausgesucht. Ist der Vorstand jedoch gewählt, endet die Entscheidungsbefugnis des Mehrheitsaktionärs hinsichtlich der Unternehmensleitung. Er kann auf die Entscheidungen des Vorstands keinen direkten Einfluß nehmen. Daran ändert auch die Tatsache nichts, daß in der Regel zu

---

561 Nur der Beherrschungsvertrag kann zur Erteilung von Weisungen gegenüber dem Vorstand einer AG berechtigen. (*Kropff* in: Geßler/Hefermehl/Eckardt/Kropff, AktG, § 311, Rdnr. 29; *Hommelhoff/Freytag*, DStR 1996, 1409, 1413.)

562 *Hüffer*, AktG, § 291, Rdnr. 2.

563 *Hüffer*, AktG, § 291, Rdnr. 2; *Lindermann*, AG 1987, 225, 233.

erwarten ist, daß die Vorstandsmitglieder die Unternehmensleitung im Sinne und Interesse des herrschenden Unternehmens ausüben werden. Denn nur so können sie eine Wiederwahl erwarten. Der Vorstand leitet das Unternehmen trotzdem unabhängig und in eigener Verantwortung. Er allein entscheidet, ob er einer Einflußnahme des die Stimmenmehrheit in der AG besitzenden Unternehmens folgt oder nicht.[564] Für den Mehrheitsaktionär besteht damit keine rechtlich begründete Möglichkeit, auf die Geschäftsführung des Vorstands Einfluß zu nehmen.[565] Ob sich die Vorstandsmitglieder an Wünsche oder etwaige Vorgaben des mehrheitlich beteiligten Unternehmens halten, liegt in ihrer freien Entscheidung. Das herrschende Unternehmen als Mehrheitsaktionär hat damit nicht die Unternehmensleitung inne. Das ist jedoch anders zu beurteilen, wenn zusätzlich personelle Verflechtungen hinzukommen. Hierauf wird später eingegangen.

Im Gegensatz zur AG ist bei einer GmbH die Übernahme der betrieblichen Leitung kraft Stimmenmehrheit möglich.[566] Hier können Weisungen an das Geschäftsführungsorgan auch ohne Beherrschungsvertrag erteilt werden.[567] Die GmbH hat kein dem § 76 Abs. 1 AktG entsprechendes unabhängiges Leitungsorgan. Vielmehr sind der bzw. die Geschäftsführer einer GmbH gem. § 37 Abs. 1 GmbHG weisungsgebunden. Weisungsbefugt sind die Gesellschafter. Sie können grundsätzlich mittels einfachem Gesellschafterbeschluß den Geschäftsführern gem. § 47 Abs. 1 GmbHG spezielle oder generelle Weisungen erteilen, welche diese zu befolgen haben. Die Weisungen selbst reichen von gewöhnlichen bis hin zu den die Unternehmenspolitik betreffenden Maßnahmen.[568] Zudem kann der Mehrheitsgesellschafter jederzeit die Geschäftsführer bestellen und wieder abberufen, § 46 Nr. 5 GmbHG.[569] Wegen dieser abhängigen Stellung der Geschäftsführer kann das herrschende Unternehmen aufgrund seiner Stimmenmehrheit über die Gesellschafterversammlung die Betriebsleitung des untergeordneten Unternehmens führen.[570]

Welche konkreten Mehrheitsverhältnisse gegeben sein müssen, kann nicht einheitlich beurteilt werden. Grundsätzlich ist die einfache Mehrheit ausreichend. Abweichungen können das Gesetz (z.B. § 53 Abs. 2 GmbHG) oder

---

564 Vgl. *Semler*, FS Stiefel, S. 753.

565 *Gätsch*, Gläubigerschutz im qualifizierten faktischen GmbH-Konzern, S. 149.

566 Zur rechtsformspezifischen Unterscheidung zwischen AG und GmbH im Hinblick auf eine faktische Konzernierung vgl. *Hommelhoff/Freytag*, DStR 1996, 1409, 1414.

567 *Lutter/Hommelhoff*, GmbHG, Anh § 13, Rdnr. 9.

568 *Lutter/Hommelhoff*, GmbHG, § 37, Rdnr. 17.

569 *Emmerich/Sonnenschein*, Konzernrecht, § 3 V, S. 57.

570 Zum weitgehenden Einfluß auf die Führung der Tochtergesellschaft aufgrund der Weisungsgebundenheit der Geschäftsführer vgl. auch *v. Werder*, DBW 49 (1989), 37, 41.

der Gesellschaftsvertrag festlegen.[571] Das ist bei der Frage nach der Vergleichbarkeit im jeweiligen Fall zu berücksichtigen. Es kommt also immer auf die konkrete Ausgestaltung des Unternehmensverbunds an.

Bei einer 100%igen Tochter-GmbH ist die Lage hingegen eindeutig. Hier hat das herrschende Unternehmen immer die Stimmenmehrheit, so daß es die Betriebsleitung übernehmen kann.[572] Das Bestehen einer Stimmenmehrheit ohne personelle Verflechtungen erfordert aber, daß auch tatsächlich Weisungen in dem für die Ausübung der Betriebsleitung erforderlichen Umfang an die Geschäftsführer erteilt werden. Nur wenn die Stimmenmehrheit so eingesetzt wird, daß die Grundfunktionen der Betriebsleitung im Entleihunternehmen bestimmt werden, ist eine Vergleichbarkeit hinsichtlich der betrieblichen Komponente gegeben.

Bei einer Personengesellschaft als abhängigem Unternehmen kommt eine Betriebsleitung durch ein anderes herrschendes Unternehmen aufgrund Stimmenmehrheit nur unter sehr engen Voraussetzungen in Betracht. Die Stimmenmehrheit erzeugt für die Gesellschafter einer Personengesellschaft grundsätzlich keine besonderen Befugnisse.[573] Geschäftsführungsbefugt sind, soweit keine abweichende Regel gegeben ist, alle Gesellschafter unabhängig von der Höhe ihrer Beteiligung.[574] Damit ist immer eine Willensübereinstimmung aller Gesellschafter erforderlich. Die Betriebsleitung kann also nicht durch einen mehrheitlich beteiligten Gesellschafter oder von einer Mehrheit der Gesellschafter übernommen werden. Folglich ist weder eine Anteilsmehrheit noch eine Stimmenmehrheit für die Geschäftsführung von Bedeutung. Etwas anderes gilt nur, soweit der Gesellschaftsvertrag von den gesetzlichen Regelungen abweichende Bestimmungen enthält. Das ist grundsätzlich möglich. Für eine Vergleichbarkeit hinsichtlich der betrieblichen Komponente bei Personengesellschaften müßte der Gesellschaftsvertrag in Fragen betreffend die Grundfunktionen der Betriebsleitung so ausgestaltet sein, daß zum einen Mehrheitsbeschlüsse[575] und die Abstimmung nach Kapitalanteilen und nicht

---

571 *Lutter/Hommelhoff*, GmbHG, § 47, Rdnr. 3.

572 Bei einer 100%igen Beteiligung kann grundsätzlich von einem Interessengleichlauf der Konzernunternehmen ausgegangen werden. (*v. Werder*, DWB 49 [1989], 37, 41.)

573 *Ulmer*, ZHR 1989, Heft 62, S. 26, 34.

574 Für die BGB-Gesellschaft vgl. § 709 BGB; für die OHG vgl. §§ 114 Abs. 1, 116, 119 Abs. 1 HGB und für die KG vgl. §§ 161 Abs. 2, 164 HGB.

575 Zur Frage in welchem Umfang Mehrheitsbeschlüsse im Gesellschaftsvertrag einer Personengesellschaft zugelassen werden können vgl. *Schmidt*, Gesellschaftsrecht, § 16 II 2 b), S. 460 f.

nach Köpfen zulässig sind.[576] Darüber hinaus müßten der bzw. die Mehrheitsgesellschafter als Geschäftsführer eingesetzt werden. Dadurch könnte die Betriebsleitung der abhängigen Personengesellschaft durch ein herrschendes Unternehmen als Mehrheitsgesellschafter übernommen werden.

(b) Betriebsleitung aufgrund von Doppelmandaten

Eine Vergleichbarkeit hinsichtlich der betrieblichen Komponente kann auch auf personellen Verflechtungen basieren.[577] Wenn die Entscheidungen in den Grundfunktionen der Betriebsleitung beim Entleihunternehmen aufgrund Personalunion durch die geschäftsführende(n) Person(en) bzw. das Geschäftsführungsorgan des Verleihunternehmens getroffen werden, wird die Betriebsleitung des Entleihunternehmens durch das Verleihunternehmen geführt.

Allein eine partielle Doppelbesetzung der Führungspositionen reicht hierfür grundsätzlich nicht aus. Vielmehr muß eine für das entsprechende Leitungsorgan die alleinige Entscheidungsbefugnis begründende Stellung hinzukommen. Nur dann wird die Betriebsleitung im Entleihunternehmen in der Weise ausgeübt, daß das Verleihunternehmen so entscheidet, als wäre es sein eigenes Unternehmen. Besteht keine alleinige Entscheidungsmacht des Geschäftsführungsorgans des Verleihunternehmens im Entleihunternehmen, kann das Entleihunternehmen immer noch seine eigene Betriebsleitung mitbestimmen. Die Entscheidungen in den Grundfunktionen der Betriebsleitung bzgl. des den fachlichen Geltungsbereich bestimmenden Betriebszwecks würden nicht allein durch das Verleihunternehmen getroffen werden. Das ist in Bezug auf den „Normalfall" der Beibehaltung des Betriebszwecks aber gerade Voraussetzung der Vergleichbarkeit.

Wie die personelle Verflechtung der Unternehmen strukturiert sein muß, um von einer Leitungsübernahme ausgehen zu können, richtet sich wiederum nach der gesellschaftsrechtlichen Organisation der Unternehmen.

Wenn das abhängige Unternehmen eine AG ist, muß die personelle Verflechtung im Vorstand der AG gegeben sein. Der Vorstand ist das geschäftsführende Organ der AG. Er trifft seine Entscheidungen in der Geschäftsleitung unab-

---

576 Zur Möglichkeit der Abhängigkeit einer Personengesellschaft nach § 17 AktG aufgrund der Zulässigkeit von Mehrheitsbeschlüssen und Abstimmung entsprechend den Kapitalanteilen nach dem Gesellschaftsvertrag vgl. *Emmerich/Sonnenschein*, Konzernrecht, § 33 III 1, S. 505.

577 Vgl. entsprechend zur einheitlichen Leitung im Konzern, *Koppensteiner* in: Kölner Komm. zum AktG, § 18, Rdnr. 29; *Henn*, Handbuch des Aktienrechts, § 10 Rdnr. 307, S. 146; *Noack* in: Hennerkes, Unternehmenshandbuch Familiengesellschaften, 15. Kap. IV 2, S. 372; vgl. auch BGHZ 115, 187, 195.

hängig von Weisungen der Aktionäre[578] und des Aufsichtsrats.[579] Damit kann eine personelle Verflechtung in anderen Bereichen als im Vorstand zu keinem Einfluß auf die Betriebsleitung der AG führen.

Bzgl. des Vorstands einer AG besteht die Möglichkeit der Vergabe von Doppelmandaten. Die geschäftsführenden Personen bzw. das Geschäftsführungsorgan des Verleihunternehmens sind zugleich Vorstandsmitglieder des in Form einer AG organisierten Entleihunternehmens.[580] Eine solche personelle Doppelbesetzung ist rechtlich ohne Einschränkungen möglich. Insbesondere ist dem AktG kein Verbot der Tätigkeit in zwei Vorständen verschiedener Aktiengesellschaften zu entnehmen.[581]

Um von einer uneingeschränkten Entscheidungsmacht des Verleihunternehmens bzgl. der betrieblichen Grundfunktionen im Entleihunternehmen ausgehen zu können, müssen die geschäftsführenden Personen des Verleihunternehmens alleinige Vorstandsmitglieder im Entleihunternehmen sein. Wenn neben den Doppelmandatsträgern eigene Mitglieder des Entleihunternehmens im Vorstand vertreten sind, reicht das für eine Übernahme der Betriebsleitung regelmäßig nicht aus.[582] In § 77 Abs. 1 S. 1 AktG ist geregelt, daß bei einem

---

578 Die Aktionäre üben ihre Rechte in den Angelegenheiten der Gesellschaft grundsätzlich nur in der Hauptversammlung aus, § 18 AktG. Die Hauptversammlung kann über die Fragen der Geschäftsführung nur entscheiden, wenn der Vorstand es verlangt, § 19 Abs. 2 AktG.

579 Vgl. § 76 AktG.

580 Vgl. *Schneider*, ZHR 150 (1986), 609, 626; *Hoffmann-Becking*, ZHR 150 (1986), 570 f.; *Werder v.*, DBW 49 (1989), 37.

581 *Wiesner* in: Münchener Handbuch des Gesellschaftsrechts, Bd. 4, § 20 I 4, Rdnr. 10, S. 172; *Hüffer*, AktG, § 311 Rdnr. 22; *Hoffmann-Becking*, ZHR 150 (1986), 570, 574.

582 Die nur partielle Personalunion wird auch nicht als ausreichend betrachtet, um eine qualifizierten faktischen Konzern mit der Folge des Haftungsdurchgriffs anzunehmen. (*Happ*, Aktienrecht, 8.01 Anm. 3, S. 423; *Hoffmann-Becking*, ZHR 1989 Heft 62, S. 68, 83; *Lutter*, AG 1990, 179, 183; *Krieger* in: Heidelberger Konzernrechtstage, S. 41, 50; *Wiesner* in: Münchener Handbuch des Gesellschaftsrechts, Bd. 4, § 20 I 4, Rdnr. 10, S. 173; *Lindermann*, AG 1987, 225, 234 f.; anders z.B. *Decher*, DB 1990, 2005, 2010.) Denn über die Dichte der Konzernführung ist allein mit dem Tatbestand der Doppelbesetzung nichts ausgesagt. (*Lutter*, AG 1990, 179, 183.)

Für eine Abhängigkeit wird noch nicht einmal die vollständige Personalunion als selbständiges Tatbestandsmerkmal für ausreichend erachtet. (*Säcker*, ZHR 151 (1987), 59, 66; *Koppensteiner* in: Kölner Komm. zum AktG, § 17 Rdnr. 52.) Wie *Koppensteiner* zutreffend erörtert, kann nur anhand der personellen Doppelbesetzung nicht festgestellt werden, wer herrschendes und wer abhängiges Unternehmen ist. Diese konzernrechtliche Abgrenzungsproblematik ist für die Vergleichbarkeit in Bezug auf § 4 Abs. 1 TVG jedoch ohne Bedeutung. Hierbei geht es lediglich darum, ob die Betriebsleitung übernommen wird. Das ist bei einer vollständigen Personalunion gegeben.

mehrköpfigen Vorstand sämtliche Vorstandsmitglieder gemeinschaftlich zur Geschäftsführung befugt sind. In Entscheidungen betreffend die Geschäftsführung müssen also alle Vorstandsmitglieder zustimmen. Es muß eine Willensübereinstimmung sämtlicher Vorstandsmitglieder gegeben sein.[583] Mit nur einer Gegenstimme können folglich die jeweils zu treffenden Entscheidungen boykottiert werden. Damit könnte die Betriebsleitung des Entleihunternehmens durch das Verleihunternehmen nicht in eigener Regie geführt werden.

Anders zu beurteilen ist die Sachlage nur, soweit die Satzung der AG Mehrheitsentscheidungen zuläßt (§ 77 Abs. 1 S. 2, 1. HS. AktG). Wenn eine mehrheitliche Entscheidung vorgesehen ist, reicht es dementsprechend aus, daß der Vorstand im Entleihunternehmen mehrheitlich durch geschäftsführende Personen des Verleihunternehmens besetzt ist.

Eine Befugnis zur Entscheidung gegen die Mehrheit kann in der Satzung nicht festgelegt werden (§ 77 Abs. 1 S. 2, 2. HS. AktG).[584] Damit gibt es grundsätzlich keine Entscheidung gegen die Mehrheit.[585] Wenn die geschäftsführenden Personen des Verleihunternehmens also nicht zumindest die Mehrheit im Vorstand des Entleihunternehmens bilden, wird die personelle Doppelbesetzung in keinem Fall für die Übernahme der Betriebsleitung ausreichen. Entscheidend ist demnach, je nach der Satzungsregelung, die mehrheitliche oder vollständige Besetzung des Vorstands des Entleihunternehmens mit den geschäftsführenden Personen des Verleihunternehmens.

Eine Doppelbesetzung im Geschäftsführungsorgan einer GmbH als Entleihunternehmen ist hingegen für sich genommen keine Grundlage der Vergleichbarkeit in betrieblicher Hinsicht. Wegen der Weisungsgebundenheit des Geschäftsführers gem. § 37 Abs. 1 GmbHG ist die Besetzung der/ des Geschäftsführers der GmbH durch eine geschäftsführende Person des Verleihunternehmens für die Übernahme der Betriebsleitung nicht ausreichend. Die Gesellschafter einer GmbH können ihrem Geschäftsführer Weisungen erteilen und so die Geschäftsführung mitbestimmen. Ob der Geschäftsführer dem Verleihunternehmen angehört, hat daher insofern keine Bedeutung.[586] Für die Übernahme der Geschäftsführung in einer GmbH aufgrund von Doppelmandaten wäre erforderlich, dass durch die Personenidentität die Stimmenmehrheit in der GmbH erlangt wird.

---

[583] *Hüffer*, AktG, § 77, Rdnr. 2.

[584] Hierzu *Hüffer*, AktG, § 77, Rdnr. 16.

[585] Möglich bleibt nur der Stichentscheid, vgl. *Hüffer*, AktG, § 77, Rdnr. 16, 11.

[586] Vgl. hierzu entsprechend *Decher*, DB 1989, 965, 971.

Etwas anderes gilt nur, soweit es sich um eine Einmann-GmbH handelt. Hier ist eine Betriebsleitung aufgrund der Verteilung von Doppelmandaten möglich.[587] Der geschäftsführende Alleingesellschafter ist nur sich selbst verpflichtet. Die in § 37 Abs. 1 GmbHG geregelte Weisungsgebundenheit hat bei der Einmann-GmbH keine Auswirkungen. Geschäftsführung und Überwachung des Geschäftsführers sind eins. Es besteht eine von keinen anderen Gesellschaftern abhängige Geschäftsführung. Damit kann das Verleihunternehmen durch die Besetzung des Geschäftsführers in der Einmann-GmbH die Leitung der Gesellschaft vollständig übernehmen. Eine besonders prädestinierte Form hierfür ist die GmbH & Co.KG. Indem die KG den Geschäftsführer der Einmann-Komplementär-GmbH bestellt, kann sie die GmbH uneingeschränkt leiten.

Aus der gesellschaftsrechtlichen Struktur der Einmann-GmbH ergibt sich, daß die Einmann-GmbH die für ein anderes Unternehmen geeignetste Gesellschaftsform bildet, um die betriebliche Leitung in einem fremden Unternehmen durch Personalunion, aber auch aufgrund von Stimmenmehrheit, zu übernehmen. Zum einen muß nur der Geschäftsführer der Einmann-GmbH durch eine geschäftsführende oder weisungsgebundene Person des (somit) herrschenden Verleihunternehmens besetzt werden. Außerdem ist wegen der Besonderheit des Zusammenfallens von Gesellschafter und Geschäftsführer in einer Person eine noch stärkere Verdichtung der Leitungsmacht als in der Einmann-GmbH bei anderen Gesellschaftsformen nicht möglich.[588]

Eine tatsächliche Ausübung der Leitungsmacht im Entleihunternehmen als eigenständiges Tatbestandsmerkmal ist bei der faktischen Übernahme der Betriebsleitung aufgrund bestehender Doppelmandate nicht erforderlich. Die personelle Doppelbesetzung der Geschäftsführungsorgane beinhaltet per se eine Ausübung der betrieblichen Grundfunktionen im Entleihunternehmen. Die vollständige bzw. mehrheitliche Personalunion sichert die ausnahmslose Umsetzung des Willens der Geschäftsführung des Verleihunternehmens im Entleihunternehmen. Da die gleichen Personen in den Geschäftsführungsorganen beider Unternehmen vertreten sind, bedarf es keiner Weisung zur Ausübung der Betriebsleitungsfunktionen im Entleihunternehmen.[589] Der Wille des Verleihunternehmens bzgl. der Geschäftsführung des Entleihunternehmens

---

[587] Wegen des Zusammenfallens von Gesellschafter und Geschäftsführer kann schwer danach differenziert werden, ob eine Leitungsübernahme aufgrund personeller Verflechtung oder aufgrund Stimmenmehrheit gegeben ist. In diesem Fall liegt beides vor.

[588] *Lindermann*, AG 1987, 225, 232.

[589] *Hoffmann-Becking*, ZHR 150 (1986) 570, 572; *Emmerich/Sonnenschein*, Konzernrecht, § 23 IV 2, S. 362 f.; *Säcker*, ZHR 151 (1987), 59, 65.

wird schon durch die Identität der Personen verwirklicht. So führt *Säcker*[590] zutreffend aus, daß die Identität der Personen zugleich eine Identität der Entscheidungen bedeutet. Soweit durch eine Personalunion die Übernahme der Betriebsleitung erreicht wird, ist also die Doppelbesetzung selbst ausreichend für die Vergleichbarkeit hinsichtlich der betrieblichen Komponente.

(c) Übernahme der Betriebsleitung durch Einsatz eines „Strohmanns" als alleiniges Geschäftsführungsorgan im Entleihunternehmen

Als Mittel der faktischen Übernahme der Betriebsleitung im Entleihunternehmen ist letztlich auch der Einsatz eines „Strohmanns" von Bedeutung. Der Strohmann ist eine dem wirklichen Geschäftsherrn vorgeschobene Person, die nach außen in eigenem Namen handelt. Tatsächlich wird sie jedoch im Interesse des Geschäftsherrn tätig.[591]

Die Bestellung eines Strohmanns ist grundsätzlich zulässig. Insbesondere bestehen keine Bedenken, soweit es sich beim Ver- und Entleihunternehmen um zwei rechtlich voneinander getrennte Gesellschaften handelt. Der Strohmann handelt und agiert wie der eigentliche Geschäftsherr. Er ist genauso verantwortlich und haftbar wie der eigentliche Geschäftsherr, wenn dieser nicht den Strohmann eingesetzt hätte. Damit entstehen für die Gläubiger der durch einen Strohmann geleiteten Gesellschaft keine Nachteile. Der Einsatz eines Strohmanns ist nur unzulässig, soweit gegen Verbotsgesetze verstoßen wird. Das ist bei der Bestellung eines Strohmanns allein als Mittel zur Übernahme der Betriebsleitung in der Regel nicht gegeben.

Dadurch, daß der Strohmann im Interesse des eigentlichen Geschäftsherrn handelt, hat dieser die Betriebsleitung in der formell vom Strohmann geführten Gesellschaft inne. Setzt das Verleihunternehmen im Entleihunternehmen einen Strohmann als alleiniges Geschäftsführungsorgan ein, übernimmt es also damit die gesamte Betriebsleitung, d.h. die Leitung der betrieblichen Grundfunktionen im Entleihunternehmen. Demzufolge ist auch bei dieser Konstellation eine Vergleichbarkeit hinsichtlich der betrieblichen Komponente gegeben.

Bei eingesetzten Strohmännern wird es sich häufig um Familienmitglieder handeln.[592] Diese profitieren unabhängig von etwaigen vertraglichen Absprachen mit dem eigentlichen Geschäftsführer grundsätzlich schon aufgrund

---

590 ZHR 151 (1987), 59, 65.

591 Creifelds, Rechtswörterbuch, S. 1283.

592 Zur rechtlichen Zulässigkeit von Familienunternehmen vgl. insbes. *Löffler/Schiffer* in: Hennerkes, Unternehmenshandbuch Familiengesellschaften, 4. Kap., S. 111 ff.

der familiären Beziehungen von ihrem Einsatz als Strohmann. Ein Außenstehender wird sich, ohne daß er eine entsprechende Gegenleistung erhält, nicht freiwillig der Geschäftsherrenhaftung aussetzen lassen.

Besonders geeignet für diese Form der Leitungsübernahme ist auch hier die Einmann-GmbH. Bei dieser Gesellschaftsform ist es am leichtesten möglich, den Strohmann als alleiniges Geschäftsführungsorgan einzusetzen.

4. Vergleichbarkeit hinsichtlich der wirtschaftlichen Komponente

Die Sachverhalte sind hinsichtlich der wirtschaftlichen Komponente vergleichbar, wenn das Verleihunternehmen mit seinen „eigenen" an das Entleihunternehmen verliehenen Arbeitnehmern und mit der „eigenen" Produktion (Leitungsübernahme) „eigenen" Gewinn erwirtschaftet, d.h. wenn ihm der durch die Produktion mit den „eigenen" Arbeitnehmern erwirtschaftete wirtschaftliche Vorteil zugute kommt.

Eine unmittelbare Gewinnerwirtschaftung ist mit dem ursprünglichen, nunmehr vom Entleihunternehmen verfolgten, Produktionszweck für das Verleihunternehmen nicht möglich. Gewinn und Wertsteigerung, aber auch Wertverlust entstehen unmittelbar immer erst beim Betriebsinhaber, also beim Entleihunternehmen. Hinsichtlich der wirtschaftlichen Komponente kann sich die Vergleichbarkeit daher nur aus einer mittelbaren Zurechnung der aus der Produktion folgenden wirtschaftlichen Vorteile des Entleihunternehmens zum Verleihunternehmen ergeben.

Diese mittelbare Zurechnung muß in der Weise erfolgen, daß entweder der gesamte oder zumindest der Hauptteil der von den Entleihunternehmen mit der Beschäftigung der Leiharbeitnehmer errungenen wirtschaftlichen Vorteile letztlich dem Verleihunternehmen zufließt. In diesem Fall ist die für eine Analogie erforderliche Vergleichbarkeit gegeben. Denn im Ergebnis ist es gleich, ob der wirtschaftliche Vorteil aus der Produktion dem Verleihunternehmen direkt zufließt oder ob er ihm von den Entleihunternehmen zugeführt wird.

Dabei ist es ohne Bedeutung, ob das Verleihunternehmen den wirtschaftlichen Vorteil aufgrund vertraglicher Vereinbarung oder auf andere Weise erlangt. In beiden Fällen ist die wirtschaftliche Folge die gleiche. Zu beachten ist jedoch, daß sich der zuzurechnende wirtschaftliche Vorteil auf den mittels der Beschäftigung der Arbeitnehmer des Verleihunternehmens erzielten Gewinns beziehen muß. Beschäftigen die Entleihunternehmen neben den vom Verleihunternehmen entliehenen Arbeitnehmern andere Arbeitnehmer, muß der von den Entleihunternehmen erwirtschaftete Gewinn nur entsprechend dem

Verhältnis der beschäftigten Leiharbeitnehmer (des entsprechenden Verleihunternehmens) an das Verleihunternehmen fließen.

a) Gewinnabführungsvertrag

Den wirtschaftlichen Vorteil aus der Produktion des Entleihunternehmens kann das Verleihunternehmen zum einen durch die Vereinbarung eines Gewinnabführungsvertrags erlangen. Der Gewinnabführungsvertrag ist ein Vertrag, durch den sich ein Unternehmen verpflichtet, seinen gesamten Gewinn an ein anderes Unternehmen abzuführen (§ 291 Abs. 1 S. 1, 2. HS. AktG). Der Gewinn selbst ergibt sich dabei aus dem gesamten Jahresüberschuß, wie er ohne Verpflichtung zur Gewinnabführung als Aufwand auszuweisen wäre.[593]

Schließen Entleih- und Verleihunternehmen einen Gewinnabführungsvertrag, stellt sich die Sachlage im Ergebnis daher so dar, als ob der Gewinn vom Verleihunternehmen selbst erwirtschaftet wird. Eine Vergleichbarkeit hinsichtlich der wirtschaftlichen Komponente ist dann gegeben.

Wird lediglich die Abführung eines Teils des Gewinns vereinbart, ist zu differenzieren. Zunächst handelt es sich dabei um keinen Gewinnabführungsvertrag im Sinne von § 291 Abs. 1 S. 1, 2. HS. AktG, sondern um einen anderen Unternehmensvertrag nach § 292 Abs. 1 Nr. 2 AktG.[594] Bei Abschluß eines Teilgewinnabführungsvertrags ist eine Vergleichbarkeit hinsichtlich der wirtschaftlichen Komponente nur gegeben, wenn der Hauptanteil des mittels der Arbeitnehmer des Verleihunternehmens erwirtschafteten Gewinns an das Verleihunternehmen fließt und nur ein sehr geringer Teil beim Entleihunternehmen verbleibt. Der dem Verleihunternehmen zufließende Gewinn wird zwar auch mit den „eigenen" Arbeitnehmern erwirtschaftet, wenn das Verleihunternehmen weniger von dem Gewinn des Entleihunternehmens erhält. Es fehlt dann jedoch an der den fachlichen Geltungsbereich als wirtschaftliche Folge der Produktion kennzeichnenden vollen Gewinnerwirt-schaftung. Im Normalfall entsteht der Gewinn nicht nur zum Teil, sondern in voller Höhe beim Arbeitgeber als Betriebsinhaber. Das muß im Ergebnis auch für die Vergleichbarkeit gelten.

Zur Gewinnabführung aufgrund Gewinnabführungsvertrag können sich grundsätzlich aber nur Kapitalgesellschaften verpflichten.[595] Bei Personengesellschaften kommt der Abschluß von Gewinnabführungsverträgen kaum in Be-

---

[593] *Hoffmann-Becking*, WiB 1994, 57, 61.

[594] Vgl. hierzu *Krieger*, DStR 1992, 432.

[595] Für die GmbH vgl. nur *Emmerich/Sonnenschein*, Konzernrecht, § 34 IV 1, S. 515; *Hoffmann-Becking*, WiB 1994, 57, 61.

tracht, weil in der Regel ein Verstoß gegen § 138 BGB zu verzeichnen sein wird.[596] So geht *Löffler*[597] davon aus, daß Gewinnabführungsverträge mit einer Personengesellschaft als abhängiger Gesellschaft deshalb unzulässig wären, weil die Gewinnbeteiligung ein unentbehrliches Kriterium für den gemeinsamen Betrieb eines Handelsgewerbes sei. Die Gewinnerzielungsabsicht gebe den divergierenden Interessen der Mitglieder überhaupt erst die gemeinsame Richtung. Auch bei Genossenschaften ist die Möglichkeit des Abschlusses von Gewinnabführungsverträgen sehr umstritten.[598] Gewinnabführungsverträge werden bei Personengesellschaften daher nur in Ausnahmefällen zulässig sein.

Zudem sind Personengesellschaften aufgrund ihrer inneren Struktur für ein anderes Unternehmen weniger geeignet, die Betriebsleitung in diesen Gesellschaften auszuüben. Das gilt für die vertragliche wie auch für die faktische Übernahme der Leitungsmacht. Einerseits ist die Zulässigkeit gesonderter Beherrschungsverträge mit abhängigen Personengesellschaften sehr umstritten.[599] *Löffler*[600] ist z.B. der Ansicht, daß der organisationsrechtliche Beherrschungsvertrag mit den wesentlichen Grundprinzipien des Personengesellschaftsrechts unvereinbar und daher gem. § 134 BGB nichtig sei. Zum anderen ist hinsichtlich einer faktischen Übernahme der Betriebsleitung die bei der Personengesellschaft besonders ausgeprägte Treuepflicht[601] unter den Gesellschaftern zu beachten.[602] Die Einflußnahme in betrieblicher Hinsicht gestaltet sich hier viel schwieriger als bei abhängigen Kapitalgesellschaften.

Wegen dieser strukturellen Unterschiede gegenüber den Kapitalgesellschaften werden Personengesellschaften somit für den Fall einer möglichen Umgehung des fachlichen Geltungsbereichs eines Tarifvertrags durch Überlassung von Arbeitnehmern, nur eine sehr geringe Rolle spielen. Daher wird auf die Möglichkeit des Abschlusses von Gewinnabführungsverträgen bei Personengesellschaften als abhängigen Unternehmen nicht näher eingegangen.

Die Vereinbarung von Gewinnabführungsverträgen wird in der Regel nicht ohne bestehendem Abhängigkeitsverhältnis zwischen den Unternehmen erfol-

---

596 *Jäger*, DStR 1997, 1813, 1814; *Emmerich/Sonnenschein*, Konzernrecht, § 34 IV 1, S. 515.

597 Die abhängige Personengesellschaft, S. 50 f.

598 *Emmerich/Sonnenschein*, Konzernrecht, § 36 IV 2, S. 528.

599 *Jäger*, DStR 1997, 1813, 1814.

600 Die abhängige Personengesellschaft, S. 36.

601 Zu den unterschiedlichen Funktionen der Treuepflicht im Personengesellschaftsrecht vgl. *Löffler*, Die abhängige Personengesellschaft, S. 93 ff.

602 Vgl. *Jäger*, DStR 1997, 1813, 1815.

gen.[603] Fehlt es am herrschenden Einfluß eines anderen Unternehmens, wird sich keine Gesellschaft freiwillig zur Abführung ihres Gewinns verpflichten. Deshalb sind Gewinnabführungsverträge meist mit Beherrschungsverträgen kombiniert.[604] Ein bestehender Beherrschungsvertrag ist aber keineswegs Voraussetzung für den Abschluß eines Gewinnabführungsvertrags. Es können auch isolierte Gewinnabführungsverträge geschlossen werden.[605] Eine vorhandene Abhängigkeit beruht dann auf Stimmenmehrheit oder personellen Verflechtungen in der zur Gewinnabführung verpflichteten Gesellschaft. Ohne Abhängigkeit würde zudem von vornherein keine Vergleichbarkeit hinsichtlich der betrieblichen Komponente gegeben sein. Ein isolierter Gewinnabführungsvertrag berechtigt (und verpflichtet) nicht zur Geschäftsführung im Unternehmen des Vertragspartners. Für die den Gewinn abführende Gesellschaft besteht gegenüber dem anderen Unternehmen nur aufgrund des Gewinnabführungsvertrags keine Pflicht zur Befolgung von Weisungen.[606]

b) Geschäftsführungsvertrag

Ein Geschäftsführungsvertrag kommt ebenfalls als Grundlage der Vergleichbarkeit hinsichtlich der wirtschaftlichen Komponente in Betracht, denn gem. § 291 Abs. 1 S. 2 AktG gilt auch der Geschäftsführungsvertrag als ein Vertrag über die Abführung des gesamten Gewinns.

Im Rahmen des Geschäftsführungsvertrags verpflichtet sich eine Gesellschaft, ihr ganzes Unternehmen, ihre gesamte geschäftliche Tätigkeit für fremde Rechnung zu führen.[607] Das Geschäftsergebnis fällt dann gem. §§ 667, 670 BGB bei dem anderen Unternehmen an.[608] Folglich läuft der Geschäftsführungsvertrag im Ergebnis auf dasselbe hinaus, wie der Gewinnabführungsvertrag. Der Gewinn fließt nicht der den Betrieb innehabenden Gesellschaft, sondern dem den Geschäftsführungsauftrag erteilenden Unternehmen zu. Be-

---

603 *Samer*, Beherrschungs- und Gewinnabführungsverträge gemäß § 291 Abs. 1 AktG in Konkurs und Vergleich der Untergesellschaft, S. 23; *Bayreuther*, Wirtschaftlich-existenziell abhängige Unternehmen im Konzern-, Kartell- und Arbeitsrecht, S. 356.

604 *Krieger*, DStR 1992, 432; *Hoffmann-Becking*, WiB 1994, 57 f.; *Zöllner*, JuS 1968, 297, 301.

605 *Altmeppen* in: MünchKomm zum AktG, § 291, Rdnr. 148; *Krieger*, DStR 1992, 432.

606 *Koppensteiner* in: Kölner Komm. zum AktG, § 291, Rdnr. 64; *Altmeppen* in: MünchKomm zum AktG, § 291, Rdnr. 150 m.w.N.; a.A.: *van Venrooy*, DB 1981, 675, 681.

607 *Altmeppen* in: MünchKomm zum AktG, § 291, Rdnr. 173.

608 *Altmeppen* in: MünchKomm zum AktG, § 291, Rdnr. 176.

steht mithin ein Geschäftsführungsvertrag zwischen Entleih- und Verleihunternehmen in der Weise, daß das Entleihunternehmen sein Unternehmen für Rechnung des Verleihunternehmens führt, erhält das Verleihunternehmen den mit seinem ursprünglichen nunmehr vom Entleihunternehmen verfolgten Betriebszweck erwirtschafteten Gewinn. Eine Vergleichbarkeit hinsichtlich der wirtschaftlichen Komponente ist dann gegeben.

Dabei steht der Vergleichbarkeit hinsichtlich der betrieblichen Komponente nicht etwa entgegen, daß der Geschäftsführungsvertrag grundsätzlich kein Weisungsrecht des Unternehmens, auf dessen Rechnung die Geschäftsführung erfolgt, also des Verleihunternehmens, begründet. Das Weisungsrecht muß sich dann, wie beim Gewinnabführungsvertrag, aus anderen Umständen ergeben.

Um ein vertragliches Weisungsrecht für das Verleihunternehmen zu begründen, kann z.B. im Geschäftsführungsvertrag eine Beherrschungsabrede getroffen werden. Zu beachten ist dabei, daß der Geschäftsführungsvertrag in diesem Fall mit einem Beherrschungsvertrag gleichsteht und somit dessen Anforderungen unterliegt.[609] Der Vertrag muß daher als Beherrschungs- und Geschäftsführungsvertrag zum Handelsregister angemeldet werden.[610]

Die Betriebsleitung des Entleihunternehmens kann aber auch hier auf tatsächlich bestehenden Umständen beruhen. Der Abschluß eines Geschäftsführungsvertrags steht dem nicht entgegen.

Beim Bestehen eines Geschäftsführungsvertrags ist also, wie auch bei Bestehen eines Gewinnabführungsvertrags, eine Vergleichbarkeit hinsichtlich der wirtschaftlichen Komponente gegeben. Die Vergleichbarkeit bzgl. der betrieblichen Komponente ist bei beiden Verträgen gesondert zu prüfen. Sie ergibt sich nicht schon daraus, daß ein Geschäftsführungs- oder Gewinnabführungsvertrag vorliegt.

c) „Gewinnabsaugung“

Ohne besonderen Vertragsabschluß kann die Gewinnabschöpfung auch durch Ausnutzung bestehender Abhängigkeitsverhältnisse zwischen den Unternehmen erfolgen. Das geschieht z.B. in der Weise, daß die abhängige Gesellschaft an die Obergesellschaft zu Preisen liefern muß, die nur die Selbstkosten decken. Folge ist, daß der Gewinn aus der Produktion nur bei der Obergesellschaft entsteht.[611] Die Produktion im abhängigen Unternehmen erfolgt dann meist ausschließlich im Interesse des herrschenden Unternehmens.

---

609 *Altmeppen* in: Münchener Komm zum AktG, § 291, Rdnr. 188.

610 *Altmeppen* in: Münchener Komm zum AktG, § 291, Rdnr. 181.

611 *Zöllner*, JuS 1968, 297, 299.

Eine solche „Gewinnabsaugung“ aufgrund aufeinander abgestimmter Produktion und darauf basierender Handelsverknüpfung ist bei der Arbeitnehmerüberlassung zwischen Verleih- und Entleihunternehmen aber allein in ihrer Zweierbeziehung kaum möglich. Da der Hauptzweck des Verleihunternehmens in der Arbeitnehmerüberlassung liegt, fehlt es an einem entsprechenden Warenhandel, der diese Form der Gewinnabsaugung in Bezug auf das Entleihunternehmen zulassen würde. Hierfür ist zumindest ein Drittunternehmen erforderlich. Jenes kann in der vorbezeichneten Art und Weise den Gewinn beim Entleihunternehmen „absaugen“. Ist das Drittunternehmen seinerseits verpflichtet, seinen gesamten Gewinn an das Verleihunternehmen abzuführen, erlangt das Verleihunternehmen auf diesem Wege mittelbar den vom Entleihunternehmen erwirtschafteten Gewinn. Damit liegt auch hier eine Vergleichbarkeit hinsichtlich der wirtschaftlichen Komponente vor.

Über den Weg der Gewinnabsaugung läßt sich auch bei größer verschachtelten Beteiligungsstrukturen eine Wertabschöpfung durch das Verleihunternehmen beim Entleihunternehmen erreichen. In diesem Fall ist genau zu ermitteln, ob und wie die Beteiligungsverhältnisse ausgeformt und ob die Tätigkeitsbereiche der Unternehmen in der erforderlichen Art und Weise aufeinander abgestimmt sind.

d) Erlangung des wirtschaftlichen Vorteils aufgrund Anteilsbesitz

Der mit der Beschäftigung der Arbeitnehmer des Verleihunternehmens im Geltungsbereich des Tarifvertrags vom Entleihunternehmen errungene wirtschaftliche Vorteil kann dem Verleihunternehmen aber auch in der Weise zufließen, daß das Entleihunternehmen wirtschaftliche betrachtet „im Eigentum“ des Verleihunternehmens steht. Das ist z.B. der Fall, wenn das Verleihunternehmen den Hauptteil der Anteile am Entleihunternehmen besitzt. Ein Wertzuwachs des Entleihunternehmens bewirkt hier zugleich einen Wertzuwachs für das Verleihunternehmen. Da dieser Wertzuwachs letztlich aus der Beschäftigung der Arbeitnehmer des Verleihunternehmens in dem den Geltungsbereich des Tarifvertrags zuzuordnenden Produktionszweck folgt, ist auch in diesem Fall eine Vergleichbarkeit bzgl. der wirtschaftlichen Komponente gegeben. Zu berücksichtigen ist aber auch hier, daß sich die Höhe des Anteilseigentums an dem Verhältnis der im Entleihunternehmen beschäftig-ten Leiharbeitnehmer des Verleihunternehmens auszurichten hat.

Einfachstes Beispiel für die Erlangung des wirtschaftlichen Vorteils aufgrund Anteilsbesitz ist wiederum die Einmann-GmbH. Ist das Geschäftsführungsorgan des Verleihunternehmens zugleich Geschäftsführer und Gesellschafter des als Einmann-GmbH organisierten Entleihunternehmens, fließen dem Verleihunternehmen die gesamten wirtschaftlichen Vorteile des Entleihunternehmens zu. Einer eigenständigen Übertragungshandlung bedarf es dazu nicht.

e) Verlustausgleichspflicht?

Das Entleihunternehmen kann mit dem von ihm verfolgten Produktionszweck aber auch Verluste erzielen. Daher ergibt sich die Frage, ob für die Vergleichbarkeit auch die Verlustübernahme durch das Verleihunternehmen erforderlich ist.

Bei einem bestehenden Gewinnabführungsvertrag ist die Verlusttragungspflicht in § 302 Abs. 1 AktG gesetzlich festgelegt. Der Geschäftsführungsvertrag beinhaltet per se eine Verlustübernahme. Da die Geschäftsführung vollkommen auf fremde Rechnung erfolgt, schlägt sich das Gesamtergebnis der geschäftlichen Tätigkeit der Gesellschaft zugunsten wie auch zu Lasten des anderen Vertragsteils nieder.[612] Steht das Entleihunter-nehmen im Anteilsbesitz, trägt das Verleihunternehmen damit ebenfalls die bei ihm angefallenen Verluste bzw. seine Wertminderung. Insofern erübrigt sich also die Klärung der Frage nach der Erforderlichkeit der Verlusttragungspflicht. Etwas anderes gilt nur bei der Gewinnabsaugung über Einschaltung eines Drittunternehmens. Hier ist es möglich, daß es zu keiner Verlustübernahme kommt.

Eine Verlustübernahme ist aber für die Vergleichbarkeit entbehrlich, weil die Verluste mit der Produktion nicht beabsichtigt, sondern nur eine unerwünschte Folge sind. Die Sachverhalte dürfen nicht ungleich behandelt werden, weil die Verluste beim Entleihunternehmen verbleiben und nur der Gewinn auf das Verleihunternehmen verlagert wird. Das wäre eine Ungleichbehandlung, die durch den Gleichheitssatz nicht zu rechtfertigen ist.

5. Ergebnis

Wenn der Fall der Betriebsumstrukturierung durch Einführung von Arbeitnehmerüberlassung mit dem „Normalfall" der Beibehaltung des Betriebszwecks in allen vier Komponenten in dem beschriebenen Maße vergleichbar ist, liegt die für die analoge Anwendung von § 4 Abs. 1 TVG erforderliche Vergleichbarkeit vor. Die Arbeitsverhältnisse im Verleihunter-nehmen unterliegen dann (weiterhin) der unmittelbaren und zwingenden Wirkung des für den ursprünglichen Betriebszweck geltenden Tarifvertrags.

---

612 *Altmeppen* in: Münchener Komm zum AktG, § 291, Rdnr. 176.

Die Vergleichbarkeit ist dabei grundsätzlich für den Zeitraum gegeben, in welchem ihre Voraussetzungen vorliegen. Sobald eine Ähnlichkeit kumulativ in allen vier Komponenten besteht, ist eine Vergleichbarkeit hinsichtlich des gesamten Sachverhalts gegeben. Der ursprünglich anwendbare Tarifvertrag ist dann weiterhin für die Regelung der Arbeitsverhältnisse im Verleihunternehmen heranzuziehen.

Dabei kann die analoge Anwendung von § 4 Abs. 1 TVG für einen bestimmten Zeitraum nicht schon allein aufgrund der Tatsache erfolgen, daß die Voraussetzungen der Vergleichbarkeit einmal vorgelegen haben. Wie bei der unmittelbaren Geltung von § 4 Abs. 1 TVG kann auch die analoge Anwendung von § 4 Abs. 1 TVG nur für den Zeitraum erfolgen, in dem die Voraussetzungen der Vergleichbarkeit tatsächlich vorliegen.

Zu berücksichtigen ist, daß das nur kurzzeitige Fehlen einzelner Voraussetzungen für die Vergleichbarkeit bzgl. der vier Komponenten nicht pauschal zum Verlust der Vergleichbarkeit hinsichtlich der entsprechenden Komponente bzw. daraus folgend hinsichtlich des gesamten Sachverhalts führen kann. Das würde zu einer großen Unsicherheit in Bezug auf die Anwendbarkeit des Tarifvertrags führen. Vielmehr kommt es darauf an, ob das vorübergehende Fehlen einzelner Voraussetzungen die Vergleichbarkeit bzgl. der entsprechenden Komponente insgesamt beseitigt, oder ob die Vergleichbarkeit trotzdem erhalten bleibt. Letzteres trifft zu, soweit sich das vorübergehende Fehlen einzelner Voraussetzungen gegenüber dem permanenten Vorliegen der Voraussetzungen als unerheblich darstellt.

Mit der Anwendung des Tarifvertrags bei Vergleichbarkeit der Sachverhalte in den vier Komponenten wird nur die „Flucht" des Arbeitgebers aus dem fachlichen Geltungsbereich des Tarifvertrags mittels Betriebsumstruk-turierung durch Einführung von Arbeitnehmerüberlassung berücksichtigt. Wie andere Fluchttatbestände zu behandeln sind, bedarf weiterer Untersuchungen, die hier jedoch nicht erfolgen sollen.

III. Beweislast

Die Frage nach der unmittelbaren und zwingenden Wirkung eines Tarifvertrags ergibt sich zumeist, wenn eine Partei gegenüber der anderen Partei des Arbeitsvertrags Rechte bzw. Ansprüche aus einem Tarifvertrag geltend macht. Vorwiegend wird es sich dabei um die gerichtliche Geltendmachung von Arbeitnehmeransprüchen handeln. Das folgt aus der Funktion der Tarifverträge als arbeitsrechtliches Schutzinstrument.

Tarifverträge regeln Mindestarbeitsbedingungen, deren Einhaltung gerade für die Arbeitnehmer von Bedeutung ist. Werden diese Mindestarbeitsbedingungen durch den Arbeitgeber nicht realisiert, müssen sie notfalls vom Arbeitnehmer gerichtlich durchgesetzt werden. Hingegen ist der Arbeitgeber für die Gewährung der Mindestarbeitsbedingungen selbst verantwortlich. Er bedarf hierfür im Verhältnis zum Arbeitnehmer keiner gerichtlichen Entscheidung. Es liegt in seiner Hand, die Arbeitsbedingungen an den im Tarifvertrag getroffenen Absprachen auszurichten.

Daher wird im folgenden hauptsächlich auf die gerichtliche Geltendmachung der tariflichen Ansprüche des Arbeitnehmers Bezug genommen.

Die Klärung der Beweisfrage bedarf für den Tatbestand der Betriebszweckverlagerung einer besonderen Erörterung, weil nicht von vornherein ausgeschlossen ist, daß Abweichungen von den allgemeinen Grundsätzen der Beweislastverteilung erforderlich sind. Die strukturellen Verbindungen zwischen den Unternehmen sind zumeist sehr undurchsichtig. Daher kann es unter Umständen geboten sein, für die klagende Partei Beweiserleichterungen zuzulassen. Das läßt sich jedoch erst nach einer genauen Betrachtung der Beweislage und der Beweismöglichkeiten feststellen.

1. Regelung der Beweislast

a) Allgemeine Grundsätze

Macht eine Partei des Arbeitsvertrags gegenüber der anderen Ansprüche aus dem Tarifvertrag geltend, sind hierfür gem. § 2 Abs. 1 Nr. 3 ArbGG die Gerichte für Arbeitssachen zuständig. Entschieden wird gem. § 2 Abs. 5 ArbGG im Urteilsverfahren. Das Urteilsverfahren ist das für den Zivilprozeß typische Verfahren. Es wird durch die Dispositions- und die Verhandlungsmaxime bestimmt.[613] D.h. es findet nur das Berücksichtigung, was von den Parteien tatsächlich vorgebracht wird und auf deren Beweisanträgen beruht. § 46 Abs. 2 S. 1 ArbGG regelt, daß auch für das Urteilsverfahren in der Arbeitsgerichtsbarkeit die Vorschriften der Zivilprozeßordnung gelten, soweit im ArbGG nichts anderes bestimmt ist. Damit finden im arbeitsrechtlichen Urteilsverfahren grundsätzlich die gleichen Regelungen Anwendung wie im Verfahren vor den Zivilgerichten. Folglich gilt auch hier die allgemeine Grundregel, daß jede Partei die ihr günstigen Tatsachen[614] darzulegen und zu beweisen hat.[615] Diese

---

613 *Germelmann* in: Germelmann/Matthes/Prütting, ArbGG, § 46, Rdnr. 2.

614 So die Verteilung der Beweislast nach der Normentheorie, vgl. nur *Gottwald*, Jura 1980, 225, 291.

Grundregel ist gesetzlich nicht manifestiert. Sie ist gewohnheitsrechtlich anerkannt und gilt für das gesamte Erkenntnisverfahren, soweit keine abweichenden Regelungen eingreifen.[616]

Für die klagende Partei sind die Tatsachen günstig, aus deren Vorliegen sie ihren Anspruch herleitet. Sie trägt also grundsätzlich für alle ihren Anspruch begründenden Voraussetzungen die Darlegungs- und Beweislast. Wird ein tariflicher Anspruch geltend gemacht, muß der Anspruchsteller demnach die Tatsachen vortragen und beweisen, aus denen sich die beiderseitige (potentielle) Tarifgebundenheit und die Zuordnung des Arbeitsverhältnisses zum Geltungsbereich[617] des Tarifvertrags ergibt.

b) Beweislastumkehr und Erleichterung der Substantiierungslast

Von der Regel, daß jeder die Tatsachen darzulegen und zu beweisen hat, auf die er sich beruft, wird jedoch teilweise im Hinblick auf die auftretenden Beweisschwierigkeiten und dem damit verbundenen Prozeßrisiko abge-wichen.[618] Das erfolgt zum einen in der Weise, daß für bestimmte Fälle eine Umkehr der Beweislast angeordnet wird.[619] Die Beweislastumkehr[620] stellt sich dabei als die gravierenste Abweichung von der Grundregel dar. Durch sie wird dem Gegner die an sich der anderen Partei obliegende Beweislast aufgebürdet. Damit trägt der Gegner das Risiko der Nichterweislichkeit der für den Anspruchsteller gün-

---

615 Vgl. *Reinecke*, Die Beweislastverteilung im Bürgerlichen Recht und im Arbeitsrecht als rechtspolitische Regelungsaufgabe, S. 28; *Ascheid* in: Kasseler Handbuch zum Arbeitsrecht, H X 2 a), Rdnr. 602 ff., S. 1733 ff.; *Prütting*, Gegenwartsprobleme der Beweislast, § 21 II 3, S. 280 f.; *ders.* in: Germelmann/Matthes/Prütting, ArbGG, § 58, Rdnr. 77; *Gottwald*, Jura 1980, 225, 227; *Krieger*, ZGR 1994, 375, 388; *Luczak* in: Dörner/Luczak/Wildschütz, Arbeitsrecht in der anwaltlichen und gerichtlichen Praxis, Rdnr. 379; *Oppermann* in: Handbuch des Arbeits- und Sozialrechts, § 25 A IV 6, Rdnr. 35.

616 *Reinecke*, Die Beweislastverteilung im Bürgerlichen Recht und im Arbeitsrecht als rechtspolitische Regelungsaufgabe, S. 31 f.

617 Der Arbeitnehmer muß z.B. die Tatsachen vortragen und beweisen, aus denen sich die von ihm angestrebte Eingruppierung ergibt, BAG AP Nr. 2 zu § 1 TVG Tarifverträge: Brauereien; *Gamillscheg*, Kollektives Arbeitsrecht I, § 18 I 2 d), S. 799.

618 Vgl. hierzu *Schaub* in: Erfurter Kommentar zum Arbeitsrecht, § 58 ArbGG, Rdnr. 63; *Prölss*, Beweiserleichterungen im Schadensersatzprozeß, S. 65.

619 Zur Möglichkeit der Umkehr der Beweislast vgl. auch *Musielak*, Die Grundlagen der Beweislast im Zivilprozeß, S. 132.

620 Zum Unterschied von Beweislastumkehr und Umkehr der konkreten Beweisführungslast vgl. *Baumgärtel*, Beweislastpraxis im Privatrecht, C I 4, Rdnr. 445, S. 265.

stigen Tatsachenbehauptungen.

Als weniger einschneidendes Mittel kann der beweisbelasteten Partei aber auch eine Erleichterung hinsichtlich ihrer Substantiierungslast zuerkannt werden. Hier werden zunächst geringere Anforderungen an die Darlegungs- und Behauptungslast gestellt. Erst wenn der Gegner substantiiert bestreitet, müssen die anspruchsbegründenden Tatsachen im einzelnen dargelegt und bewiesen werden.

aa) Gesetzlich manifestierte Ausnahmeregelung

Die Umkehr der Beweislast ist im Gegensatz zum Mittel der Erleichterung der Substantiierungslast meist gesetzlich festgelegt. Das Gesetz sagt dann ausdrücklich, daß die Beweislast der Gegenpartei obliegt (vgl. z.B. § 282 BGB). Eine Beweislastumkehr ist im Ergebnis aber auch bei den gesetzlichen Vermutungsregelungen gegeben.[621] Hier stellt das Gesetz bei Bestehen bestimmter Tatsachen eine Vermutung für das Vorliegen weiterer Tatsachen (gesetzliche Tatsachenvermutung) oder das Bestehen von Rechten (gesetzliche Rechtsvermutung) auf.[622] Diese Vermutung kann von der Gegenpartei häufig nur durch den Beweis des Nichtvorliegens[623] dieser Tatsachen bzw. Rechte beseitigt werden.

Eine gesetzliche Beweislastumkehr bzw. eine gesetzlich festgelegte Erleichterung in der Substantiierungslast sind für den Fall der Geltendmachung tariflicher Ansprüche nicht gegeben. Beweiserleichterungen sind damit nur zu gewähren, wenn sie auch ohne ausdrückliche gesetzliche Regelung geboten sind.

bb) Beweiserleichterung kraft Rechtsfortbildung

Außerhalb gesetzlicher Vorschriften mittels Rechtsfortbildung erfolgt eine Beweislastumkehr wegen der damit verbundenen erheblichen Folgen für das

---

621 Zum Unterschied zwischen Vermutung und Beweislastregel vgl. *Belling/Riesenhuber*, ZZP 108 (1995), 455, 460. Sind die gesetzlichen Vorschriften so aufgebaut, daß ein Regel-Ausnahme-Verhältnis besteht, stellt das keine Umkehr der Beweislast im eigentlichen Sinne dar. Zwar muß die klagende Partei nicht das Nichtvorliegen des Ausnahmetatbestandes darlegen und beweisen, was für eine Beweislastumkehr spräche. Hier findet vielmehr die allgemeine Regelung Anwendung, nach der jedem die Beweislast für die ihm günstigen Tatsachen selbst trifft. Der Beklagte muß also das Vorliegen des Ausnahmetatbestands darlegen und beweisen.

622 *Prütting*, Gegenwartsprobleme der Beweislast, § 7 I, S. 48.

623 Sog. Negativbeweis, vgl. nur *Reinecke*, Die Beweislastverteilung im Bürgerlichen Recht und im Arbeitsrecht, S. 45 ff.

Prozeßrisiko nur sehr selten. Soweit es wegen der unterschiedlichen Beweismöglichkeiten auf den Interessenausgleich zwischen den Parteien ankommt, wird im Rahmen der Rechtsfortbildung im Vergleich zum Institut der Beweislastumkehr eher auf das Mittel der Erleichterung der Substantiierungslast zurückgegriffen. Das folgt daraus, daß sich eine Umkehr der Beweislast durch Rechtsfortbildung nur für sehr eng umrissene Ausnahmefälle begründen läßt.

Der, dem die Beweislast obliegt, trägt das Prozeßrisiko. Wird eine Partei von ihrer Beweislast und damit vom Prozeßrisiko befreit, ändert sich auch die materiellrechtliche Qualität ihres Anspruchs[624], denn der Anspruch ist nun leichter durchsetzbar. Wenn das Prozeßrisiko als Ausnahme von der allgemeinen Regel auf die Gegenpartei verschoben wird, bedarf es hierzu mithin einer allgemein geltenden Legitimationsgrundlage. Einzelfallbezogene Billigkeits- und Gerechtigkeitserwägungen reichen nicht aus.[625] Ansonsten könnte der Richter frei nach Ermessensgrundsätzen entscheiden. Damit wäre das Prozeßrisiko für die Parteien nicht abschätzbar.

Eine Legitimationsgrundlage für die Beweislastumkehr außerhalb gesetzlicher Regelungen ist nur in besonderen Fällen gegeben.[626] Um von der Grundregel abweichen zu können, sind außergewöhnliche Umstände erforderlich. Diese außergewöhnlichen Umstände werden vorausgesetzt, weil die allgemeine Grundregel verhindern soll, daß Ansprüche gerichtlich verfolgt werden, die nicht bestehen.[627] Müßte nämlich nicht der Kläger das Vorliegen, sondern der Beklagte das Nichtvorliegen der Anspruchsvoraussetzungen beweisen, wäre für den potentiellen Kläger die Aussicht auf einen erfolgreichen Prozeß sehr groß, denn der Beweis des Nichtvorliegens bestimmter Tatsachen ist grundsätzlich immer schwerer zu führen als der Positiv-Beweis.

Als Beispiel für eine Beweislastumkehr durch Rechtsfortbildung ist die Verteilung der Beweislast nach Gefahrenbereichen bzw. nach Sphären zu nennen.[628] Soweit ein Anspruch geltend gemacht wird, der eine Pflichtverletzung der Gegenpartei voraussetzt, trägt jene die Beweislast dafür, daß sie kein Verschulden trifft, wenn die Pflichtverletzung aus ihrem eigenen Herrschafts- oder Organisationsbereich herrührt.[629] Das gilt für die deliktischen wie auch für die vertraglichen Ansprüche.[630] In beiden Fällen führen dieselben

---

624 *Stürner*, NJW 1979, 1225, 1226.

625 Vgl. m.w.N. *Baumgärtel*, Beweislastpraxis im Privatrecht, C I 5, Rdnr. 450-452, S. 266.

626 So z.B. bei der Beweislastverteilung nach Gefahrenbereichen bzw. Sphären.

627 *Reinecke*, Die Beweislastverteilung im Bürgerlichen Recht und im Arbeitsrecht, S. 43.

628 Zur Verteilung der Beweislast nach Gefahrenbereichen vgl. *Prütting*, Gegenwartsprobleme der Beweislast, § 17, S. 213 ff.

629 *Baumgärtel*, Beweislastpraxis im Privatrecht, C I 5, Rdnr. 450-452, S. 266.

630 *Gottwald*, Jura 1980, 225, 231; *Prölss*, VersR 1964, 901, 906.

Überlegungen zu einer Umkehr der Beweislast. Die besonderen Gründe, um von der Grundregel der Beweislastverteilung abzuweichen, sind hier der Beweisnotstand des Geschädigten, die „Beweisnähe" des potentiellen Schädigers und der Präventionszweck der Haftungsnorm.[631] Ob diese Gründe auch relevant sind, soweit die Beweislast für die Umgehung des fachlichen Geltungsbereichs eines Tarifvertrags in Frage steht, kann nicht ohne weiteres entschieden werden. Hierzu bedarf es einer detaillierten Untersuchung.

cc) Beweislastverteilung unter Berücksichtigung der Rechtsprechung zum Konzernhaftungsrecht

Weitere mittels Rechtsfortbildung geschaffene Ausnahmen von der Grundregel existieren nur vereinzelt. Insofern ist die Rechtsprechung des BGH zur Haftung im qualifiziert faktischen Konzern[632] von besonderem Interesse. Sie ist Grundlage der Überlegung, ob bei einer Umgehung des fachlichen Anwendungsbereichs eines Tarifvertrags dem Arbeitnehmer hinsichtlich der Geltendmachung tariflicher Ansprüche Beweiserleichterungen zugute kommen sollten. Für die analoge Anwendung von § 4 Abs. 1 TVG wie auch für die Konzernhaftung ist die Übernahme der Leitungsmacht eine anspruchsbegründende Voraussetzung. Daher ist es zunächst auch bzgl. der Beweislast denkbar, Parallelen zum Konzernrecht zu ziehen.

In der Autokran[633]- und in der Videoentscheidung[634] tendiert der BGH hin zu einer Beweislastumkehr, indem er die Vermutung aufstellt, daß bei umfassender und dauerhafter Ausübung der Geschäftsführung ein qualifiziert faktischer Konzern vorliege und das ein ausreichendes Indiz dafür sei, daß damit der gleiche gläubigergefährdende Zustand eingetreten ist, der die konzernrechtliche Haftung nach dem Aktiengesetz begründet.[635] Grund hierfür waren die sich für den Kläger ergebenden Beweisschwierigkeiten. Dem Kläger, der regelmäßig außerhalb der Konzernverbindung steht und für den es demzufolge entsprechend schwer ist, die Interessenbeeinträchtigung des abhängigen Unternehmens in der geforderten Intensität nachzuweisen, sollte die Durchsetzung seiner Rechte nicht unmöglich gemacht werden. Die durch den

---

631 *Prölss*, VersR 1964, 901, 905; Zu den Rechtfertigungsgründen für eine Beweislastumkehr vgl. *Belling/Riesenhuber*, ZZP 108 (1995), 455, 461.

632 Vgl. BGHZ 107, 7 ff.; 115, 187 ff.; 122, 123 ff.; Zur Entwicklung der Rechtsprechung zum qualifiziert faktischen Konzern vgl. auch *Stodolkowitz*, ZIP 1992, 1517 ff.; *Kiethe/Groeschke*, BB 1994, 2149 ff.; *Kleindiek*, GmbHR 1992, 574 ff.

633 BGHZ 107, 7 ff.

634 BGHZ 115, 187 ff.

635 Vgl. BGHZ 7, 17, 20; *Kleindiek*, GmbHR 1992, 574 ff.

BGH aufgestellte Vermutungsregelung hat den Kläger in der Prozeßführung jedoch unangemessen begünstigt. Für den Beklagten ist das Nichtvorliegen der für die aktienrechtliche Haftung erforderlichen Interessenbeeinträchtigung des abhängigen Unternehmens genauso schwer zu beweisen, wie für den Kläger das Vorliegen des Gegenteils.[636] Dementsprechend hat der BGH im nachfolgenden TBB-Urteil[637] von seiner bisherigen Rechtsprechung Abstand genommen. Hier gesteht er der klagenden Partei „nur noch" eine Erleichterung hinsichtlich ihrer Substantiierungslast zu.[638] Haftungsgrund des herrschenden Unternehmens sei die Ausübung der Konzernleitungsmacht in einer Weise, die keine angemessene Rücksicht auf die eigenen Belange der abhängigen Gesellschaft nehme, ohne daß sich der ihr insgesamt zugefügte Nachteil durch Einzelausgleichsmaßnahmen kompensieren ließe.[639] Der Kläger muß hier zunächst nur Umstände darlegen und beweisen, welche die Annahme zumindest nahelegen, daß bei der Unternehmensführung im Hinblick auf das Konzerninteresse die eigenen Belange der beherrschten Gesellschaft über bestimmte, konkret ausgleichsfähige Einzeleingriffe hinaus beeinträchtigt worden sind.[640] Die Ausübung der Leitungsmacht im abhängigen Unternehmen muß der Kläger dagegen ohne Einschränkung darlegen und beweisen. Beweiserleichterungen kommen ihm mithin nur zugute, soweit die Interessenbeeinträchtigung der beherrschten Gesellschaft in Frage steht.

Eine Interessenbeeinträchtigung der abhängigen Entleihunternehmen ist aber hinsichtlich der für die analoge Anwendung von § 4 Abs. 1 TVG vorausgesetzten Vergleichbarkeit gerade nicht erforderlich. Maßgebend ist dafür vielmehr der Umfang der Leitungsübernahme des Verleihunternehmens in den Entleihunternehmen. Folglich kann die Rechtsprechung zur Konzernhaftung auch in Bezug auf die Beweislastverteilung nicht auf den Tatbestand der Betriebszweckverlagerung übertragen werden. Zudem hat der BGH[641] nunmehr in Bezug auf die Einmann-GmbH von der Rechtsfigur des qualifiziert faktischen Konzerns Abschied genommen.[642] Damit ändern sich auch die Anforderungen an die Beweisführung. An der Entwicklung der Rechtsprechung zur Konzernhaftung ist aber gut nachzuvollziehen, wie schwierig es ist, eine Umkehr der Beweislast zu begründen. Wegen der damit verbundenen Verla-

---

636 *Stodolkowitz* ZIP 1992, 1517, 1523.

637 BGHZ 122, 123 ff.

638 Vgl. hierzu *Krieger*, ZGR 1994, 375, 387 ff.

639 BGHZ 122, 123.

640 BGHZ 122, 123.

641 NZA 2001, 1874 ff. („Bremer-Vulkan").

642 Vgl. hierzu *Altmeppen*, ZIP 2001, 1837, 1838.

gerung des Prozeßrisikos ist große Zurückhaltung in der Anwendung dieses Rechtsinstituts geboten.[643]

2. Beweislast bei Umgehung des fachlichen Geltungsbereich

Fraglich ist nun, ob bei der Geltendmachung von tariflichen Ansprüchen im Fall der Umgehung des fachlichen Geltungsbereichs eines Tarifvertrags durch Betriebsumstrukturierung mittels Einführung von Arbeitnehmerüberlassung der klagenden Partei Beweiserleichterungen gewährt werden müssen. Diese können möglicherweise, wie im Konzernhaftungsrecht, darauf beruhen, daß die Abhängigkeitsverhältnisse unter den Gesellschaften für den Arbeitgeber leichter einzusehen sind als für den Arbeitnehmer. Für die Klärung der Frage nach einer erforderlichen Beweiserleichterung muß dabei zunächst zwischen den einzelnen Tatbestandsvoraussetzungen von § 4 Abs. 1 TVG unterschieden werden.

a) Potentielle Tarifgebundenheit

Ob der Arbeitgeber potentiell tarifgebunden, d.h. Mitglied im tarifschließenden Verband ist, unterliegt nicht immer der Kenntnis des Arbeitnehmers. Dem Arbeitnehmer steht auch kein Auskunftsanspruch gegen den Arbeitgeber zu.[644] Insofern wird ihm aber schon mit Mitteln des Prozeßrechts geholfen. Der Arbeitnehmer muß das Bestehen der potentiellen Tarifgebundenheit des Arbeitgebers zunächst nur behaupten. Darauf ist der Arbeitgeber gehalten, substantiiert zu bestreiten. Ein einfaches, schlichtes Bestreiten reicht nicht mehr aus, weil die Mitgliedschaft im Verband eine Tatsache ist, die in der Sphäre des Arbeitgebers liegt. Dem Arbeitgeber ist daher zuzumuten[645], nähere Angaben darüber zu machen, weshalb er nicht tarifgebunden ist. Fehlt es an einem substantiierten Bestreiten, tritt die Geständnisfiktion nach § 138 Abs. 3 ZPO ein. Danach ist die Tatsache der Mitgliedschaft in diesem Fall als zugestanden anzusehen. Liegt ein substantiiertes Bestreiten vor, muß die Tarifgebundenheit des Arbeitgebers durch den Arbeitnehmer (als klagender Partei) bewiesen werden.[646] Das ist für den Arbeitnehmer jetzt jedoch leichter, weil er nun gezielt auf die Punkte eingehen kann, worauf der Arbeitgeber seine Behauptungen stützt, daß er nicht tarifgebunden sei.

---

643 Vgl. *Stodolkowitz*, ZIP 1992, 1517, 1523.

644 *Gaumann/Schafft*, NZA 2001, 1125, 1126.

645 *Hartmann* in: Baumbach/Lauterbach/Albers/Hartmann, ZPO, § 138, Rdnr. 38 m.w.N.

646 *Schaub* in: Erfurter Kommentar zum Arbeitsrecht, § 3 TVG, Rdnr. 52.

Gegenüber dem Normalfall der Beibehaltung des Betriebszwecks ergeben sich für das Tatbestandsmerkmal der potentiellen Tarifgebundenheit mithin keine Unterschiede in der Beweislast. Das entspricht auch den bisherigen Ausführungen. Hinsichtlich des Tatbestandsmerkmals der potentiellen Tarifgebundenheit liegt keine Umgehung der Voraussetzungen von § 4 Abs. 1 TVG vor. Da sich in Bezug auf die potentielle Tarifgebundenheit des Arbeitgebers mithin nichts geändert hat, kann sich insoweit auch kein anderes Ergebnis bei der Verteilung der Beweislast ergeben.

b) Unterfallen unter den fachlichen Geltungsbereich

Demgegenüber trifft den Arbeitnehmer bzgl. der zweiten Tatbestandsvoraussetzung von § 4 Abs. 1 TVG bei der Betriebszweckverlagerung über den „Normalfall" hinaus die weitere Schwierigkeit, die Tatsachen, auf denen die Vergleichbarkeit hinsichtlich des Unterfallens unter den fachlichen Geltungsbereich beruht, zu beweisen. Demzufolge stellt sich die Frage, ob dem Arbeitnehmer in Bezug auf die einzelnen Vergleichspunkte Beweiserleichterungen zu gewähren sind.

aa) Tätigkeitsbezogene Komponente

Die Vergleichbarkeit innerhalb der tätigkeitsbezogenen Komponente erfordert, daß die im Entleihunternehmen überwiegend zu erbringende Tätigkeit dem ursprünglichen Betriebszweck des Verleihunternehmens entspricht. Das Entleihunternehmen muß also dem fachlichen Geltungsbereich des bisher für das Verleihunternehmen geltenden Tarifvertrags zuzuordnen sein. Nach der allgemeinen Grundregel der Beweislastverteilung muß der Arbeitnehmer demnach die Tatsachen darlegen und beweisen, aufgrund derer sich die Zugehörigkeit des Entleihunternehmens zum fachlichen Geltungsbereich des entsprechenden Tarifvertrags ergibt.

Ein Grund, von dieser allgemeinen Beweisregel abzuweichen, besteht nicht. Eine andere Beweislastverteilung als im Normalfall der Beibehaltung des Betriebszwecks ist hinsichtlich der tätigkeitsbezogenen Komponente nicht geboten. Abweichungen von der allgemeinen Beweislastverteilung lassen sich insbesondere nicht aus dem Sphärengedanken[647] herleiten. Die Nähe zum Beweisgegenstand ist für den klagenden Arbeitnehmer die gleiche wie für den beklagten Arbeitgeber. Für den Arbeitgeber ist es nicht etwa einfacher darzulegen, daß das jeweilige Entleihunternehmen dem fachlichen Geltungsbereich

---

647 Zur Beweislastverteilung nach dem Sphärengedanken vgl. eingehend *Prölss*, Beweiserleichterungen im Schadenersatzprozeß, S. 65 ff.

des Tarifvertrags nicht zuzuordnen ist. Er steht, abstrakt betrachtet, genauso außerhalb der Betriebsorganisation des Entleihunternehmens wie sein Arbeitnehmer.

Der Leiharbeitnehmer hat durch seine Tätigkeit im Entleihunternehmen Einblick in dessen Beschäftigungsstruktur. Damit kann er im Prozeß substantiiert zur Beschäftigungsart der im Entleihunternehmen tätigen Arbeitnehmer vortragen. Als Beweismittel für seine Behauptungen steht ihm die Vernehmung des vertretungsberechtigten Organs des Entleihunternehmens zur Verfügung.

Hinsichtlich der tätigkeitsbezogenen Komponente bleibt es also bei der allgemeinen Regel der Beweislastverteilung.

bb) Personelle Komponente

Kein anderes Ergebnis folgt aus der Betrachtung der Beweislage hinsichtlich der personellen Komponente. Der Arbeitnehmer muß darlegen und beweisen, daß der überwiegende Teil der Arbeitnehmer des Verleihunternehmens an die Entleihunternehmen überlassen wird. Dazu muß er angeben, wieviel Arbeitnehmer im Verleihunternehmen beschäftigt sind und wieviele dieser Arbeitnehmer in den Entleihunternehmen tätig werden.

In größeren Betrieben wird der Arbeitnehmer keinen Überblick über die genauen Zahlen der entliehenen bzw. verliehenen Arbeitnehmer haben. Insoweit ist von ihm daher nur zu verlangen, daß er plausibel zu den einzelnen Punkten vorträgt. Als Beweismittel für die Anzahl der entliehenen Arbeitnehmer kann er die Vernehmung des jeweils vertretungsberechtigten Organs der Entleihunternehmen anbieten. Sodann ist es Sache des beklagten Arbeitgebers, substantiiert zu bestreiten. Das kann nur in der Weise erfolgen, daß er die genaue Anzahl der bei ihm beschäftigten Arbeitnehmer angibt. Nur dadurch kann die Behauptung des Arbeitnehmers, daß der überwiegende Teil der Arbeitnehmer des Verleihunternehmens an die entsprechenden Entleihunternehmen verliehen ist, entkräftet werden. Erklärt sich der Arbeitgeber nicht über die genaue Anzahl seiner Arbeitnehmer, d.h. bestreitet er nicht qualifiziert, gilt auch hier die Geständnisfiktion von § 138 Abs. 3 ZPO.

Eine Abweichung von der allgemeinen Grundregel der Beweislastverteilung ist also auch bzgl. der personellen Komponente nicht geboten.

cc) Wirtschaftliche Komponente

Für die Vergleichbarkeit hinsichtlich der wirtschaftlichen Komponente ist es erforderlich, daß das Verleihunternehmen den durch das Entleihunternehmen mittels der Beschäftigung der Leiharbeitnehmer erwirtschafteten Vorteil erlangt.

Das Vorliegen eines Gewinnabführungsvertrags kann durch den Arbeitnehmer mittels eines Auszugs aus dem Handelsregister nachgewiesen werden. Der Gewinnabführungsvertrag bedarf als Unternehmensvertrag gem. § 293 Abs. 3 AktG der Schriftform.[648] Außerdem ist er gem. § 294 AktG zur Eintragung ins Handelsregister anzumelden.[649] Das Bestehen eines Gewinnabführungsvertrags kann dabei durch Einsichtnahme in das für das Entleih- oder Verleihunternehmen zuständige Handelsregister und dessen Anlagen ermittelt werden.

Ermöglicht wird die Kenntnisnahme durch folgende Regelungen. Grundsätzlich sind alle Gesellschaften zur Eintragung ins Handelsregister anzumelden. Für die GmbH ergibt sich die Eintragungspflicht aus §§ 7, 39 GmbHG, für die AG aus § 36 AktG, für die KGaA aus § 278 Abs. 3 i.V.m. § 36 AktG, für die OHG aus § 106 HGB und für die KG aus § 161 Abs. 2 i.V.m. § 106, § 162 HGB. Den Abschluß eines Unternehmensvertrags hat jedoch nur die durch den Vertrag verpflichtete Gesellschaft zur Eintragung ins Handelsregister anzumelden (§ 294 AktG).[650] Im Fall der Betriebszweckverlagerung unterliegt demnach nur das Entleihunternehmen der Anmelde-pflicht. Nur bei diesem ist unmittelbar aus dem Handelsregister der Abschluß eines Gewinnabführungsvertrags zu entnehmen.

Ein Unternehmensvertrag muß aber durch beide Vertragsteile beim Handelsregister hinterlegt werden.[651] Ob Unternehmensverträge vorliegen, ist daher bei allen Gesellschaften aus den neben dem Handelsregister geführten Registerakten ersichtlich. Registerakten sind nach § 8 HRV für jede im Handelsregister eingetragene Firma zu bilden. Sie bestehen aus jeweils zwei Aktenbänden, einem Sonderband und einem Hauptband.[652] Der Sonderband enthält alle zum Handelsregister eingereichten Schriftstücke. Hierzu gehören unter anderem die Gesellschafts- und Unternehmensverträge, die in vollem Wortlaut in Urschrift von jeder Vertragspartei für die eigene Gesellschaft beigefügt werden müssen.[653] Letzteres ergibt sich für die Gesellschaftsverträge

---

[648] Das Schriftformerfordernis besteht auch, wenn eine GmbH verpflichtete Partei eines Unternehmensvertrags ist (vgl. nur BGHZ 105, 324, 342).

[649] Für die GmbH als verpflichteter Partei folgt die Eintragungspflicht aus entsprechender Anwendung des § 54 GmbHG (BGHZ 105, 324, 342 ff.). Vgl. auch *Altmeppen* in: MünchKomm. zum AktG, § 294, Rdnr. 4.

[650] Vgl. hierzu *Schneider*, WM 1986, 181, 186 f.

[651] *Geßler* in: Geßler/Hefermehl/Eckardt/Kropff, AktG, § 294, Rdnr. 1, 7.

[652] Vgl. hierzu insges. *Keidel/Stöber*, Handbuch der Rechtspraxis, Bd. 7, Registerrecht, 1. Teil 1. Abschnitt III, Rdnr. 4 ff., S. 2 ff.; *Schmidt*, Handbuch der Freiwilligen Gerichtsbarkeit, Kap. 5, 1. Teil 7, Rdnr. 79, S. 552.

[653] *Keidel/Stöber*, Handbuch der Rechtspraxis, Bd. 7, Registerrecht, 1. Teil 1. Abschnitt III, Rdnr. 5 , S. 3.

aus den jeweiligen Vorschriften, in denen die Anmeldung zum Handelsregister geregelt ist und für die Unternehmensverträge aus § 294 Abs. 1 S. 2 AktG. Zudem ist auch jede Änderung des Unternehmensvertrags zur Eintragung ins Handelsregister anzumelden (§ 295 AktG), so daß eine dauernde Publizität gesichert ist.[654]

In das Handelsregister und die dazugehörigen Sonderbände der Registerakten hat jedermann, ohne Vorliegen eines besonderen Interesses, gem. §§ 9 Abs. 1 HGB, 10 HRV ein uneingeschränktes Einsichtsrecht.[655] Diese Regelung ist Folge der Eigenschaft der Öffentlichkeit des Handelsregisters.[656] Außerdem kann gem. § 9 Abs. 2 HGB eine Abschrift von den Eintragungen und den zum Handelsregister eingereichten Schriftstücken gefordert werden.

Der Nachweis des Vorliegens eines Gewinnabführungsvertrags ist dem Arbeitnehmer also ohne weiteres möglich. Damit ist auch hier insbesondere unter dem Gesichtspunkt des Sphärengedankens keine Abweichung von der allgemeinen Regel der Beweislastverteilung angezeigt.

Das gleiche gilt für das Vorliegen eines Geschäftsführungsvertrags und für den Nachweis des Anteilsbesitzes. Beides ist ebenfalls aus dem Handelsregister ersichtlich.

dd) Betriebsbezogene Komponente

Letztlich hat der Arbeitnehmer die Vergleichbarkeit hinsichtlich der betriebsbezogenen Komponente darzulegen und zu beweisen. Der Arbeitnehmer muß also entsprechend der allgemeinen Regel der Beweislastverteilung unter Beweisangebot vortragen, woraus sich die Übernahme der Betriebsleitung vom Entleihunternehmen durch das Verleihunternehmen ergibt.

Auch hier kann in Erwägung gezogen werden, dem Arbeitnehmer im Hinblick auf den Sphärengedanken Beweiserleichterungen zu gewähren. Ob entsprechende Regelungen geboten sind, ist unter Berücksichtigung der verschiedenen Instrumente der Leitungsübernahme zu beurteilen.

---

654 *Schneider*, WM 1986, 181, 185.

655 Für die Einsicht in die übrigen Registerakten gilt § 34 FGG. Hierzu vgl. auch *Pardey*, NJW 1989, 1647 ff.

656 *Ruß* in: Glanegger/Güroff/Kusterer/Niedner/Peuker/Ruß/Selder/Stuhlfelner, Handelsgesetzbuch, § 9 HGB, Rdnr. 1.

(1) Vertragliche Übernahme der Leitungsmacht

Das Bestehen eines Beherrschungsvertrags als hauptsächliches Mittel der vertraglichen Übernahme der Leitungsmacht kann der Arbeitnehmer entsprechend wie beim Gewinnabführungsvertrag durch einen Auszug aus dem Handelsregister beweisen. Anhand des in dem Sonderband befindlichen Vertragstextes ist der Umfang der möglichen beherrschenden Einflußnahme des Verleihunternehmens auf das Entleihunternehmen ersichtlich. Der Beherr-schungsvertrag ist dabei jeweils in der Fassung gültig, wie er in den Registerakten (Sonderband) vorliegt. Das ergibt sich aus der Regelung in § 294 Abs. 2 AktG. Danach hat die Anmeldung zum Handelsregister für den entsprechenden Vertrag konstitutive Wirkung. Erfolgt eine Vertragsänderung, muß diese in analoger Anwendung von § 294 AktG ebenfalls unter Beifügung des Änderungsvertrags zur Eintragung ins Handelsregister angemeldet werden.[657]

Bei Vorliegen eines Beherrschungsvertrags obliegt dem Arbeitnehmer aber weiterhin die Darlegungs- und Beweislast bzgl. der tatsächlichen Ausübung der Leitungsmacht durch das Verleihunternehmen. Dieser Beweis ist allein mit der Vorlage des Beherrschungsvertrags grundsätzlich nicht zu führen. Aus diesem ergibt sich nur der Umfang der möglichen Einflußnahme, nicht aber, ob dieser Einfluß tatsächlich ausgeübt wird. Selbst wenn davon ausgegangen wird, daß eine Konzernleitungspflicht besteht, heißt das nicht gleichzeitig, daß die Konzernleitung auch tatsächlich ausgeübt wird.
Insoweit hilft der Rechtsgedanke von § 18 Abs. 1 S. 2 AktG. Danach sind Unternehmen, zwischen denen ein Beherrschungsvertrag besteht, als unter einheitlicher Leitung zusammengefaßt anzusehen. Diese Vermutung beruht auf dem allgemeinen Erfahrungssatz, daß eine Beherrschungsmöglichkeit in der Regel nur vereinbart wird, um sie auch tatsächlich auszuüben.[658] Darin liegt gerade der Sinn und Zweck, einen Beherrschungsvertrag abzuschließen. Andere Gründe existieren dafür in der Regel nicht. Außerdem erhält das herrschende Unternehmen mit Abschluß des Beherrschungsvertrags nicht nur Rechte gegenüber dem beherrschten Unternehmen. Dem herrschenden Unternehmen werden gleichzeitig gesetzliche Pflichten auferlegt. Als bedeutsamste Pflicht ist hier die Verlustübernahmepflicht[659] gem. § 302 Abs. 1 AktG zu nennen. Danach muß das herrschende Unternehmen jeden während des Vertrags sonst entstehenden Jahresfehlbetrag ausgleichen, soweit dieser nicht dadurch

---

[657] *Hüffer*, AktG, § 295, Rdnr. 9; *Nirk* in: Nirk/Reuter/Bächle, Handbuch der Aktiengesellschaft, I. Teil, Rdnr. 2313, S. 1135.

[658] *Hüffer*, AktG, § 18, Rdnr. 17; *Bayer* in: Münchener Kommentar zum AktG, § 18, Rdnr. 44.

[659] Zur Verlustübernahmepflicht vgl. *Schmidt* in: Heidelberger Konzernrechtstage, Der qualifiziert faktische GmbH-Konzern, S. 109 ff.

ausgeglichen wird, daß den anderen Gewinnrücklagen Beträge entnommen werden, die während der Vertragsdauer in sie eingestellt worden sind. Die Pflicht zur Verlustübernahme knüpft dabei nur an den Bestand des Beherrschungsvertrags an.[660] Ob von der Beherrschungsmöglichkeit tatsächlich Gebrauch gemacht wird, ist unerheblich. Da die Verlustübernahmepflicht schon allein aufgrund der Existenz eines Beherrschungsvertrags besteht, ist es für das herrschende Unternehmen in der Regel unternehmensschädigend, seine Einflußmöglichkeiten nicht auszuüben. Ansonsten müßte es „fremde" Fehler in der Unternehmensleitung, nämlich die des beherrschten Unternehmens, mittels eigenen Vermögens ausgleichen. Es ist daher fernliegend anzunehmen, das herrschende Unternehmen würde von seiner selbst geschaffenen und beabsichtigten Beherrschungsmöglichkeit keinen Gebrauch machen.

Soweit das Bestehen einer Konzernleitungspflicht bejaht wird[661], stellt dies einen zusätzlichen Grund für die in § 18 Abs. 1 S. 2 AktG geregelte Vermutung dar. Da eine Pflicht zum gesetzestreuen Verhalten besteht, wird zu Recht vermutet, daß bei Bestehen eines Beherrschungsvertrags die Konzernleitung durch das herrschende Unternehmen entsprechend seiner Pflicht zur Konzernleitung auch tatsächlich ausgeübt wird, also eine einheitliche Leitung vorliegt.

Die gesamten Überlegungen gelten aber nicht nur für die Ausübung der einheitlichen Leitung, sondern gleichsam für die Tatsache, daß die Leitungsmacht in dem im Beherrschungsvertrag festgelegten Maße ausgeübt wird. Hier kann ebenfalls davon ausgegangen werden, daß ein Unternehmen sich die Möglichkeit der Beherrschung nur zu dem Zweck schafft, sie danach in dem vereinbarten Umfang auszuüben. Wer mit Abschluß des Beherrschungs-vertrags die Verluste der abhängigen Gesellschaft tragen muß (§ 302 Abs. 1 AktG), wird unter Ausnutzung aller im Beherrschungsvertrag enthaltenen Einflußmöglichkeiten die Leitungstätigkeit im abhängigen Unternehmen in seinem Interesse ausüben. Daher ist es gerechtfertigt, die Vermutung auch dahingehend anzunehmen, daß die Leitung im abhängigen Unternehmen in dem im Beherrschungsvertrag festgelegten Maße tatsächlich ausgeübt wird. § 18 Abs. 1 S. 2 AktG ist demnach auch insoweit anzuwenden.

Die Vermutung der Ausübung der betrieblichen Leitung im abhängigen Entleihunternehmen aufgrund bestehenden Beherrschungsvertrags kann durch das herrschende Verleihunternehmen nicht entkräftet werden. Die Vermutung in

---

[660] Vgl. *Hüffer*, AktG, § 302, Rdnr. 1, 4.

[661] Ob eine Konzernleitungspflicht besteht, ist umstritten, bejahend: *Hommelhoff*, Die Konzernleitungspflicht, S. 43 ff.; *Kropff*, ZGR 1984, 112, 116; ablehnend: *Hüffer*, AktG, § 76, Rdnr. 17 m.w.N.

§ 18 Abs. 1 S. 2 AktG ist unwiderleglich.[662] Damit muß der Arbeitnehmer hier nur das Bestehen eines entsprechenden Beherrschungsvertrags nachweisen. Mehr ist für den Beweis der Übernahme der betrieblichen Leitung durch Beherrschungsvertrag nicht erforderlich.

Für Betriebsführungsverträge als Grundlage der vertraglichen Übernahme der Betriebsleitung gilt das für den Beherrschungsvertrag Ausgeführte, bis auf die Anwendung von § 18 Abs. 1 S. 2 AktG, entsprechend. Zum einen erfaßt die Vermutungsregelung des § 18 Abs. 1 S. 2 AktG nur Beherrschungsverträge.[663] Zum anderen ist die Anwendung von § 18 Abs. 1 S. 2 AktG nicht notwendig, da sich aus dem Vorliegen eines Betriebsführungsvertrags per se die Übernahme der betrieblichen Leitung im Entleihunternehmen ergibt.

(2) Faktische Übernahme der Leitungsmacht

(a) Stimmenmehrheit

Die Ausübung der betrieblichen Leitungsmacht kraft Stimmenmehrheit im Entleihunternehmen läßt sich an Hand der in den Registerakten einsehbaren Gesellschaftsverträge nachweisen. Aus dem Vergleich der jeweiligen Gesellschaftsverträge kann entnommen werden, wie die Beteiligungsverhält-nisse beschaffen sind. In den Gesellschaftsverträgen sind die stimmberechtigten Gesellschaftsmitglieder, bzw. im Fall der AG die Vorstandsmitglieder, namentlich bezeichnet (vgl. für die AG § 37 AktG, die KGaA §§ 278 Abs. 3 i.Vm. 37 AktG, die GmbH §§ 8, 40 GmbHG, für die OHG § 106 HGB und für die KG §§ 162 i.V.m. 106 HGB). So kann die Stimmverteilung im Entleihunternehmen ermittelt werden.

Bei Vorliegen einer Stimmenmehrheit ist jedoch wie beim Beherrschungsvertrag für die Vergleichbarkeit weiterhin erforderlich, daß die Leitungsmacht im Entleihunternehmen auch tatsächlich ausgeübt wird. Das kann allein aufgrund der gegebenen Stimmverhältnisse nicht mit Ausschließlichkeit gefolgert werden. Es ist theoretisch denkbar, daß die Stimmenmehrheit nicht dazu benutzt wird, die Leitungsmacht im Entleihunternehmen auszuüben. Aber auch hier gilt der Rechtsgedanke von § 18 AktG.

---

[662] *Bayer* in: Münchener Kommentar zum AktG, § 18, Rdnr. 44; *Geßler* in: Geßler/Hefermehl/u.a., AktG, § 18, Rdnr. 59; *Koppensteiner* in: Kölner Kommentar zum AktG, § 18, Rdnr. 30; *Hüffer*, AktG, § 18, Rdnr. 17; *Windbichler* in: Hopt/Wiedemann, Großkommentar zum AktG, § 18, Rdnr. 29.

[663] *Windbichler* in: Hopt/Wiedemann, Großkommentar zum AktG, § 18, Rdnr. 32; *Geßler* in: Geßler/Hefermehl/u.a., AktG, § 18, Rdnr. 60.

Steht dem Verleihunternehmen im Entleihunternehmen die Mehrheit der Stimmrechte zu, so ist das Entleihunternehmen ein in Mehrheitsbesitz stehendes Unternehmen, § 16 Abs. 1 AktG. Von einem in Mehrheitsbesitz stehenden Unternehmen wird gem. § 17 Abs. 2 AktG vermutet, daß es von dem an ihm mit Mehrheit beteiligten Unternehmen abhängig ist. Von einem abhängigen Unternehmen wird wiederum gem. § 18 Abs. 1 S. 3 AktG vermutet, daß es mit dem herrschenden Unternehmen einen Konzern bildet. Ein Konzern ist gem. § 18 Abs. 1 S. 1 AktG gegeben, wenn ein oder mehrere abhängige und ein herrschendes Unternehmen unter einheitlicher Leitung zusammengefaßt sind. Ist also das Entleihunternehmen vom Verleihunternehmen aufgrund einer Stimmenmehrheit abhängig, besteht die Vermutung, daß beide Unternehmen einer einheitlichen Leitung unterliegen. Grundlage der Vermutungsregelung in § 18 Abs. 1 S. 3 AktG ist auch hier die Erfahrungstatsache, daß eine bestehende Einflußmöglichkeit in der Regel tatsächlich ausgeübt wird.[664] Auf dieser Grundlage basierend kann weiter davon ausgegangen werden, daß bei ausreichender Einflußmöglichkeit die Grundfunktionen der Betriebsleitung durch das herrschende Unternehmen übernommen werden. Wenn das Verleihunternehmen bei der Abstimmung über Unternehmensfragen im Entleihunternehmen mehrheitlich vertreten ist, werden die Entscheidungen ausschließlich in seinem Interesse getroffen. Es besteht für das Verleihunternehmen in der Regel kein Grund, dem Willen des Geschäftsführungsorgans des Entleihunternehmens zu folgen. Mithin ist § 18 Abs. 1 S. 3 AktG auch insoweit anzuwenden. Zu berücksichtigen ist allerdings, daß die Abhängigkeitsvermutung gem. § 17 Abs. 2 AktG als auch die Konzernvermutung gem. § 18 Abs. 1 S. 3 AktG widerlegbar sind.[665]

Für den Arbeitnehmer besteht mithin im Ergebnis bzgl. des Nachweises der Übernahme der Betriebsleitung aufgrund von Stimmenmehrheit eine Beweiserleichterung in Form einer gesetzlichen Vermutungsregelung nach § 18 Abs. 1 S. 3 AktG. Eine weitere Beweiserleichterung ist nicht erforderlich und unter Berücksichtigung der spiegelbildlich bestehenden Beweisschwierigkeiten des Arbeitgebers auch nicht zu begründen. Für ihn ist es genauso schwer zu beweisen, daß die Leitungsmacht im Entleihunternehmen nicht ausgeübt wird.

(b) Doppelmandate

Hinsichtlich der Übernahme der Betriebsleitung aufgrund des Vorliegens von Doppelmandaten muß der Arbeitnehmer die Personenidentität in den Leitungsgremien nachweisen. Das ist ihm wiederum aufgrund der zu den Registerakten

---

[664] *Hüffer*, AktG. § 18, Rdnr. 18.

[665] Vgl. *Koppensteiner* in: Kölner Komm. zum AktG, § 18, Rdnr. 34.

gereichten Gesellschaftsverträge möglich. Den jeweiligen Gesellschaftsverträgen kann entnommen werden, mit welchen Personen die Geschäftsführungsorgane in den Entleih- und im Verleihunternehmen besetzt sind. Auf diese Weise kann dargelegt und bewiesen werden, ob und wie viele Doppelmandate bestehen. Da mit dem Vorliegen der entsprechenden Quantität von Doppelmandaten die Ausübung der betrieblichen Leitung im anderen Unternehmen per se gegeben ist, muß die tatsächliche Leitungsübernahme nicht mehr extra bewiesen werden. Es reicht also aus, daß der Arbeitnehmer die personengleiche Besetzung der Führungspositionen nachweist. Dieser Nachweis ist dem Arbeitnehmer aufgrund des Einsichtsrechts in das Handelsregister ohne weiteres möglich. Gründe für eine etwaige Beweiserleichterung bestehen damit nicht.

(c) Einsatz eines Strohmanns

Hinsichtlich des Einsatzes eines „Strohmanns" gestaltet sich die Beweislage schwieriger. Es gibt weder eine Norm, die festlegt, welche Voraussetzungen vorliegen müssen, daß jemand die Eigenschaft eines „Strohmanns" erfüllt, noch eine Vorschrift, die eine dahingehende Vermutung aufstellt. Der Arbeitnehmer muß also nach der allgemeinen Grundregel der Beweislastverteilung die Tatsachen darlegen und beweisen, aufgrund derer sich die Strohmanneigenschaft für den konkreten Fall ergibt. Hierbei ist zu berücksichtigen, daß der Arbeitnehmer in der Regel keinen Einblick in die Betriebsorganisation von Ent- und Verleihunternehmen hat. Für ihn wird es schwierig sein, für die vorgetragenen Tatsachen konkrete Beweismöglichkeiten zu finden. Es fragt sich daher, ob ihm aufgrund der Beweisschwierigkeiten Erleichterungen in der Beweisführung zu gewähren sind. Hierfür könnte wiederum eine größere Beweisnähe des Arbeitgebers in Bezug auf die Betriebsführung im Entleihunternehmen sprechen.

Hinsichtlich der Beweismöglichkeiten bzgl. einer Strohmanneigenschaft der entscheidungsbefugten Person im Entleihunternehmen steht der Arbeitgeber jedoch nicht besser als der Arbeitnehmer. Der Arbeitgeber hat, geht man davon aus, daß er tatsächlich keinen Strohmann im Entleihunternehmen eingesetzt hat, genauso wenig Einblick in die Betriebsorganisation des Entleihunternehmens wie der Arbeitnehmer. Würde man ihm die Beweislast auferlegen, müßte er nachweisen, daß er keinen Strohmann eingesetzt hat. Dieser Negativbeweis, also der Beweis, daß die für die Gegenpartei anspruchsbegründenden Voraussetzungen nicht vorliegen, ist zudem grundsätzlich schwerer zu führen, als der Beweis des Vorliegens der anspruchsbegründenden Tatsachen. Beweiserleichterungen sind dem Arbeitnehmer daher unter diesem Hintergrund nicht zu gewähren.

Vielmehr kommt es hier auf die Vorschrift des § 138 ZPO an. Der Arbeitnehmer muß zunächst substantiiert darlegen und behaupten, welche Tatsachen die Strohmanneigenschaft begründen. Was für Tatsachen das sind, hängt dabei von dem konkreten Einzelfall ab. Aus ihnen muß zur Überzeugung des Gerichts gefolgert werden können, daß die entscheidungsberechtigte Person im Entleihunternehmen ausschließlich im Interesse des Arbeitgebers (Verleihunternehmen) tätig wird. Ein Anhaltspunkt kann z.B. sein, daß die Geschäftsverhandlungen zumeist mit der den Betrieb eigentlich leitenden Person geführt werden und die nach dem Gesellschaftsvertrag entscheidungsbefugte Person des Entleihunternehmens nur noch den Geschäftsabschluß bewirkt. Dagegen begründet die Familienangehörigkeit kein sicheres Merkmal für die Strohmanneigenschaft. Es existiert kein allgemeiner Rechtssatz, daß Familienangehörige in der Regel als Strohmann eingesetzt werden.[666] Sodann ist es Aufgabe des Arbeitgebers, zu den Behauptungen des Arbeitnehmers substantiiert Stellung zu nehmen. Werden die Behauptungen nicht in ausreichender Weise bestritten, gelten sie gem. § 138 Abs. 3 ZPO als zugestanden. Erst im Fall des beachtlichen Bestreitens muß der Arbeitnehmer für seine Behauptungen Beweis anbieten. Das ist zu diesem Zeitpunkt aber einfacher, da er nun genaue Angriffspunkte hat, die es zu widerlegen gilt.

Insgesamt sind dem Arbeitnehmer also auch bzgl. der faktischen Übernahme der Leitungsmacht keine Beweiserleichterungen zu gewähren.

ee) Ergebnis

Im Ergebnis ist festzuhalten, daß außergesetzliche Beweiserleichterungen bzgl. des Nachweises der Voraussetzungen für eine analoge Anwendung von § 4 Abs. 1 TVG nicht erforderlich sind. Es gelten nur die gesetzlich festgelegten Vermutungsregelungen des § 18 AktG, soweit die tatsächliche Ausübung der Leitungsmacht im Entleihunternehmen in Frage steht. Im übrigen verbleibt es bei der allgemeinen Grundregel der Beweislastverteilung.

---

666 BGHZ 122, 123.

G. Beendigung der Tarifwirkung gem. § 4 Abs. 1 TVG – Grund oder lediglich mittelbare Folge der Betriebszweckverlagerung?

Im Fall der Umgehung des fachlichen Geltungsbereichs des Tarifvertrags ist es für die analoge Anwendung von § 4 Abs. 1 TVG unerheblich, ob der Arbeitgeber vorsätzlich gehandelt hat oder ob der Verlust der zwingenden Wirkung des Tarifvertrags nur eine mittelbare Folge seiner unternehmerischen Entscheidung ist. Es kommt allein auf die Vergleichbarkeit hinsichtlich des Unterfallens unter den fachlichen Geltungsbereich an. Ein Umgehungsvorsatz ist nicht erforderlich.[667]

Ist jedoch in der Betriebszweckverlagerung mittels Einführung von Arbeitnehmerüberlassung eine gewollte Hintergehung der zwingenden Tarifwirkung zu sehen, kann davon ausgegangen werden, daß diese oder ähnlich gelagerte Fälle vermehrt auftreten. Größere Notwendigkeit als für die analoge Anwendung von § 4 Abs. 1 TVG besteht dann aber dafür, der „Tarifflucht" schon von vornherein durch entsprechende Vereinbarungen der Tarifvertragsparteien zu begegnen. Das gilt insbesondere wegen der für die Arbeitnehmer anderenfalls bestehenden Rechtsunsicherheit bezüglich der Anwendbarkeit des Tarifvertrags. Sie tragen das Prozeßrisiko hinsichtlich der Voraussetzungen für die Vergleichbarkeit in Bezug auf das Unterfallen ihrer Arbeitsverhältnisse unter den fachlichen Geltungsbereich des Tarifvertrags. Zudem müssen sie in der Regel überhaupt erst einen Prozeß angestrengen, um ihre Ansprüche durchzusetzen. Der Arbeitgeber, der vorsätzlich die Anwendbarkeit des Tarifvertrags umgehen will, wird nicht freiwillig die tariflich vereinbarten Arbeitsbedingungen einhalten. Daher wäre zumindest bei einer absichtlichen Umgehung des Geltungsbereichs eine die Aufhebung der zwingenden Wirkung des Tarifvertrags ausschließende tarifliche Regelung dringend notwendig.

Mithin stellt sich die Frage, ob die Beendigung der zwingenden Wirkung des Tarifvertrags der vorherrschende Beweggrund des Arbeitgebers für die Umstrukturierung seines Unternehmens sein kann. Liegen der Unternehmensumstrukturierung regelmäßig andere wirtschaftliche Überlegun-gen zugrunde, ist der Wegfall der zwingenden Tarifgeltung lediglich eine mittelbare Folge der Betriebszweckverlagerung. Da ein Herauswandern aus dem fachlichen Geltungsbereich in diesen Fällen vom Arbeitgeber nicht bezweckt ist, werden Fälle der Betriebszweckverlagerung nur vereinzelt auftreten. Eine tarifliche Regelung wäre dann entbehrlich.

---

667 Vgl. Punkt E IV 2 c).

Es ist unbestritten, daß ein Teil der tarifgebundenen Arbeitgeber die Struktur ihrer Betriebe auch unter dem Aspekt ändern, die Arbeitsverhältnisse der beschäftigten bzw. der zu beschäftigenden Arbeitnehmer vom Anwendungsbereich des geltenden Tarifvertrags auszunehmen.[668] Als häufigste Form der Umstrukturierung wird dabei das sog. Outsourcing verwendet.[669] Hierunter versteht man die Ausgründung von Betrieben oder Betriebsteilen, ohne daß dabei der Betriebszweck des Unternehmens geändert[670] wird. Bestimmte im Betrieb bisher selbst erbrachte Leistungen werden an Drittunternehmen vergeben. Diese Drittunternehmen sind nicht tarifgebunden (oder an einen anderen Tarifvertrag gebunden) und können die Arbeitnehmer damit zu gegenüber dem für sie vorher geltenden Tarifvertrag untertariflichen Bedingungen beschäftigen.[671] Mit dem die Leistungen übertragenden Unternehmen sind sie jedoch derart wirtschaftlich verbunden, daß sie trotz der Ausgründung einen Teil des Gesamtunternehmens bilden.

Bei der Betriebszweckverlagerung durch Einführung von Arbeitnehmerüberlassung werden die Arbeitsverhältnisse der nunmehr als Leiharbeitnehmer beschäftigten Arbeitnehmer ebenfalls aus dem Anwendungsbereich des geltenden Tarifvertrags herausgeführt. Der aufgrund der Betriebsumstruk-turierung nur noch nachwirkende Tarifvertrag ist für das Verleihunternehmen im Hinblick auf eine beabsichtigte Herabsetzung des tariflichen Leistungsniveaus von erheblichem Vorteil. Da nur die Arbeitsverhältnisse von der Nachwirkung erfaßt werden, die bereits vor der Betriebszweckänderung seiner zwingenden Wirkung unterlagen, rentiert sich die gezielte Vermeidung der Tarifgeltung z.B. bei einer geplanten quantitativen Erweiterung der Belegschaft. Durch die nun mögliche untertarifliche Vergütung können bei den neu einzustellenden Arbeitnehmern erhebliche Lohnkosten eingespart werden.

Wegen der Beschränkung der Überlassungsdauer nach dem AÜG[672] erscheint es jedoch zweifelhaft, ob die Beendigung der zwingenden Wirkung des Tarifvertrags der maßgebliche Grund für die Betriebszweckverlagerung ist. Die Arbeitnehmer dürfen nur für einen durch Gesetz bestimmten Zeitraum bei

---

668 Vgl. *Schaub*, BB 1998, 2106, 2107.

669 *Schaub*, BB 1998, 2106 ff.; Zur Verbesserung der Kosten- und Gewinnstruktur im Unternehmen durch Outsourcing vgl. *Wilhelm/Lindemann*, Unternehmenshandbuch Arbeitsrecht, Kap. 5, S. 249 ff. Sie weisen aber auch darauf hin, daß ein falsch angegangenes Outsourcing-Projekt leicht in eine unerlaubte Arbeitnehmerüberlassung umschlagen kann oder, was dabei ebenfalls nicht gewollt ist, daß die Rechtsfolgen eines Betriebsübergangs nach § 613a BGB zum Tragen kommen.

670 Vgl. *Schaub*, BB 1998, 2106.

671 Zu den weiteren Vorteilen eines gelungenen Outsourcing vgl. *Wilhelm/Lindemann*, Unternehmenshandbuch Arbeitsrecht, Kap. 5 A I, S. 251.

672 Zu der ab dem 01.01.2003 geltenden Rechtslage vgl. Anhang.

demselben Entleiher beschäftigt werden. Danach müssen sie entweder zum Verleihunternehmen zurückkehren oder an andere Unternehmen verliehen werden. Beschäftigt das Verleihunternehmen die Leiharbeitnehmer wieder selbst in seinem ursprünglichen Produktionsbereich, fällt es erneut unter den fachlichen Geltungsbereich des vorher anwendbaren Tarifvertrags. Soweit dieser Tarifvertrag zeitlich noch nicht abgelaufen ist, lebt seine zwingende Wirkung gem. § 4 Abs. 1 TVG wieder auf. Werden die Arbeitnehmer an andere Unternehmen verliehen, die mit dem Verleihunternehmen nicht wirtschaftlich verbunden sind, kann das Verleihunternehmen mit Hilfe dieser Unternehmen nicht mehr seinen ursprünglichen Betriebszweck aufrechterhalten. Wegen des dann fehlenden Abhängigkeitsverhältnisses wird es dem Verleihunternehmen in der Regel nicht möglich sein, den von den Entleihunternehmen erwirtschafteten Gewinn zu erlangen. Unter diesen Gesichtspunkten betrachtet, kann die für die Betriebszweckverlagerung notwendige Betriebsumstrukturierung in Bezug auf eine beabsichtigte Absenkung des tariflichen Leistungsniveaus zu aufwendig sein. Die Beendigung der zwingenden Tarifwirkung käme insofern nicht als Grund der Betriebszweckverlagerung in Betracht. Der Grund der Verlagerung des Betriebszwecks wäre vielmehr in der Erlangung anderer wirtschaftlicher Vorteile zu suchen. Das Herausfallen der Arbeitsverhältnisse aus dem Geltungsbereich des Tarifvertrags wäre dann nur eine für den Arbeitgeber unter Umständen positive Folge der Betriebszweckverlagerung.

Bei der Frage nach der Rentabilität der Betriebszweckverlagerung als „Fluchtmittel" aus dem Tarifvertrag ist jedoch die beachtliche Dauer der Höchstüberlassungszeit zu berücksichtigen. Diese ist von anfangs 3 Monaten auf 12 Monate und für die gewerbsmäßige Arbeitnehmerüberlassung auf nunmehr 24 Monate[673] erhöht worden.[674] Die Leiharbeitnehmer müssen also nicht mehr in kurzen Abständen an einen anderen Entleiher überlassen werden, sondern können ein Jahr bzw. im Fall der gewerbsmäßigen Arbeitnehmerüberlassung zwei Jahre lang auf dem gleichen Arbeitsplatz verbleiben. Wenn viele Arbeitnehmer neu einzustellen sind, lassen sich für zumindest ein Jahr/zwei Jahre erhebliche Lohnkosten einsparen.

Zudem besteht für das Verleihunternehmen die Möglichkeit, die Leiharbeitnehmer zwischen mehreren wirtschaftlich verbundenen Unternehmen wechseln zu lassen. Dadurch steht die Beschränkung der Überlassungsdauer der Fortführung des ursprünglichen Betriebszwecks mit Hilfe der wirtschaftlich verbundenen Unternehmen nicht mehr entgegen. Umstritten ist insoweit, ob der Wechsel der Arbeitnehmer auch innerhalb der einzelnen Betriebe eines Unter-

---

673 Zur Ausweitung der Höchstüberlassungsdauer für die gewerbsmäßige Arbeitnehmerüberlassung *Düwell*, BB 2002, 98 ff.

674 Zur geschichtlichen Entwicklung der Arbeitnehmerüberlassung vgl. *Schüren*, AÜG, § 1, Rdnr. 17 ff.

nehmens erfolgen kann, ohne daß gegen die Höchstüberlassungsdauer verstoßen wird. Wäre dies möglich, müßte das Verleihunternehmen, um nicht gegen die Höchstüberlassungszeit zu verstoßen, seine Arbeitnehmer nicht an verschiedene Unternehmen des Konzerns, sondern nur an verschiedene Betriebe eines Unternehmens des Konzerns entsenden.

Die Beantwortung dieser Frage ist davon abhängig, wie der Entleiherbegriff nach § 3 Abs. 1 Nr. 6 AÜG zu definieren ist. Die wohl h.M.[675] vertritt die Auffassung, das zwei betriebsverfassungsrechtlich getrennt organisierte Betriebe nicht als derselbe Entleiher im Sinne von § 3 Abs. 1 Nr. 6 AÜG gelten. Diese Definition entspricht auch der Praxis der Bundesanstalt für Arbeit.[676] Folgt man diesem Verständnis des Entleiherbegriffs, sind mehrere Beschäftigungszeiten eines Leiharbeitnehmers bei einem Unternehmen möglich. Eine „Umgehung" der Höchstüberlassungszeit ist dadurch leicht möglich. Deshalb geht *Bauer*[677] davon aus, daß auf den Vertragspartner des Verleihers abzustellen sei. Es sei unbeachtlich, ob der Einsatz der Leiharbeitnehmer in einem oder mehreren betriebsverfassungsrechtlich selbständigen Entleiherbetrieben erfolge. Vielmehr komme es darauf an, daß der Entleiher selbst wechselt. Hierin wird er zu Recht von *Schubel*[678] kritisiert. Eine Umgehung der Höchstüberlassungszeit ist auch bei der von *Bauer* verfolgte Ansicht nicht ausgeschlossen. Denkbar ist, daß zwei eigenständige Unternehmen einen gemeinsamen Betrieb führen. Der Leiharbeitnehmer kann hier an zwei unterschiedliche Entleiher entsandt werden, ohne den Arbeitsplatz zu wechseln. Dies wird dem Sinn der Arbeitnehmerüberlassung nicht gerecht. Daher kann weder der Auffassung der h.M. noch der Auffassung von *Bauer* zum Entleiherbegriff gefolgt werden. Sie entsprechen weder dem Wortlaut noch dem Sinn und Zweck von § 3 Abs. 1 Nr. 6 AÜG. Zuzustimmen ist vielmehr *Schüren*[679] und *Ulber*[680], die den Entleiherbegriff rechtsträger-, unternehmens- und arbeitsbezogen verstehen. Entleiher ist der Vertragspartner des Verleihers. Er muß selbst Arbeitgeber sein können und über eine eigene Betriebsorganisation verfügen. Um nicht gegen die Höchstüberlassungszeit zu verstoßen, muß das Verleihunternehmen demnach seine Arbeitnehmer an verschiedene wirtschaftlich verbundene Unternehmen entsenden.

---

675 *Schubel/Engelbrecht*, AÜG, Art. 1 § 3, Anm. 37; *Sandmann/Marschall*, AÜG, Art. 1 § 3, Anm. 39; *Becker/Wulfgramm*, AÜG, Art. 1 § 3, Rdnr. 58; *Wank* in: Erfurter Kommentar zum Arbeitsrecht, § 3 AÜG, Rdnr. 45; *Schubel*, BB 1990, 2118.

676 Vgl. *Schüren*, AÜG, § 3, Rdnr. 168.

677 BB 1990, 1265 ff.

678 BB 1990, 2118.

679 AÜG, § 3, Rdnr. 169.

680 AÜG, § 3, Rdnr. 119.

Läuft der bisher geltende Tarifvertrag während der Entsendung der Leiharbeitnehmer an die wirtschaftlich verbundenen Unternehmen zeitlich ab, kann das Verleihunternehmen ab diesem Zeitpunkt, ohne jede Änderung der Tarifwirkung, seinen ursprünglichen Betriebszweck wieder aufnehmen. Zwar fällt das Verleihunternehmen dann wieder unter den Geltungsbereich des vorher anwendbaren Tarifvertrags. Wegen des zeitlichen Ablaufs gilt der Tarifvertrag jedoch nicht mehr zwingend gem. § 4 Abs. 1 TVG, sondern wirkt nur noch nach. Die Nachwirkung erfaßt dann aber nur die Arbeitsverhältnisse, die auch schon nach der Betriebszweckverlagerung davon erfaßt wurden. D.h. auch nach Wiederaufnahme des bisherigen Betriebszwecks unterliegen die neu eingestellten Arbeitnehmer nicht der Nachwirkung. Denn da die während der Betriebszweckverlagerung neu eingestellten Leiharbeitnehmer zu keinem Zeitpunkt der Tarifwirkung nach § 4 Abs. 1 TVG unterlagen, werden sie auch danach nicht von seiner Nachwirkung erfaßt. Durch die zeitliche Zwischenschaltung der Arbeitnehmerüberlassung muß der Arbeitgeber also nicht den zeitlichen Ablauf des Tarifvertrags abwarten, um die Geltung des Tarifvertrags für die neu einzustellenden Arbeitnehmer zu verhindern.

Insgesamt bleibt damit festzuhalten, daß die Betriebszweckverlagerung für tarifgebundene Arbeitgeber als Möglichkeit zur „Flucht" aus dem Tarifvertrag sehr attraktiv ist.[681] Sie kommt daher als alleiniger Grund der Betriebszweckverlagerung mittels Einführung von Arbeitnehmerüberlassung in Betracht. Damit sind tarifvertragliche Regelungen, die eine Beendigung der zwingenden Tarifgeltung im Falle einer Verlagerung des Betriebszwecks verhindern, dringend erforderlich.

---

681 So weist z.B. *Groeger*, DB 1998, 470, 473, darauf hin, daß die „Flucht in die Arbeitnehmerüberlassung" für Konzernunternehmen nicht außerhalb realistischer Überlegungen liegt.

H. Gesamtergebnis

Ist der Sachverhalt der Betriebszweckverlagerung mittels Einführung von Arbeitnehmerüberlassung mit dem „Normalfall“ der Beibehaltung des Betriebszwecks hinsichtlich des Unterfallens unter den Geltungsbereich des Tarifvertrags vergleichbar, erfordert der Gleichheitssatz i.V.m. dem Sinn und Zweck von § 4 Abs. 1 i.V.m. § 3 Abs. 3 TVG die analoge Anwendung von § 4 Abs. 1 TVG. Die Arbeitsverhältnisse des Verleihunternehmens werden damit weiterhin von der zwingenden Wirkung des schon vor der Betriebszweckverlagerung geltenden Tarifvertrags erfaßt. Dabei ist es unerheblich, ob das Verlassen des fachlichen Anwendungsbereichs des vorher im Betrieb geltenden Tarifvertrags der alleinige Beweggrund des Arbeitgebers für die Verlagerung des Betriebszwecks ist oder ob der Umstrukturierungsmaßnahme andere wirtschaftliche Erwägungen zugrunde liegen. Die Vergleichbarkeit muß bezüglich der den fachlichen Geltungsbereich bestimmenden Tatbestandsmerkmale gegeben sein. Hierfür kommen nur objektive Kriterien in Betracht. Ein willentliches Element ist für die Einordnung der Arbeitsverhältnisse unter den fachlichen Geltungsbereich nicht erforderlich. Zudem wäre ein entsprechender Vorsatz des Arbeitgebers für den Arbeitnehmer kaum zu beweisen.[682]

Die Frage der Anwendbarkeit von § 4 Abs. 1 TVG stellt sich aber auch, wenn der Betriebszweck nicht erst nachträglich, sondern schon von vornherein auf ein oder mehrere mit dem Verleihunternehmen wirtschaftlich verbundene Unternehmen verlagert wird und Arbeitgeber wie auch Arbeitnehmer des Verleihunternehmens Mitglied in den tarifschließenden Verbänden sind. Besteht eine Vergleichbarkeit hinsichtlich des Unterfallens unter den fachlichen Geltungsbereich, ist § 4 Abs. 1 TVG auch im Fall der „anfänglichen“ Betriebszweckverlagerung analog anzuwenden. Hinsichtlich der Vergleichbarkeit macht es keinen Unterschied, ob der Tatbestand von § 4 Abs. 1 TVG durch nachträgliche Umstrukturierungsmaßnahmen oder durch eine von Anfang an vorliegende entsprechende Strukturierung des Betriebs umgangen wird.

Daß eine Verlagerung des Betriebszwecks schon von vornherein gegeben ist, wird jedoch eher selten vorkommen. § 4 Abs. 1 TVG kann nur zur Anwendung gelangen, wenn Arbeitgeber und Arbeitnehmer potentiell tarifgebunden sind. Der Arbeitgeber, der entweder nach § 3 Abs. 1 oder Abs. 3 TVG potentiell tarifgebunden ist, muß grundsätzlich vorher im Geltungsbereich des Tarifvertrags tätig gewesen sein. Anderenfalls hätte er die Voraussetzungen für die Mitgliedschaft im entsprechenden Verband nicht erfüllt und hätte demzufolge nicht Mitglied des Verbandes werden können. Damit er den dem Gel-

---

682 *Wellenhofer-Klein*, ZfA 1999, 239, 266.

tungsbereich des Tarifvertrags entsprechenden Betriebszweck von vornherein auf wirtschaftlich verbundene Unternehmen verlagern kann, müßte er demnach seinen alten Betrieb vollständig aufgelöst haben. Nur in dem Fall bestünden keine Arbeitsverhältnisse mehr, für die sich der fachliche Geltungsbereich durch die Strukturierungsmaßnahmen ändern würde. Die mit dem Verleihunternehmen bestehenden Arbeitsverhältnisse würden von vornherein Leiharbeitsverhältnisse sein. Bestünden noch Arbeitsverhältnisse mit dem potentiell tarifgebundenen Arbeitgeber, würden diese durch die Einführung von Arbeitnehmerüberlassung erst nachträglich in Leiharbeitsverhältnisse umgewandelt werden und unterlägen der Nachwirkung gem. § 4 Abs. 5 TVG. Dann wäre mithin wiederum eine nachträgliche Betriebszweckänderung gegeben. Daß der Arbeitgeber seinen alten Betrieb vor der Einführung der Arbeitnehmerüberlassung vollständig auflöst, ist jedoch unwahrscheinlich.

Im Falle der Verlagerung des Betriebszwecks mittels Einführung von Arbeitnehmerüberlassung wäre es grundsätzlich besser, die „Tarifflucht“ schon von vornherein durch entsprechende Vereinbarungen der Tarifvertragsparteien auszuschließen, als sich auf die analoge Anwendung von § 4 Abs. 1 TVG zu stützen. Das gilt insbesondere wegen der für die Arbeitnehmer anderenfalls bestehenden Rechtsunsicherheit bezüglich der Anwendbarkeit des Tarifvertrags.

Darüber hinaus muß den Arbeitgebern so weit wie möglich der Grund für eine „Tarifflucht“ genommen werden. Anderenfalls wird auch auf anderem Wege immer wieder versucht werden, die zwingende Tarifgeltung vorzeitig zu beenden. Dadurch, daß immer mehr Arbeitgeber danach streben, ihre Bindung an den für sie geltenden Tarifvertrag zu beseitigen, zeigt sich, daß die Tarifverträge zu starr ausgestaltet sind. Vereinzelt wird daher die Abschaffung von § 3 Abs. 3 TVG gefordert. Das wäre aber, wie *Henssler*[683] zutreffend darlegt, eine „gefährliche Überreaktion“. Die verlängerte Tarifgebundenheit gem. § 3 Abs. 3 TVG sichert die Funktionsfähigkeit des Tarifvertragssystems. Ohne die Regelung in § 3 Abs. 3 TVG wären die Tarifverträge für die Arbeitsvertragsparteien nicht bindend. Arbeitgeber und Arbeitnehmer könnten sich jederzeit der zwingenden Tarifnormwirkung mittels Austritt aus dem Verband entziehen. Der Tarifvertrag würde seine Ordnungs- und seine Schutzfunktion bezüglich der Einhaltung der Mindestarbeitsbedingungen verlieren.

Auch eine Abänderung der Rechtsprechung dahingehend, daß der Tarifvertrag im Anschluß an die verlängerte Tarifgebundenheit nicht mehr nachwirkt, bietet keine geeignete Lösung der Problematik, daß es Arbeitgebern im Einzelfall nicht mehr möglich ist, die tariflich festgelegten Arbeits-

---

683 ZfA 1994, 487, 514.

bedingungen, insbesondere hinsichtlich des Lohnniveaus, einzuhalten. § 4 Abs. 5 TVG dient der Vermeidung inhaltsleerer Arbeitsverhältnisse. Wirkt der Tarifvertrag nach der Beendigung der potentiellen Tarifgebundenheit gem. § 3 Abs. 3 TVG nicht nach, bestimmt sich die Höhe der Vergütung nach § 612 Abs. 2 BGB. Die übliche Vergütung entspricht dabei aber in aller Regel dem im aktuell geltenden Tarifvertrag vereinbarten Entgelt. Der Arbeitgeber hat dann also unter Umständen ein höheres Entgelt zu zahlen, als im Fall der Nachwirkung des alten Tarifvertrags.[684] Das will der Arbeitgeber aber in der Regel gerade durch eine Loslösung vom Tarifvertrag vermeiden.

Inwieweit Arbeitgebern, die sich aus wirtschaftlichen Gründen nicht mehr an die tariflich vereinbarten Arbeitsbedingungen halten können, Erleichterungen zu gewähren sind, liegt im Ermessensbereich der Tarifvertragspartner. Die Tarifvertragsparteien haben dafür Sorge zu tragen, daß in den von ihnen geschlossenen Tarifverträgen geeignete Ausnahmeregelungen enthalten sind. Diesbezüglich stellt wiederum *Henssler*[685] zutreffend fest, daß sich tarifvertragliche Härtefallklauseln als systemwahrendes und zugleich –fortbildendes Regelungsinstrument erweisen.

[684] Vgl. hierzu eingehend *Moll*, Tarifausstieg der Arbeitgeberseite, S. 114.

[685] ZfA 1994, 487, 515.

J. Zusammenfassung

1. Hinsichtlich der Unterworfenheit unter die Normwirkung eines Tarifvertrags ist zwischen potentieller und aktueller Tarifgebundenheit zu unterscheiden.

Die potentielle Tarifgebundenheit ist in § 3 Abs. 3 TVG geregelt. Sie ist als „Statusverhältnis", als abstrakte Unterworfenheit unter die Rechtssetzungsmacht der Tarifvertragsparteien zu verstehen. Mit Ausnahme des Arbeitgebers, der selbst Partei des Tarifvertrags ist, bezieht sie sich ausschließlich auf die Mitgliedschaft im Verband. Arbeitgeber und Arbeitnehmer sind potentiell tarifgebunden, wenn sie Mitglied in einem Arbeitgeberverband bzw. in einer Gewerkschaft sind.

Das Vorliegen der aktuellen Tarifgebundenheit ergibt sich aus der Regelung in § 4 Abs. 1 TVG. Die Vorschrift des § 4 Abs. 1 TVG hat zwei Voraussetzungen. Zum einen ist es erforderlich, daß Arbeitgeber und Arbeitnehmer hinsichtlich des gleichen Tarifvertrags potentiell tarifgebunden sind. Sie müssen also jeweils Mitglied der tarifschließenden Verbände sein. Darüber hinaus muß das zwischen ihnen bestehende Arbeitsverhältnis vom Geltungsbereich des Tarifvertrags erfaßt sein. Ausnahmen hiervon werden nur zugelassen, wenn sie aufgrund der Geltung des Prinzips der Tarifeinheit geboten sind.

2. Dem Arbeitgeber ist es in der Regel nicht möglich, während der Laufzeit des Tarifvertrags die einmal begründete aktuelle Tarifgebundenheit einseitig zu beenden.

Wegen der Verlängerung der potentiellen Tarifgebundenheit gem. § 3 Abs. 3 TVG bewirkt der Verbandsaustritt keine Beseitigung der aktuellen Tarifgebundenheit bezüglich des geltenden Tarifvertrags. Das Verbandsmitglied bleibt so lange an den Tarifvertrag gebunden, bis der Tarifvertrag zeitlich abläuft oder inhaltlich geändert bzw. durch einen neuen Tarifvertrag abgelöst wird. Die aktuelle Tarifgebundenheit findet jedoch ein vorzeitiges Ende, wenn die Arbeitsverhältnisse nicht mehr vom Geltungsbereich des Tarifvertrags erfaßt werden. Dann entfällt die zweite Voraussetzung der unmittelbaren und zwingenden Wirkung der Tarifnormen gem. § 4 Abs. 1 TVG. Die Normen des Tarifvertrags wirken gem. § 4 Abs. 5 TVG nur noch nach. Von der Nachwirkung werden aber nur die Arbeitsverhältnisse erfaßt, die schon vor Beginn des Nachwirkungsstadiums der zwingenden Wirkung des Tarifvertrags unterlagen.

Die Beendigung der zwingenden Wirkung ist beim Verlassen des Geltungsbereichs gerechtfertigt. Die Tarifvertragsparteien sind nur für einen bestimmten Bereich regelnd tätig geworden. Für einen anderen als den im Tarifvertrag festgelegten Geltungsbereich wollten sie bewußt keine Regelungen treffen oder konnten keine Einigung erzielen. Insoweit wäre die zwingende Tarifnormwirkung mithin nicht mehr hinreichend legitimiert. Ändert sich also insbesondere der fachliche Geltungsbereich eines Betriebs, wirkt der für den ursprünglichen Betriebszweck geltende Tarifvertrag nur noch nach.

3. Es entsteht jedoch ein Wertungswiderspruch hinsichtlich der zwingenden Tarifgeltung, wenn der Betriebszweck nicht lediglich geändert, sondern vielmehr mittels Einführung von Arbeitnehmerüberlassung auf wirtschaftlich verbundene Unternehmen verlagert wird. Denn im Ergebnis stellt sich die Sachlage so dar, daß der Arbeitgeber mit Hilfe der wirtschaftlich verbundenen Unternehmen den ursprünglichen Betriebszweck seines Unternehmens fortführt. Darin kann eine Umgehung des Geltungsbereichs des Tarifvertrags liegen.

4. Die Vorschriften zum Betriebsübergang können den bezüglich der zwingenden Tarifnormwirkung entstehenden Wertungswiderspruch nicht ausgleichen. Eine mögliche Zurechnung bestimmter objektiver bzw. subjektiver Sachverhalte scheitert am Fehlen eines Zurechnungsgrundes. Die analoge Anwendung der Geltungsbereichsnorm des Tarifvertrags ist unter Berück-sichtigung der Regeln über die Rechtsfortbildung von Tarifverträgen nicht möglich.

5. Der Gleichheitssatz i.V.m. dem Sinn und Zweck von § 4 Abs. 1 TVG i.V.m. § 3 Abs. 3 TVG erfordert jedoch die analoge Anwendung von § 4 Abs. 1 TVG, wenn der Tatbestand der Betriebszweckverlagerung mit dem „Normalfall" der Beibehaltung des Betriebszwecks in den für die rechtliche Bewertung maßgebenden Punkten vergleichbar ist. Die Vergleichspunkte ergeben sich dabei aus dem umgangenen Tatbestandsmerkmal von § 4 Abs. 1 TVG, d.h. aus dem Unterfallen unter den fachlichen Geltungsbereich des Tarifvertrags. Die Vergleichbarkeit muß hinsichtlich der vier den fachlichen Geltungsbereich bestimmenden Komponenten gegeben sein. Das sind die tätigkeitsbezogene, die personelle, die betriebsbezogene und die wirtschaftliche Komponente.

6. Eine Vergleichbarkeit bezüglich der tätigkeitsbezogenen Komponente setzt voraus, daß die in den Entleihunternehmen überwiegend zu erbringende Arbeit dem ursprünglichen Betriebszweck des Verleihunternehmens entspricht.

7. Hinsichtlich der personellen Komponente besteht eine vergleichbare Sachlage, wenn der überwiegende Teil der Arbeitnehmer des Verleihunternehmens an die wirtschaftlich verbundenen Entleihunternehmen entsendet wird. Erforderlich ist dabei nicht, daß in den Entleihunternehmen ausschließlich bzw. zum

größten Teil die Leiharbeitnehmer des Verleihunternehmens beschäftigt werden.

8. Für die Vergleichbarkeit in Bezug auf die betriebsbezogene Komponente kommt es darauf an, daß das Verleihunternehmen die Betriebsleitung in den Entleihunternehmen übernimmt. Eine die Vergleichbarkeit begründende Leitungsübernahme kann dabei auf vertraglicher Vereinbarung oder faktischer Abhängigkeit der Entleihunternehmen vom Verleihunternehmen beruhen.

9. Letztlich erfordert eine Vergleichbarkeit bezüglich der wirtschaftlichen Komponente, daß der mit der Produktion durch die Entleihunternehmen erwirtschaftete Wertzuwachs dem Verleihunternehmen zufließt. Das kann insbesondere durch die Vereinbarung von Gewinnabführungsverträgen erfolgen. Die Gewinnabschöpfung kann aber auch auf der Ausnutzung bestehender Abhängigkeitsverhältnisse beruhen. Die gesonderte Vereinbarung einer Verlustübernahmeverpflichtung ist hingegen nicht erforderlich. Eine Verlustübernahme wird sich aber in der Regel aus der jeweiligen Unternehmensverbindung ergeben.

10. Bei der Geltendmachung von tariflichen Ansprüchen im Fall der Umgehung des fachlichen Geltungsbereichs mittels Betriebszweckverlagerung gelten die allgemeinen Beweislastregeln. Der klagenden Partei sind keine Beweiserleichterungen kraft Rechtsfortbildung zu gewähren. Hinsichtlich der betrieblichen Komponente kommen aber die gesetzlich festgelegten Vermutungsregelungen gem. § 18 AktG zur Anwendung.

11. Es ist Sache der Tarifvertragsparteien, der „Tarifflucht" des Arbeitgebers durch geeignete Regelungen im Tarifvertrag zu begegnen.

Anhang

Gesetz für moderne Dienstleistungen am Arbeitsmarkt

Nach der Neuregelung des AÜG durch das erste „Gesetz für moderne Dienstleistungen am Arbeitsmarkt“ vom 23.12.2002[686], im Wesentlichen in Kraft getreten am 01.01.2003, wird sich das Problem der Umgehung des fachlichen Geltungsbereichs des Tarifvertrags mittels Einführung von Arbeitnehmerüberlassung in einem anderen Ausmaß stellen. Das gilt in negativer wie auch in positiver Hinsicht. Dabei sei an dieser Stelle dahin gestellt, ob diese Neuregelungen verfassungsgemäß und zweckmäßig sind.[687]

Soweit das Entleihunternehmen selbst tarifgebunden ist, wird es sich für das Verleihunternehmen nicht mehr rentieren, seine Arbeitnehmer aus Gründen der Umgehung des für sich geltenden Tarifvertrags zu entleihen. Denn gemäß den Neuregelungen sind die Verleihunternehmen verpflichtet, die Leiharbeitnehmer zu den Arbeitsbedingungen im Entleihunternehmen zu beschäftigen, wie sie für einen vergleichbaren Arbeitnehmer im Entleihunternehmen gelten.

Ist das Entleihunternehmen jedoch nicht tarifgebunden und wird der entsprechende Tarifvertrag im Entleihunternehmen auch nicht kraft einzelvertraglicher Bezugnahme angewandt, stellt sich die vorbeschriebene Unternehmensumstrukturierung mehr denn je als geeignetes Mittel der Tarifflucht dar. Einerseits ist die Beschäftigung der Leiharbeitnehmer zu untertariflicher Entlohnung möglich. Erleichternd kommt für die Verleihunternehmen hinzu, dass im AÜG die Höchstüberlassungszeiten abgeschafft wurden. Die Überlassung der Arbeitnehmer an das rechtlich oder wirtschaftlich verbundene Unternehmen kann mithin zeitlich unbegrenzt erfolgen.

---

686 BGBl. I, 4607.

687 Vgl. hierzu: *Hümmerich/Holthausen/Welslau*, NZA 2003, 7 ff.; *Wank*, NZA 2003, 14 ff.; *Kokemoor*, NZA 2003, 238 ff.; *Rieble/Klebeck*, NZA 2003, 23 ff.; *Ankersen*, NZA 2003, 421 ff.

Literaturverzeichnis

ALTMEPPEN, HOLGER: Grundlegend Neues zum „qualifiziert faktischen" Konzern und zum Gläubigerschutz in der Einmann-GmbH, ZIP 2001, S. 1837 ff.

- Zu Formfragen bei Beherrschungs- und Gewinnabführungsverträgen der GmbH, DB 1994, S. 1237 ff.

ANKERSEN, PER: Neues AÜG seit 1.3.2003 bundesweit in Kraft, NZA 2003, S. 421 ff.

BALSER, HEINRICH/ BOKELMANN, GUNTHER/ PIORREK, KARL FRIEDRICH: Die Aktiengesellschaft, Ein Handbuch für die wirtschaftliche, notarielle und gerichtliche Praxis mit Erläuterungen, Beispielen, Formularen, 4. Aufl., Freiburg 2002.

BARATTA, ALESSANDRO: Juristische Analogie und Natur der Sache, Festschrift für Erik Wolf zum 70. Geburtstag, Frankfurt am Main 1972, S. 137 ff.

BARTHOLOMEYCZIK, HORST: Die Kunst der Gesetzesauslegung, Frankfurt Am Main 1971.

BAUER, DIETMAR: Entleiher-Begriff und Umfang der erlaubten Mehrfachüberlassung nach dem AÜG, BB 1990, S. 1265 ff.

BAUER, JOBST-HUBERTUS: „Betriebliche Bündnisse für Arbeit vor dem Aus?", NZA 1999, S. 957 ff.

- Flucht aus Tarifverträgen: Königs- oder Irrweg?, Festschrift für Günter Schaub zum 65. Geburtstag, München 1998.

BAUER, JOBST-HUBERTUS/ DILLER, MARTIN: Flucht aus Tarifverträgen, DB 93, S. 1085 ff.

BAUER, JOBST-HUBERTUS/ HAUẞMANN, KATHRIN: Tarifwechsel durch Verbandswechsel, DB 1999, S. 1114 ff.

BAUER, THORSTEN/ MEINEL, GERNOD: Vereinheitlichung der Arbeitsbedingungen im Betreib – Individualrechtliche Lösung statt Grundsatz der Tarifeinheit, NZA 2000, S. 181 ff.

BAUMGÄRTEL, GOTTFRIED: Beweislastpraxis im Privatrecht: die Schwierigkeiten der Beweislastverteilung und die Möglichkeiten ihrer Überwindung, Köln 1996.

BAYREUTHER, FRANK: Wirtschaftlich-existenziell abhängige Unternehmen im Konzern-, Kartell- und Arbeitsrecht: zugleich ein Beitrag zur rechtlichen Erfassung moderner Unternehmensverträge, Diss, Berlin 2001.

BECKER, FRIEDRICH/ WULFGRAMM, JÖRG: Kommentar zum Arbeitnehmerüberlassungsgesetz, 3. Aufl., Neuwied 1985.

BEHRENDS, OKKO: Die fraus legis, Zum Gegensatz von Wortlaut- und Sinngeltung in der römischen Gesetzesinterpretation, Diss., Göttingen 1982.

BELLING, DETLEV W.: Anmerkung zu BAG, Urteil vom 10.12.1997 – 4 AZR 247/96, SAE 1999, S. 181 ff.

- Das Günstigkeitsprinzip im Arbeitsrecht, Diss., Berlin 1984.

- Die außerordentliche Anpassung von Tarifverträgen an veränderte Umstände, NZA 1996, S. 906 ff.

- Die Verantwortung des Staats für die Normsetzung durch die Tarifpartner, ZfA 1999, S. 547 ff.

BELLING, DETLEV W./ COLLAS, MARTIN: Der Schutz der Arbeitnehmer vor den haftungsrechtlichen Folgen einer Betriebsaufspaltung, NJW 1991, S. 1919 ff.

BELLING, DETLEV W./ HARTMANN, CHRISTIAN: Die Tarifbindung in der Insolvenz, NZA 1998, S. 57 ff.

- Die Unzumutbarkeit als Begrenzung der Bindung an den Tarifvertrag, ZfA 1997, S. 87 ff.

BELLING, DETLEV W./ RIESENHUBER, KARL: Beweislastumkehr und Mitverschulden, ZZP 108 (1995), S. 455 ff.

BELLING, DETLEV W./ V. STEINAU-STEINRÜCK, ROBERT: Anmerkung zu BAG, EzA Nr. 1 zu § 303 AktG.

BERKENBROCK, CLEMENS: Das herrschende Unternehmen als falsus procurator der abhängigen Gesellschaft, AG 1981, S. 69 ff.

BERNSTEIN, RAINER: Anmerkung zu BAG, EZA Nr. 11 zu § 3 TVG.

BICKEL, DIETRICH: Anmerkung zu BAG AP Nr. 8 zu § 620 BGB Bedingung.

- Anmerkung zu BAG, Urteil vom 19.12.1974 – 2 AZR 565/73, SAE 1976, S. 115 ff.

- Die „objektive Gesetzesumgehung" des BAG – BAG, NZA 1987, 241, JuS 1987, S. 861 ff.

BIEBACK, KARL-JÜRGEN: Tarifrechtliche Probleme des Verbandswechsels von Arbeitgebern, DB 1989, S. 477 ff.

BINDER, JULIUS: Philosophie des Rechts, Berlin 1967.

BITTER, WALTER/ BITTER, GEORG: Alles klar im qualifiziert faktischen Konzern? Oder: Die Ausweitung der BGH-Rechtsprechung durch das BAG, Anmerkungen zum Konzernhaftungsrecht aus Anlaß der Entscheidung des BAG vom 1.8.1995, BB 1996, S. 2156 ff.

BLOMEYER, WOLFGANG: Der befristete Arbeitsvertrag als Problem der Gesetzesinterpretation, RdA 1967, S. 406 ff.

BORK, REINHARD: Zurechnung im Konzern, ZGR 1994, 237 ff.

BÖTTICHER, EDUARD: Anmerkung zu BAG, Beschluß des GS vom 12.10.1960 – GS 1/59 (3 AZR 65/56), SAE 1961, S. 128 ff.

BRÖTZMANN, ULRICH K.: Probleme bei der Auslegung von Tarifvertragsnormen, Diss., Frankfurt am Main 1990.

BRUNSSEN, MICHAELA: Der Arbeitgeberverbandswechsel: tarifrechtliche und arbeitskampfrechtliche Konsequenzen, Diss., Frankfurt am Main 2000.

BUCHNER, HERBERT: Der Geltungsbereich des Tarifvertrags, AR-Blattei, SD 1550.4.

- Die tarifliche Situation bei Verbandsaustritt und bei Auflösung eines Arbeitgeberverbandes, RdA 1997, S. 259 ff.

- Tarifzuständigkeit bei Abschluß von Verbands- und Firmentarifverträgen, ZfA 1995, S. 95 ff.

BÜDENBENDER, ULRICH: Tarifbindung trotz Austritts aus dem Arbeitgeberverband – eine notwendige oder eine korrekturbedürftige Regelung?, NZA 2000, S. 509 ff.

BYDLINSKI, FRANZ: Juristische Methodenlehre und Rechtsbegriff, 2. Aufl., Wien 1982.

CAESAR, PETER: Summum ius, summa iniuria, Speyerer Vorträge, Heft 31, Abendvortrag (im Sommersemester 1995), Speyer 1995.

CANARIS, CLAUS-WILHELM: Die Feststellung von Lücken im Gesetz, Eine methodologische Studie über Voraussetzungen und Grenzen der richterlichen Rechtsfortbildung praeter legem, Diss., 2. Aufl., Berlin 1983.

CHRISTENSEN, RALPH: Richterrecht – rechtsstaatlich oder pragmatisch?, NJW 1989, S. 3194 ff.

COING, HELMUT: Grundzüge der Rechtsphilosophie, 5. Aufl., Berlin 1993.

CREIFELDS, CARL: Rechtswörterbuch, 16. Aufl., München 2000.

DAHLBENDER, FRANK: Der Austritt des Arbeitgebers aus seinem Verband zwecks Loslösung von Tarifverträgen, Diss., Bonn 1995.

DÄNZER-VANOTTI, WOLFGANG: Der Europäische Gerichtshof zwischen Rechtsprechung und Rechtsetzung, Festschrift für Ulrich Everling, Baden-Baden 1995, S. 205 ff.

DÄUBLER, WOLFGANG: Tarifausstieg - Erscheinungsformen und Rechtsfolgen, NZA 1996, S. 225 ff.

- Tarifflucht – eine ausreichende Strategie zur Reduzierung von Lohnkosten?, ZTR 1994, S. 448 ff.

- Tarifvertragsrecht, Ein Handbuch, 3. Aufl., Baden-Baden 1993.

DECHER, CHRISTIAN E. in: Münchener Handbuch des Gesellschaftsrechts, Bd. 3 Gesellschaft mit beschränkter Haftung, München 1996.

- Die Zulässigkeit des qualifizierten faktischen Aktienkonzerns, – SEN contra Banning –, DB 1990, S. 2005 ff.

- Neues zum qualifiziert faktischen GmbH-Konzern – Anmerkung zum Urteil des BGH vom 20.02.1989, II ZR 167/88, DB 1989 S. 816 –, DB 1989, S. 965 ff.

DIEDERICHSEN, UWE: Auftraglose Geschäftsführung des Minderjährigen als Problem der juristischen Methode, MDR 1964, S. 889 ff.

DIERDORF, JOSEF: Herrschaft und Abhängigkeit einer Aktiengesellschaft auf schuldvertraglicher und tatsächlicher Grundlage, Köln 1978.

DORNDORF, EBERHARD: Das Verhältnis von Tarifautonomie und individueller Freiheit als Problem dogmatischer Theorien, Festschrift für Otto Rudolf Kissel zum 65. Geburtstag, München 1994, S. 139 ff.

DÖRNER, KLEMENS MARIA/ LUCZAK, STEFAN/ WILDSCHÜTZ, MARTIN: Arbeitsrecht in der anwaltlichen und gerichtlichen Praxis, Berlin 1997.

DRÄGER, JÜRGEN: Tariffragen bei Änderung des Unternehmensgegenstandes durch Beschränkung auf bisherige Nebenbetriebe, BB 1970, S. 1141 ff.

DRESCHERS, MARTIN: Die Entwicklung des Rechts des Tarifvertrags in Deutschland, Eine rechtshistorische Untersuchung über den Verlauf der Durchsetzung des Kollektivvertragsgedankens, Diss., Berlin 1994.

DÜTZ, WILHELM: Subjektive Umstände bei der Auslegung kollektivvertraglicher Normen, Festschrift für Karl Molitor zum 60. Geburtstag, München 1998, S. 63 ff.

DÜWELL, FRANZ JOSEF: Änderungen im Arbeitsrecht durch das Job-AQTIV-Gesetz, BB 2002, S. 98 ff.

- Änderungen des AÜG durch das Arbeitsförderungs-Reformgesetz, BB 1997, S. 46 ff.

EBENROTH, CARSTEN THOMAS: Die qualifiziert faktische Konzernierung und ihre körperschaftssteuerrechtliche Auswirkung, AG 1990, S. 188 ff.

EMMERICH, VOLKER/ SONNENSCHEIN, JÜRGEN: Konzernrecht: Das Recht der verbundenen Unternehmen bei Aktiengesellschaft, GmbH, Personengesellschaften, Genossenschaft, Verein und Stiftung, 7. Aufl., München 2001.

ERFURTER KOMMENTAR ZUM ARBEITSRECHT, hrsg. von Dieterich, Thomas/ Hanau, Peter/ Schaub, Günter, 2. Aufl., München 2001.

ERMAN: Handkommentar zum Bürgerlichen Gesetzbuch, hrsg. von Westermann, Peter/ Küchenhoff, Klaus, 1. Bd. (§§ 1-853), 10. Aufl., Münster 2000.

EXNER, WERNER: Beherrschungsvertrag und Vertragsfreiheit, Ein Beitrag zur Gestaltung des aktienrechtlichen Beherrschungsvertrags, Diss., Frankfurt am Main 1984.

FECHNER, ERICH: Rechtsphilosophie, Soziologie und Metaphysik des Rechts, 2. Aufl., Tübingen 1962.

FENN, HERBERT: Der Grundsatz der Tarifeinheit, Festschrift für Otto Rudolf Kissel, zum 65. Geburtstag, München 1994, S. 213 ff.

FEUERBORN, ANDREAS/ HAMANN, WOLFGANG: Liberalisierung der Arbeitnehmerüberlassung durch das Arbeitsförderungs-Reformgesetz, BB 1997, S. 2530 ff.

FITTING, KARL/ KAISER, HEINRICH/ HEITHER, FRIEDRICH/ ENGELS, GERD: Betriebsverfassungsgesetz, 21. Aufl., München 2002.

FLUME, WERNER: Allgemeiner Teil des Bürgerlichen Rechts, Bd. 2: Das Rechtsgeschäft, 4. Aufl., Berlin 1992.

FRÖLICH, ARMIN: Eintritt und Beendigung der Nachwirkung von Tarifnormen, NZA 1992, S. 1103 ff.

FROMEN, WOLFGANG: Der gemeinsame Betrieb mehrerer Unternehmen, Festschrift für Dieter Gaul zum 70. Geburtstag, Neuwied 1992, S. 151 ff.

FROMM, ERWIN: Auflösung des Arbeitsverhältnisses eines unkündbaren Angestellten in besonders herausragender Funktion gegen dessen Willen?, DB 1988, S. 601 ff.

GAMILLSCHEG, FRANZ: Kollektives Arbeitsrecht, Bd. 1: Grundlagen/ Koalitionsfreiheit/ Tarifvertrag/ Arbeitskampf und Schlichtung, München 1997.

GÄTSCH, ANDREAS: Gläubigerschutz im qualifizierten faktischen GmbH-Konzern, Diss., Berlin 1997.

GAUL, BJÖRN: Anmerkung zu ArbG Köln, Urteil vom 09.02.1996 – 2 Ca 6262/95, BB 1996, S. 1224 f.

- Arbeitnehmerüberlassung im Konzern, Anmerkung zu ArbG Köln, Urteil vom 09.02.1996 – 2 Ca 6262/95, BB 1996, S. 1224 f.

GAUMANN, RALF/ SCHAFFT, MARCUS: Auskunftspflichten über den Mitgliedsstatus im Arbeitgeberverband, NZA 2001, S. 1125 ff.

GELDER, ALFONS VAN/ LEINEMANN, WOLFGANG: Die Analogie und ihr Verhältnis zur Real-Existenz der Rechtsidee, JZ 1966, S. 244 ff.

GERHARDS, THOMAS: Nachwirkung des Tarifvertrages bei Verbandsaustritt und Verbandswechsel des Arbeitgebers, BB 1997, S. 362 ff.

- Tarifgebundenheit beim Verbandswechsel des Arbeitgebers, BB 1995, S. 1290 ff.

GERMELMANN, CLAAS-HINRICH/ MATTHES, HANS-CHRISTOPH/ PRÜTTING, HANNS: Arbeitsgerichtsgesetz, Kommentar, 4. Aufl., München 2002.

GEßLER, ERNST/ HEFERMEHL, WOLFGANG/ ECKARDT, ULRICH/ KROPFF, BRUNO/ BUNGEROTH, ERHARD/ FUHRMANN, HANS/ HÜFFER, UWE/ SEMLER, JOHANNES: Aktiengesetz, Kommentar, Bd. 1, §§ 1-75, München 1984.

- Aktiengesetz, Kommentar, Bd. 6, §§ 396-410, 18. Lieferung, München 1994.

GEßLER, ERNST: Atypische Beherrschungsverträge, Festschrift für Günter Beitzke zum 70. Geburtstag, Berlin 1979.

GLANEGGER, PETER/ GÜROFF, GEORG/ KUSTERER, STEFAN/ NIEDNER, JOCHEN/ PEUKER, MONIKA/ RUß, WERNER/ SELDER, JOHANNES/ STUHLFELNER, ULRICH: Heidelberger Kommentar zum Handelsgesetzbuch: Handelsrecht, Bilanzrecht, Steuerrecht, 5. Aufl. Heidelberg 1999.

GOTTWALD, PETER: Grundprobleme der Beweislastverteilung, Jura 1980, S. 225 ff.

GRÖBING, KARL: Zur Auslegung von Tarifverträgen, ZTR 1987, S. 236 ff.

GROEGER, AXEL: Arbeitsrechtliche Aspekte des neuen Arbeitnehmerüberlassungsgesetzes, DB 1998, S. 470 ff.

GRÖNINGER, KARL: Betriebsinhaberwechsel und Kündigungsschutzklage, Festschrift für Wilhelm Herschel zum 85. Geburtstag, München 1982, S. 163 ff.

GUTENBERG, ERICH: Unternehmensführung, Organisation und Entscheidungen, Wiesbaden 1962.

GUTJAHR, HANS-JOACHIM: Der Begriff der Zusammenfassung unter einheitlicher Leitung im Konzerngesellschaftsrecht, Diss., Hamburg 1972.

HADDING, WALTHER: Anmerkung zu BAG AP Nr. 14 zu § 1 TVG Tarifverträge: Bau.

HALTER, RUDOLF: Der Begriff der einheitlichen Leitung im Konzern, Diss., Heidelberg 1974.

HAMANN, WOLFGANG: Fiktion eines Arbeitsverhältnisses zum Entleiher bei vermuteter Arbeitsvermittlung nach dem Arbeitsförderungs-Reformgesetz 1997, BB 1999, S. 1654 ff.

- Erkennungsmerkmale der illegalen Arbeitnehmerüberlassung in Form von Scheindienst- und Scheinwerkverträgen, Diss., Berlin 1994.

HANAU, PETER: Der Tarifvertrag in der Krise, RdA 1998, S. 65 ff.

- Fragen der Mitbestimmung und Betriebsverfassung im Konzern, ZGR 1984, S. 468 ff.

HANAU, PETER/ KANIA, THOMAS: Stufentarifverträge, DB 95, S. 1229 ff.

HANTL-UNTHAN, URSULA: Zeitarbeit (gewerbsmäßige Arbeitnehmerüberlassung), AR-Blattei, SD 1840.

HAPP, WILHELM: Aktienrecht, Handbuch – Mustertexte – Kommentar, München 1995.

HARMS, WOLFGANG: Konzerne im Recht der Wettbewerbsbeschränkungen, Eine wirtschafts- und gesellschaftsrechtliche Untersuchung, Köln 1968.

HENKEL, HEINRICH: Einführung in die Rechtsphilosophie, Grundlagen des Rechts, 2. Aufl., München 1977.

HENN, GÜNTER: Handbuch des Aktienrechts, 6. Aufl., Heidelberg 1998.

HENNERKES, BRUN-HAGEN: Unternehmenshandbuch Familiengesellschaften: Sicherung von Unternehmen, Vermögen und Familie, Köln 1995.

HENSSLER, MARTIN: Flexibilisierung der Arbeitsmarktordnung – Überlegungen zur Weiterentwicklung der tariflichen Regelungsmacht –, ZfA 1994, S. 487 ff.

- Unternehmensumstrukturierung und Tarifrecht, Festschrift für Günter Schaub zum 65. Geburtstag, München 1998.

HERSCHEL, WILHELM: Anmerkung zu BAG AP Nr. 4 zu § 620 BGB Bedingung.

- Der nachwirkende Tarifvertrag, insbesondere seine Änderung, ZfA 1976, S. 89 ff.

- Die Auslegung der Tarifvertragsnormen, Festschrift für Erich Molitor zum 75. Geburtstag, München 1962, S. 161 ff.

- Zur Entstehung des Tarifvertragsgesetzes, ZfA 1973, S. 183 ff.

HIRSCH, CHRISTOPH: Der Allgemeine Teil des BGB: Eine Einführung an Hand von Rechtsprechungsfällen und Entscheidungsdiagrammen, 4. Aufl., Berlin 2002.

HOFFMANN-BECKING, MICHAEL: Der qualifiziert faktische AG-Konzern – Tatbestand und Abwehransprüche –, ZHR 1989, Heft 62 „Probleme des Konzernrechts“, S. 68 ff.

- Gelöste und ungelöste Fragen zum Unternehmensvertrag der GmbH, WiB 1994, S. 57 ff.

- Vorstands-Doppelmandate im Konzern, ZHR 150 (1986), S. 570 ff.

HOMMELHOFF, PETER: Die Konzernleitungspflicht, Köln 1988.

HOMMELHOFF, PETER/ FREYTAG, LARS F.: Wechselseitige Einflüsse von GmbH- und Aktienrecht (Teil II), DStR 1996, S. 1409 ff.

HONSELL, HEINRICH: In Fraudem Legis Agere, Festschrift für Max Kaser zum 70. Geburtstag, München 1976, S. 111 ff.

HONSELL, THOMAS: Die beiderseits zu vertretende Unmöglichkeit im gegenseitigen Vertrag, JuS 1979, S. 81 ff.

HOPT, KLAUS J./ WIEDEMANN, HERBERT: Großkommentar zum AktG, 10. Lieferung §§ 15-22, 4. Aufl., Berlin 1999.

HOß, AXEL/ LIEBSCHER, BRIGITTA: Der Austritt aus dem Arbeitgeberverband - Eine Chance für die Betriebspartner, DB 1995, S. 2525 ff.

HOYNINGEN-HUENE V., GERRICK: Anmerkung zu BAG, Urteil vom 26.04.1979 – 2 AZR 431/77, SAE 1980, S. 349 ff.

HROMADKA, WOLFGANG: Tarifvertrag und Arbeitsvertrag bei der Ausgründung von Betriebsteilen, DB 1996, S. 1872 ff.

HROMADKA, WOLFGANG/ MASCHMANN, FRANK/ WALLNER, FRANZ: Der Tarifwechsel, Tarifvertrag und Arbeitsvertrag bei der Änderung von Verbandsmitgliedschaft, Betriebszweck und Betriebsinhaber, München 1996.

HUBER, ULRICH: Betriebsführungsverträge zwischen konzernverbundenen Unternehmen, ZHR 152 (1988), S. 123 ff.

- Betriebsführungsverträge zwischen selbständigen Unternehmen, ZHR 152 (1988), S. 1 ff.

HUECK, ALFRED: Anmerkung zu BAG AP Nr. 11 zu § 4 TVG Günsigkeitsprinzip.

- Kettenverträge, RdA 1953, S. 85 ff.

HUECK, ALFRED/ NIPPERDEY, HANS CARL: Lehrbuch des Arbeitsrechts, Bd. 2, 1. Halbbd., 7. Aufl., Berlin 1966.

HÜFFER, UWE: Aktiengesetz, Kommentar, 5. Aufl., München 2002.

HÜMMERICH, KLAUS/ HOLTHAUSEN, JOACHIM/ WELSLAU, DIETMAR: Arbeitsrechtliches im Ersten Gesetz für moderne Dienstleistungen am Arbeitsmarkt, NZA 2003, S. 7 ff.

JÄGER, AXEL: Personengesellschaften als abhängige Unternehmen, DStR 1997, S. 1813 ff.

KANIA, THOMAS: Tarifbindung bei Ausgliederung und Aufspaltung eines Betriebes, DB 1995, S. 625 ff.

KASSELER HANDBUCH ZUM ARBEITSRECHT, hrsg. von Leinemann, Wolfgang, Bd. 2, Berlin 1997.

KEIDEL, HELMUT/ STÖBER, KURT: Registerrecht, Handbuch der Rechtspraxis, Bd. 7, 5. Aufl., München 1991.

KEMPEN, OTTO ERNST: Betriebsübergang und Tarifvertrag, BB 1991, S. 2006 ff.

KEMPEN, OTTO ERNST / ZACHERT, ULRICH: Tarifvertragsgesetz, 3. Aufl., Köln 1997.

KIETHE, KURT/ GROESCHKE, PEER: Darlegungs- und Beweislast für die Haftung im qualifizierten faktischen Konzern, BB 1994, S. 2149 ff.

KITTNER, MICHAEL: „Flucht aus dem Tarifvertrag" durch Austritt aus dem Arbeitgeberverband, ArbuR 1998, S. 469 ff.

KLEINDIEK, DETLEV: Haftung, freie Beweiswürdigung und Beweiserleichterung im qualifizierten faktischen GmbH-Konzern, Zugleich eine Bilanz der Heidelberger Konzernrechtstage, GmbHR 1992, S. 574 ff.

KLUG, ULRICH: Juristische Logik, 4. Aufl., Berlin 1982.

- Rechtslücke und Rechtsgeltung, Festschrift für Hans Carl Nipperdey zum 70. Geburtstag am 21. Januar 1965, München 1965, S. 71 ff.

KOKEMOOR, AXEL: Neuregelungen der Arbeitnehmerüberlassung durch die Hartz-Umsetzungsgesetze, Überblick über das seit dem 1.1.2003 geltende Recht der Arbeitnehmerüberlassung, NZA 2003, S. 238 ff.

KOLLER, INGO: Anmerkung zu BAG AP Nr. 47 zu § 620 BGB Befristeter Arbeitsvertrag.

KÖLNER KOMMENTAR ZUM AKTIENGESETZ, hrsg. von Zöllner, Wolfgang, Band 1 §§ 1-75 AktG, 2. Aufl., Köln 1988.

- Band 6 §§ 291-328 AktG, 2. Aufl., Köln 1987.

KÖNIG, BERNHARD: Der Bestandsschutz befristeter Arbeitsverhältnisse mit wissenschaftlichen Mitarbeitern im Hochschulbereich, Münsterische Beiträge zur Rechtswissenschaft, Bd. 12, Berlin 1985.

KONZEN, HORST: Tarifbindung, Friedenspflicht und Kampfparität beim Verbandswechsel des Arbeitgebers, ZfA 1975, S. 401 ff.

KOPPENSTEINER, HANS-GEORG: Abhängige Aktiengesellschaften aus rechtspolitischer Sicht, Festschrift für Ernst Steindorff zum 70. Geburtstag, S. 79 ff.

- Über die Verlustausgleichspflicht im qualifizierten AG-Konzern, ZHR 1989, Heft 62 „Probleme des Konzernrechts", S. 87 ff.

KRAFT, ALFONS: Abschied von der „Tarifzuständigkeit" als Wirksamkeitsvoraussetzung eines Tarifvertrages, Festschrift für Ludwig Schnorr von Carolsfeld zum 70. Geburtstag, München 1972.

- Anmerkung zu BAG AP Nr. 50 zu § 620 BGB Befristeter Arbeitsvertrag.

KRIEGER, GERD in: Münchener Handbuch des Gesellschaftsrechts, Bd. 4 Aktiengesellschaft, 2. Aufl., München 1999.

- Der Tatbestand des qualifizierten faktischen Konzerns, Heidelberger Konzernrechtstage: Der qualifiziert faktische GmbH-Konzern, hrsg. v. Hommelhoff, Peter/ Stimpel, Walter/ Ulmer Peter, Köln 1992, S. 41 ff.

- Inhalt und Zustandekommen von Beherrschungs- und Gewinnabführungsverträgen im Aktien- und GmbH-Recht, DStR 1992, S. 432 ff.

KROPFF, BRUNO: Zur Konzernleitungspflicht, ZGR 1984, 112 ff.

KÜTTNER, WOLF-DIETER: Das Personalbuch 2002, Arbeitsrecht, Lohnsteuerrecht, Sozialversicherungsrecht, 9. Aufl., München 2002.

LAMBRICH, THOMAS/ TRAPPEHL, BERNHARD: Tarifflucht: Verbandsaustritt, Betriebsveräußerung, Unternehmensumwandlung – ein arbeitsrechtlicher Leitfaden., Frankfurt am Main 2002.

LAMBRICH, THOMAS: Tarif- und Betriebsautonomie: Ein Beitrag zu den Voraussetzungen und Grenzen des Tarifvorbehalts, insbesondere dem Erfordernis der Tarifbindung des Arbeitgebers, Diss., Berlin 1999.

LARENZ, KARL: Methodenlehre der Rechtswissenschaft, 6. Aufl., Berlin 1991.

LARENZ, KARL/ CANARIS, CLAUS-WILHELM: Methodenlehre der Rechtswissenschaft, 3. Aufl., Berlin 1995.

LARENZ, KARL/ WOLF, MANFRED: Allgemeiner Teil der Bürgerlichen Rechts, 8. Aufl., München 1997.

LIEB, MANFRED: Arbeitsrecht, 7. Aufl., Heidelberg 2000.

- Manfred: Mehr Flexibilität im Tarifvertragsrecht? „Moderne" Tendenzen auf dem Prüfstand, NZA 1994, S. 337 ff.

LIEBSCHER, BRIGITTA: Anmerkung zu ArbG Köln, Urteil vom 09.02.1996 – 2 Ca 6262/95, BB 1996, S. 801 f.

LIEDMEIER, NORBERT: Die Auslegung und Fortbildung arbeitsrechtlicher Kollektivverträge, Diss., Berlin 1991.

LIMMER, PETER: Die Haftung im qualifiziert faktischen Personengesellschaftskonzern, GmbHR 1992, S. 265 ff.

- Die Haftung im qualifizierten faktischen Personengesellschaftskonzern, GmbHR 1992, S. 265 ff.

LINDERMANN, EDGAR: Doppelmandat gleich Haftungsdurchgriff?, AG 1987, S. 225 ff.

LÖFFLER, JOACHIM: Die abhängige Personengesellschaft: beherrschender Einfluß und Konzernherrschaft bei Personengesellschaften, Diss., Heidelberg 1988.

LÖWISCH, MANFRED/ RIEBLE, VOLKER: Tarifvertragsgesetz, Kommentar, München 1992.

LUTTER, MARCUS: Der qualifizierte faktische Konzern, AG 1990, S. 179 ff.

LUTTER, MARCUS/ HOMMELHOFF, PETER: GmbH-Gesetz, Kommentar, 15 Aufl., Köln 2000.

LUTTER, MARCUS/ TIMM, WOLFRAM: Betriebsrentenkürzung im Konzern - Zur Verantwortung der Konzernspitze bei der Sanierung von Tochtergesellschaften, ZGR 1983, S. 275 ff.

MARSCHNER, ANDREAS: Die Abgrenzung der Arbeitnehmerüberlassung von anderen Formen des Personaleinsatzes, NZA 1995, S. 668 ff.

MARTENS, KLAUS-PETER: Anmerkung zu BAG, Urteil vom 04.12.1974 – 5 AZR 75/74, SAE 1976, S. 83 ff.

MAUNZ, THEODOR/ DÜRIG, GÜNTER: Grundgesetz, Bd. 1, Art. 1-11, Stand: Juli 2001.

- Grundgesetz, Bd. 2, Art. 12-37, Stand: Juli 2001.

MAYER-MALY, THEO: Ergänzende Vertragsauslegung und Tarifautonomie, RdA 1988, S. 136 f.

- Handelsrechtliche Verbotsgesetze, Festschrift für Wolfgang Hefermehl zum 70. Geburtstag am 18. September 1976, München 1976, S. 103 ff.

MEDICUS, DIETER: Allgemeiner Teil des BGB, 7. Aufl., Heidelberg 1997.

MEINERT, HERMANN: Zur Nachwirkung von Tarifverträgen und ihrem Vorrang gegenüber Betriebsvereinbarungen, BB 1976, S. 1615 ff.

MELOT DE BEAUREGARD, PAUL R.: Mitgliedschaft in Arbeitgeberverbänden und Tarifbindung, Diss., Würzburg 2001.

MOLITOR, ERICH: Kritisches zum Problem der Kettenverträge, BB 1954, S. 504 ff.

MOLL, FRANK: Tarifausstieg der Arbeitgeberseite: Mitgliedschaft im Arbeitgeberverband „Ohne Tarifbindung", Diss., Berlin 2000.

MÜLLER, GERHARD: Die Auslegung des normativen Teiles eines Tarifvertrags nach der Rechtsprechung des Bundesarbeitsgerichts (Teil II), DB 1960, S. 148 ff.

MÜNCHENER HANDBUCH ZUM ARBEITSRECHT, hrsg. von Richardi, Reinhard/ Wlotzke, Otfried, Bd. 3, §§ 233-383, München 1993.

MÜNCHENER KOMMENTAR ZUM AKTIENGESETZ, hrsg. von Kropff, Bruno/ Semler, Johannes, Bd. 8, §§ 278-328, 2. Aufl., München 2000.

- Bd. 1, §§ 1-53, 2. Aufl., München 2000.

MÜNCHENER KOMMENTAR ZUM BÜRGERLICHEN GESETZBUCH, hrsg. von Rebmann, Kurt/ Säcker, Franz Jürgen, Bd. 1, §§ 1-240, 3. Aufl., München 1993.

MUSIELAK, HANS-JOACHIM: Die Grundlagen der Beweislast im Zivilprozeß, Berlin 1975.

NEUMANN, DIRK: Zur Auslegung von Tarifverträgen, ArbuR 1985, S. 320ff.

NIEBLER, MICHAEL/ BIEBL, JOSEF/ ULRICH, ANNETTE: Arbeitnehmerüberlassungsgesetz: Ein Leitfaden für die betriebliche Praxis, Berlin 1996.

NIKISCH, ARTHUR: Arbeitsrecht, Bd. 2, 2. Aufl., Tübingen 1959.

NIRK, RUDOLF/ REUTER, HANS-PETER/ BÄCHLE, HANS-ULRICH: Handbuch der Aktiengesellschaft: Gesellschaftsrecht, Steuerrecht, Arbeitsrecht, Teil I, Losebl.-Ausg., Grundwerk 3. Aufl., Köln 1994.

OBERMAYER, KLAUS: Gedanken zur Methode der Rechtserkenntnis, NJW 1966, S. 1885 ff.

OECHSLER, JÜRGEN: Die Anwendung des Konzernrechts auf Austauschverträge mit organisationsrechtlichem Bezug, ZGR 1997, S. 464 ff.

OETKER, HARTMUT: Die Arbeiten zur deutsch-österreichischen Tarifrechtsangleichung: Materialien und Entwürfe, Goldbach 1998.

PARDEY, KARL-DIETER: Informationelles Selbstbestimmungsrecht und Akteneinsicht, Zum Erfordernis verfassungskonformer Eingrenzung der Akteneinsichtsrechte in FGG-Verfahren, NJW 1989, S. 1647 ff.

PAWLOWSKI, HANS-MARTIN: Methodenlehre für Juristen, 2. Aufl., Heidelberg 1991.

PLÜM, JOACHIM: Auslegung bis zur normativen Neuregelung? Ein Beitrag zur ergänzenden Vertragsauslegung, ZTR 1991, S. 504 ff.

POGGE, BEATE: Tarifbindung und Tarifausstieg, Festschrift für Dieter Stege, Arbeitsrecht aus Arbeitgebersicht, Köln 1997.

PÖHLMANN, GERHARD: Der Prozeß der Unternehmensführung, Berlin 1964.

PORNSCHLEGEL, HANS: Entwicklungstendenzen und Konfliktfelder der Tarifvertragsgestaltung, RdA 1978, S. 155 ff.

PRÖLSS, JÜRGEN: Beweiserleichterungen im Schadenersatzprozeß, Diss., Karlsruhe 1966.

- Die Beweislastverteilung nach Gefahrenbereichen, VersR 1964, S. 901 ff.

PRÜTTING, HANNS: Gegenwartsprobleme der Beweislast: eine Untersuchung moderner Beweislasttheorien und ihrer Anwendung insbesondere im Arbeitsrecht, Habil., München 1983.

RAISCH, PETER/ MAASCH, BEATE: Analogie: ein eigener Auslegungstopos?, Festschrift für Werner Benisch, Köln 1989, S. 201 ff.

REBE, BERND: Der Wandel des Mißbrauchsbegriffs als Ausdruck eines veränderten Rechtsdenkens, JA 1977, S. 6 ff.

REHBINDER, ECKHARD: Konzernaußenrecht und allgemeines Privatrecht, Eine rechtsvergleichende Untersuchung von deutschem und amerikanischem Recht, Diss., Berlin 1969.

REINECKE, GERHARD: Die Beweislastverteilung im Bürgerlichen Recht und im Arbeitsrecht als rechtspolitische Regelungsaufgabe, Diss., Berlin 1976.

RICHARDI, REINHARD: Anmerkung zu BAG AP Nr. 74 zu § 620 BGB Befristeter Arbeitsvertrag.

- Anmerkung zu BAG AP Nr. 74 zu § 620 BGB Befristeter Arbeitsvertrag.

- Betriebsverfassungsgesetz mit Wahlordnung, 8. Aufl., München 2002.

RIEBLE, VOLKER: Anmerkung zu BAG, Urteil vom 14.06.1994 – 9 AZR 89/93, SAE 1995, S. 77 ff.

RIEBLE, VOLKER/ KLEBECK, ULF: Lohngleichheit für Leiharbeit, NZA 2003, S. 23 ff.

RITZBERGER-MOSER, MARGARETE/ STRASSER, RUDOLF: Abgrenzung der Arbeitnehmerüberlassung vom drittbezogenen Personaleinsatz aufgrund eines Werkvertrags, Alfeld 1992.

RÖHL, KLAUS F.: Allgemeine Rechtslehre, München 1995.

ROSENSTEIN, SABINE: Die Abgrenzung der Arbeitnehmerüberlassung vom Fremdfirmeneinsatz aufgrund Werkvertrags – im Spannungsfeld zur Privatautonomie und im Hinblick auf § 99 BetrVG –, Diss., Konstanz 1997.

RÜTHERS, BERND/ HEILMANN, FRANK: Anmerkung zu BAG, Urteil vom 31.10.1990 – 4 AZR 114/90, JZ 1991, S. 422 ff.

SÄCKER, FRANZ JÜRGEN: Zur Problematik von Mehrfachfunktionen im Konzern, ZHR 151 (1987), S. 59 ff.

SÄCKER, FRANZ JÜRGEN/ OETKER, HARTMUT: Tarifeinheit im Betrieb – ein Akt unzulässiger richterlicher Rechtsfortbildung?, ZfA 1993, S. 1 ff.

SAMER, MICHAEL: Beherrschungs- und Gewinnabführungsverträge gemäß § 291 Abs. 1 AktG in Konkurs und Vergleich der Untergesellschaft, Diss., Köln 1989.

SANDMANN, GEORG/ MARSCHALL, DIETER: Arbeitnehmerüberlassungsgesetz, Kommentar, Loseblattsammlung, Neuwied.

SAVIGNY, FRIEDRICH CARL V.: System des heutigen römischen Rechts, 1. Band, Berlin 1840.

SCHAUB, GÜNTER: Arbeitsrechts-Handbuch, 9. Aufl., München 2000.

- Auslegung und Regelungsmacht von Tarifverträgen, NZA 1994, S. 597 ff.

- Die Abgrenzung der gewerbsmäßigen Arbeitnehmerüberlassung von Dienst- und Werkverträgen sowie sonstigen Verträgen der Arbeitsleistung an Dritte, NZA 1985, Beil. Nr. 3, S. 1 ff.

SCHEFFLER, EBERHARD: Der qualifizierte faktische Konzern, Versuch einer betriebswirtschaftlichen Definition, AG 1990, S. 173 ff.

SCHELLHAMMER, KURT: Zivilrecht nach Anspruchsgrundlagen: BGB Allgemeiner Teil und gesamtes Schuldrecht mit Nebengesetzen, 3. Aufl., Heidelberg 1999.

SCHILLING, WOLFGANG: Grundlagen eines GmbH-Konzernrechts, Festschrift für Wolfgang Hefermehl zum 70. Geburtstag, München 1976, S. 384 ff.

SCHLÜTER, WILFRIED/ BELLING, DETLEV W.: Anmerkung zu BAG, EzA Nr. 33 zu § 242 BGB Gleichbehandlung.

SCHMALZ, DIETER: Methodenlehre für das juristische Studium, 2. Aufl., Baden-Baden 1990.

SCHMIDT, GERD: Handbuch der Freiwilligen Gerichtsbarkeit: mit zahlreichen Mustertexten, 2. Aufl., München 1996.

SCHMIDT, KARSTEN: Verlustausgleich im qualifizierten faktischen Konzern, Heidelberger Konzernrechtstage, Der qualifizierte faktische GmbH-Konzern, hrsg. v. Hommelhoff, Peter/ Stimpel, Walter/ Ulmer, Peter, Köln 1992, S. 109 ff.

- Gesellschafterhaftung und „Konzernhaftung" bei der GmbH, NJW 2001, S. 3577 ff.

- Gesellschaftsrecht, 3. Aufl., Berlin 1997.

- Verlustausgleich im qualifizierten faktischen Konzern, Heidelberger Konzernrechtstage, Der qualifiziert faktische GmbH-Konzern, hrsg. v. Hommelhoff, Peter/ Stimpel, Walter/ Ulmer, Peter, Köln 1992, S. 109 ff.

SCHNEIDER, UWE H.: Die Fortentwicklung des Handelsregisters zum Konzernregister, WM 1986, S. 181 ff.

- Konzernleitung als Rechtsproblem – Überlegungen zu einem Konzernverfassungsrecht –, BB 1981, S. 249 ff.

- Konzernleitung als Rechtsproblem, BB 1981, S. 249 ff.

- Stimmverbote im GmbH-Konzern, ZHR 150 (1986), S. 609 ff.

SCHRÖDER, JAN: Gesetzesauslegung und Gesetzesumgehung, Das Umgehungsgeschäft in den rechtswissenschaftlichen Doktrien von der Spätaufklärung bis zum Nationalsozialismus, Diss., Paderborn 1985.

SCHRÖDER, ULRICH: Altersbedingte Kündigungen und Altersgrenzen im Individualarbeitsrecht, Münsterische Beiträge zur Rechtswissenschaft, Bd. 2, Diss., Berlin 1984.

SCHUBEL, HANS-DIETRICH: Entleiher-Begriff und Mehrfachüberlassung nach dem AÜG, BB 1990, S. 2118 ff.

SCHUBEL, HANS-DIETRICH/ ENGELBRECHT, GEORG: Kommentar zum Gesetz über die gewerbsmäßige Arbeitnehmerüberlassung, Heidelberg 1973.

SCHÜREN, PETER: Arbeitnehmerüberlassungsgesetz, Kommentar, München 1994.

SCHURIG, KLAUS: Die Gesetzesumgehung im Privatrecht – Eine Studie mit kollisionsrechtlichen und rechtsvergleichenden Aspekten, Festschrift für Murad Ferid zum 80. Geburtstag, Frankfurt am Main 1988, S. 375 ff.

SCHWAB, MARTIN: Mindestarbeitsbedingungen bei Verbandsaustritt des Arbeitgebers, BB 1994, S. 781 ff.

SCHWARK, EBERHARD: Zur Rechtsposition der Mehrstimmrechtsaktionäre, Festschrift für Johannes Semler zum 70. Geburtstag, Berlin 1993.

SCHWEIZER, ROBERT: Speicherung und Übermittlung anonymisierter Daten durch Sozial- und Marktforschungsinstitute nur bei Einwilligung der Befragten im Sinne des § 3 BDSG?, DB 1979, S. 1733 ff.

SEMLER, FRANZ-JÖRG in: Münchener Handbuch des Gesellschaftsrechts, Bd. 4 Aktiengesellschaft, 2. Aufl., München 1999.

SEMLER, JOHANNES: Doppelmandats-Verbund im Konzern – Sachgerechte Organisationsform oder rechtlich unzulässige Verflechtung? –, Festschrift für Ernst Stiefel zum 80. Geburtstag, München 1987, S. 719 ff.

SIEBERT, WOLFGANG: Verwirkung und Unzulässigkeit der Rechtsausübung, Marburg 1934.

SIEGERS, JOSEF: Die Auslegung tarifvertraglicher Normen, DB 1967, S. 1630 ff.

SINA, PETER: Grenzen des Konzern-Weisungsrechts nach § 308 AktG, AG 1991, S. 1 ff.

SINZHEIMER, HUGO: Der Tarifgedanke in Deutschland (1915), Arbeitsrecht und Rechtssoziologie, Gesammelte Aufsätze und Reden, Bd. 1, hrsg. von Kahn-Freund, Otto/ Ramm, Thilo, 1976.

SLONGO, BRUNO: Der Begriff der einheitlichen Leitung als Bestandteil des Konzernbegriffs, Betriebswirtschaftliche Analyse und Folgerungen für einen Konzern de lege feranda, Diss., Zürich 1980.

STAUDINGER, J. VON: Kommentar zum Bürgerlichen Gesetzbuch, §§ 134-163, 13. Bearb. 1996, §§ 241-243, 13. Bearb. 1995.

STEFFAN, RALF: Die Rechtsprechung des BAG zur Mitbestimmung bei Betriebsänderungen nach §§ 111 ff. BetrVG, NZA 2000, S. 337 ff.

STEIN, AXEL: Tarifvertragsrecht, Berlin 1997.

STODOLKOWITZ, DIETER: Die Haftung im qualifizierten faktischen GmbH-Konzern nach der Rechtsprechung des Bundesgerichtshofs, ZIP 1992, S. 1517 ff.

STOFFELS, MARKUS: Die Rechtsprechung des Bundesarbeitsgerichts im Jahre 1997, ZfA 1999, S. 49 ff.

STÜRNER, ROLF: Entwicklungstendenzen des zivilprozessualen Beweisrechts und Arzthaftungsprozeß, NJW 1979, S. 1225 ff.

TEICHMANN, ARNDT: Die Gesetzesumgehung, Diss., Göttingen 1962.

TESCHNER, CARSTEN: Firmentarifvertrag und Unternehmensumstrukturierung, Diss., Frankfurt am Main 2002.

TEUBNER, GUNTHER: Unitas Multiplex – Das Konzernrecht in der neuen Dezentralität der Unternehmensgruppen –, ZGR 1991, S. 189 ff.

TIPKE, KLAUS: Über teleologische Auslegung, Lückenfeststellung und Lückenausfüllung, Festschrift für Hugo von Wallis zum 75. Geburtstag, Bonn 1985, S. 133 ff.

ULBER, JÜRGEN: AÜG: Arbeitnehmerüberlassungsgesetz und Arbeitnehmerentsendegesetz, 2. Aufl., Frankfurt am Main 2002.

ULMER, PETER: Grundstrukturen eines Personengesellschaftskonzernrechts, ZHR 1989, Heft 62 „Probleme des Konzernrechts", S. 26 ff.

- Verlustübernahmepflicht des herrschenden Unternehmens als konzernspezifischer Kapitalerhaltungsschutz, AG 1986, S. 123 ff.

VENROOY, GERD J. VAN: Weisungen im Rahmen von Geschäftsführungs- und Gewinnabführungsverträgen, DB 1981, S. 675 ff.

WAGNER, KLAUS-R.: Voraussetzungen und Grenzen rechtsfortbildenden Richterrechts, BB 1986, S. 465 ff.

WALTERMANN, RAIMUND: Zu den Grundlagen der Rechtsetzung durch Tarifvertrag, Festschrift für Alfred Söllner zum 70. Geburtstag, München 2000, S. 1251 ff.

WANK, ROLF: Rechtsfortbildung im Kündigungsschutzrecht, RdA 1987, S. 129 ff.

- Die Auslegung von Tarifverträgen, RdA 1998, S. 71 ff.

- Kündigung und Wegfall der Geschäftsgrundlage bei Tarifverträgen, Festschrift für Günter Schaub zum 65. Geburtstag, Tarifautonomie für ein neues Jahrhundert, München 1998, S. 761 ff.

- Der Richtlinienvorschlag der EG-Kommission zur Leiharbeit und das „Erste Gesetz für moderne Dienstleistungen am Arbeitsmarkt", NZA 2003, S. 14 ff.

WELLENHOFER-KLEIN, MARIA: Tarifwechsel durch Unternehmensumstrukturierung, ZfA 1999, S. 139 ff.

WERDER, AXEL V.: Vorstands-Doppelmandate im Konzern, DWB 49 (1989), S. 37 ff.

WESTERHOFF, RUDOLF: Gesetzesumgehung und Gesetzeserschleichung, Diss., Hamburg 1966.

WIEDEMANN, HERBERT: Anmerkung zu BAG AP Nr. 12 zu § 4 TVG Günstigkeitsprinzip.

- Die Unternehmensgruppe im Privatrecht: methodische und sachliche Probleme des deutschen Konzernrechts, Tübingen 1988.

- Die Zulässigkeit von Zeitarbeitsverträgen im öffentlichen Dienst, insbes. im Hochschulbereich, RdA 1977, S. 85 ff.

- Tarifvertragsgesetz, Kommentar, 6. Aufl., München 1999.

Wiese, Günther: Mehrere Unternehmen als gemeinsamer Betrieb im Sinne des Betriebsverfassungsrechts, Festschrift für Dieter Gaul zum 70. Geburtstag, Neuwied 1992, S. 553 ff.

WIESNER, GEORG in: Münchener Handbuch des Gesellschaftsrechts, Bd. 4 Aktiengesellschaft, 2. Aufl., München 1999.

WILHELM, GERHARD/ LINDEMANN, ACHIM: Unternehmenshandbuch Arbeitsrecht, Köln 1999.

WILLEMSEN, HEINZ JOSEF/ LEMBKE, MARK: Die Neuregelung von Unterrichtung und Widerspruchsrecht der Arbeitnehmer beim Betriebsübergang, NJW 2002, 1159 ff.

WINDBICHLER, CHRISTINE: Arbeitsrecht im Konzern, München 1989.

WOHLGEMUTH, M.: Überblick über das System der verbundenen Unternehmen nach dem AktG und nach dem HGB (Teil I), DStR 1991, S. 1495 ff.

- Überblick über das System der verbundenen Unternehmen nach dem AktG und nach dem HGB (Teil II), DStR 1991, S. 1529 ff.

WORZALLA, MICHAEL: Neue Spielregeln bei Betriebsübergang – Die Änderungen des § 613a BGB, NZA 2002, 353 ff.

WREDE, BEATRICE: Anmerkung zu ArbG Köln, Urteil vom 07.03.1996 – 17 Ca 6257/95, DB 1996, S. 1343 f.

ZACHERT, ULRICH: Deregulierung des Tarifvertrags – ein taugliches Mittel zur Lösung der Arbeitsmarktprobleme, DB 1991, S. 1221 ff.

ZÖLLNER, WOLFGANG in: Baumbach, Adolf/ Hueck, Alfred, GmbH-Gesetz, Kommentar, 16. Aufl., München 1996.

- Einführung in das Konzernrecht, JuS 1968, S. 297 ff.

ZÖLLNER, WOLFGANG/ LORITZ, KARL-GEORG: Arbeitsrecht, 5. Aufl., München 1998.

- Das Wesen der Tarifnormen, RdA 1964, S. 443 ff.

Eva Graune

Nachwirkung betrieblicher und betriebsverfassungsrechtlicher Tarifvertragsnormen

Frankfurt/M., Berlin, Bern, Bruxelles, New York, Oxford, Wien, 2003. XIX, 128 S.
Europäische Hochschulschriften: Reihe 2, Rechtswissenschaft. Bd. 3655
ISBN 3-631-51022-5 · br. € 30.20*

Gegenstand dieser Arbeit ist die bislang ungeklärte arbeitsrechtliche Problematik, ob und inwieweit tarifvertragliche Normen über betriebliche und betriebsverfassungsrechtliche Fragen auch nach Ablauf des Tarifvertrages gemäß § 4 Abs. 5 TVG weitergelten. Die Meinungen darüber sind in Rechtsprechung und Schrifttum sehr geteilt. Teilweise wird eine Nachwirkung für derartige Tarifnormen gänzlich verneint, teilweise uneingeschränkt bejaht. In letzterem Fall stellt sich die praxisrelevante und bislang wenig behandelte Frage, wie lange die tarifvertragliche Nachwirkung andauert und auf welchem Weg sie beendet werden kann. Die Arbeit leistet einen Beitrag zur sachgerechten Lösung bestehender Ungereimtheiten des Tarifvertragsrechts und zeigt gangbare Wege für eine Beendigung der Nachwirkung betrieblicher und betriebsverfassungsrechtlicher Tarifvertragsnormen auf.

Aus dem Inhalt: Die Aufnahme der betrieblichen und betriebsverfassungsrechtlichen Normen in den Normenkatalog des § 1 Abs. 1 TVG aus historischer Sicht · Methodische Untersuchung der Geltung des § 4 Abs. 5 TVG für die betrieblichen und betriebsverfassungsrechtlichen Tarifvertragsnormen · Prüfung des Umfangs der Nachwirkung betrieblicher und betriebsverfassungsrechtlicher Tarifvertragsnormen unter eingehender Darstellung bestehender Ablösungsmöglichkeiten · Diskussion vorgeschlagener Ansätze für eine Beendigung der Nachwirkung betrieblicher und betriebsverfassungsrechtlicher Tarifvertragsnormen · Eigener Lösungsansatz

FSC
www.fsc.org
MIX
Papier | Fördert
gute Waldnutzung
FSC® C083411

Kolibri 360 GmbH
Ferdinand-Jühlke-Straße 7
99095 Erfurt, Deutschland
produktsicherheit@kolibri360.de

Druck:
CPI Druckdienstleistungen GmbH
im Auftrag der
Kolibri 360 GmbH
Ferdinand-Jühlke-Str. 7
99095 Erfurt